涵芬学人随笔

素以为绚的风景

刘石 著

商务印书馆

图书在版编目(CIP)数据

素以为绚的风景/刘石著.—北京:商务印书馆,2022
(涵芬学人随笔)
ISBN 978-7-100-21306-6

Ⅰ.①素… Ⅱ.①刘… Ⅲ.①社会科学—文集 Ⅳ.①C53

中国版本图书馆 CIP 数据核字(2022)第 107633 号

权利保留,侵权必究。

素以为绚的风景
刘石 著

商务印书馆出版
(北京王府井大街36号 邮政编码100710)
商务印书馆发行
北京市白帆印务有限公司印刷
ISBN 978-7-100-21306-6

2022年10月第1版　　　开本 880×1230　1/32
2022年10月北京第1次印刷　印张 11⅜
定价:66.00元

目录

典籍谈片

过云楼旧藏：《锦绣万花谷》/ 2
辞约旨丰：《艺概》/ 9
不会写诗也会吟：《唐诗三百首》/ 15
在涵泳玩味中获得艺术体悟：《唐宋词选释》/ 18
迥异常格的诗歌选本：《宋诗选注》/ 21
一窥明清以来古典子学的流变：《续修四库全书总目
　　提要·子部》/ 24
可望推进宋代文化研究的基础文献：《宋登科记考》/ 31
必须期待学者的进步：《中国近现代稀见史料丛刊》/ 35
文学史教材编写的三点贡献：《中国文学史》/ 39
致广大而尽精微：《中国古代文学通论》/ 42
却顾所来径：《却顾所来径：1925—1952年清华大学
　　中文系教师学术文选》/ 46
学术与艺术：《启功丛稿》/ 51
覃思以美文出之：缪钺《诗词散论》/ 56
素以为绚的人生与素以为绚的自传：《良镛求索》/ 57
考据学成就与学术史贡献：《当代学者自选文库——
　　傅璇琮卷》/ 67
图与志的主与次：《中国古典文学图志》/ 72

大题不泛，小题能深：《中国古代文学研究》/ 77
意义深远的文化工程：《中国书法全集·苏轼卷》/ 81
留得燕园香如许：《北京大学名人手迹》/ 83
得诗人之清丽：《方晓书画篆刻作品展集》/ 86
人生一段奇幻瑰丽：《因缘·音缘》/ 88

学海随泛

说嫉妒 / 92

癖嗜种种 / 95

李杜苏类型说 / 101

梁启勋的词学研究 / 106

古典诗词欣赏的四种类型 / 112

古典文学与精神史研究 / 125

大数据时代的古典文学研究 / 128

陆游的书法 / 134

赵孟頫书法 / 141

徐无闻先生临《书谱》/ 145

说"弓"字 / 150

扯不清的古书标点 / 154

思误字转得一适，读好书胜赢千金 / 158

读什么音听谁的 / 162

说对联 / 168

星落云散的古代书仪：从戴姜福先生的一件手札谈起 / 172

与罗宗强先生关于文献问题的通信 / 187

凛焉戒惕"詅痴符" / 197

试论学术规范 / 204

分类与排序 / 208

研究身边的大家 / 212

"编年事辑"的意义 / 215

尊重教授，尊重学术 / 218

也谈"身份焦虑"与"编辑学者化" / 223

微薄而真诚的祝愿：《古典文学知识》一百期 / 232

冷淡生涯与一本刊物：《文学评论》六十年 / 234

前贤忆念

总有一些人使我们永远怀念：鲁利民先生 / 242

百载公论自有期：徐无闻先生 / 247

启功先生介绍我入中华书局 / 250

永远的启功先生 / 257

用研究来缅怀：写在启功先生逝世十周年之际 / 269

从一篇文看一个人：傅璇琮先生 / 277

编辑与学者：傅璇琮先生 / 283

怀念傅璇琮先生 / 288

《"多宝道人"王利器先生》附记 / 302

回念北山翁 / 305

理解欧阳中石先生的三个角度 / 312

向华老致敬 / 316

史学家的品格：邓广铭先生 / 319

学人书家姚奠中先生 / 323

三见叶嘉莹先生 / 326

王仲闻先生 / 330

读钱锺书先生这部大书 / 333

海宁王静安先生纪念碑 / 347

遗笺一读想风标：浦江清先生 / 351

影响如好雨 / 366

后记 / 371

素以为绚的风景

典籍谈片

过云楼旧藏：《锦绣万花谷》

类书的起源一般归于曹魏时期魏文帝曹丕诏命群臣编纂而成的《皇览》，其特点是"区分胪列，靡所不载"（李桓《玉海·序》），向被称作"百科全书"。但胡道静先生说得好，现代百科全书的条目是新编成文，类书则是将有关原材料辑录于一处，因此在百科全书之外，类书还兼有"资料汇编"性质（《中国古代的类书》第一章）。

类书的功用，就古代而言主要是为了便省览、备寻检和临事取索之需，今天其功用则大有不同，因其百科全书性质，我们可借其分类以及因分类而形成的结构以考察其人其时对自然和人事的看法，亦即所谓的知识体系（这样的工作今天似乎做得还不够）；因其资料汇编性质，更可将之视作古代史料的渊薮，许多今天尚存的典籍可借之加以订补，今天已佚的典籍可借之加以钩沉。凡是具有一定规模的类书，大都具有这样的功能，《锦绣万花谷》自不例外。

古代目录书著录的类书逾千种（参张涤华《类书流别》），今存者亦当近半。在为数众多的古代类书中，《锦绣万花谷》虽然拥有一个富于诗意的名字，但不论从规模还是编纂质量看，并不引人注目。宋人陈振孙《直斋书录解题》卷十四称其"门类无伦理，序文亦拙"，尚未产生太大影响，但自《四库全书总目》之评出，其地位似乎就盖棺论定了：

> 所录大抵琐屑丛碎，参错失伦，故颇为陈振孙所讥。

其地理一门，止列偏安州郡，类姓一门，征事仅及数条。而古人称号之类，又创立名目，博引繁称，俱不免榛楛杂陈，有乖体要。

许多论古代类书的著述或只字不及，如胡道静《中国古代的类书》、夏南强《类书通论》；或只录其目，如张涤华《类书流别》，不知是否与此有关。

但其门类是否无伦理，内容是否琐屑丛碎，尚需全面细致地分析其分类与结构，以及各类所录具体条目的内容，更需要与其前后的类书作比较研究，庶几可下较为翔实的判断。何况，"六合之内，巨细毕举"（陈梦雷《上成亲王汇编启》）本是类书的特点，又何来"琐屑丛碎"之责呢？

尤其是，即使《四库全书总目》所言属实，亦不意味着该书便无足取，其内容富赡、可供辑佚参证的功用，《四库全书总目》亦曾明加肯定：

> 特其中久经散佚之书，如《职林》《郡阁雅谈》《雅言系述》《云林异景记》之类，颇借此以存崖略。又每类后用《艺文类聚》例，附录诗篇，亦颇多逸章剩什，为他本所不载。略其烦芜，撷其精粹，未尝不足为考证之资也。

因此，自古以来就有学者注意汲取此书，如清人查慎行《苏诗补注》卷四十八据此书录苏轼《题清淮楼》（未必可靠），厉鹗《宋诗纪事》卷三十五据此书录邵伯温《题汉充国城》诗，如此之类。近年来随着古籍整理工作的进展，大量尘封已久的古籍借影印技术重见天壤，《锦绣万花谷》亦一再厕身其中。如《北京图书馆古籍珍本丛刊》第73册即据宋刻本影印此书前集、后集、续集各四十卷而有缺页（如前集目录自卷八始），亦有用明刻本补者（如后集卷一）。《续修四库全书》第1217册据北大图书馆藏宋刻本影印后人续编的《锦绣万花谷别集》三十卷（中缺24—26三卷），《中华再造善本》据国家图书馆藏宋刻本影印《锦绣万花谷》及续集共50册，《日本藏中国珍本古籍》据明嘉靖十五年序锡山秦汴绣石书堂刊本影印《锦绣万花谷》前、后、续集各四十卷，别集三十卷（广陵书社所印亦此本）。

此书的影印出版，包括影印文渊阁《四库全书》中所收该书的通行，使得学界更方便使用此书进行学术研究，这里仅举一个有关《全宋诗》的小例。上世纪90年代出版的《全宋诗》遍辑群书，此书自亦为其所据之一，然有辑而未尽者，吴宗海据之补王旦《南恩州西楼诗》（《〈全宋诗〉吹求》，《文教资料》1997年第3期），曦钟据之补晏殊《雪》诗（《石信道〈雪〉诗为晏殊佚诗考》，《北京大学学报》1998年第1期），汤华泉据之补朱昂《哀挽诗》（《〈全宋诗〉补佚丛札续编》，《淮北职业技术学院学报》2009年第6期），金程宇《〈全宋诗补〉榷正》（《北京大学学报》2003年第6期）亦多引据此书。

当然，此书所引自亦未必尽可信据，查慎行《苏诗补注》卷四十八据之所补苏轼《西湖绝句》（毕竟西湖六月中），实为杨万里诗；清人冯应榴《苏文忠诗合注》卷五十据之录入《失题》（山行似觉鸟声殊），实为其弟苏辙《简寂观》诗（冯应榴本知"《万花谷》所采诗家姓氏舛误甚多，未可全信"，见其书卷五十《雪诗》八首注）。近年来胡可先《〈全宋诗〉误收唐诗考》（《文献天地》2005 年第 3 期）、阮堂明《〈全宋诗〉苏轼卷辨正辑补》（《殷都学刊》2010 年第 1 期）二文所论均有辨析《锦绣万花谷》所收诗篇和作者之误者。

还可举一个有关唐诗小而有意思的例子，腾播人口的《清明》诗："清明时节雨纷纷，路上行人欲断魂。借问酒家何处有，牧童遥指杏花村。"其最早所见之载籍，即《锦绣万花谷》后集卷二十六，只是其本题《杏花村》，亦未题作者名，只注"出唐诗"，是后来的人将之附会到杜牧身上去了。

古人谓读书宜求善本，善本之一义即为旧刻之本（见张之洞《輶轩语》卷二），故乾嘉时代的顾广圻云："书以弥古为弥善，可不待智者而后知矣。"（《跋蔡中郎文集》）古人没有今人的眼福，不得见甲骨、金文、汉晋简帛和敦煌写本，就刻本而言自以宋为最早，因此顾氏又谓："世间瞽人，往往诋宋本不足重，呵佞宋者为浅学，彼固未尝究心于铅椠耳。"（《跋经典释文》）"书以弥古为弥善"，虽然不免绝对，当然有其道理，这就是陈乃乾所说的：

> 尝谓古书多一次翻刻，必多一误。出于无心者，"鲁"变为"鱼"，"亥"变为"豕"，其误尚可寻绎。若出于通人臆改，则原本尽失。宋元明初诸刻不能无误字，然藏书家争购之，非爱古董也，以其出于无心，或可寻绎而辨之，且为后世所刻之祖本也。校勘古书，当先求其真，不可专以通顺为贵。古人真本，我不得而见之矣，而求其近于真者，则旧刻尚矣。（《与胡朴安书》，《国学汇

编》第一集)

现在,这部经名家递藏,又经季振宜《季沧苇藏书目·类书》、傅增湘《藏园订补郘亭知见传本书目》卷十下等著录的宋刻本四十册《锦绣万花谷》(前后集各四十卷)数年间再现拍卖会,且经专家考订,与傅氏言及之日本静嘉堂文库残本并非一本,或为存世孤本,洵足珍贵,加之白麻纸洁净柔软,字大如钱,书品极佳,令人爱不释手。相信它的现身,会重新引起人们对它的好奇,比如可考其刻时刻地、流传经过等有关情况,可考其与北大、国图和静嘉堂宋本间的关系,可考诸宋本与宋后诸本间的递变源流,可将之与他本细加比勘,想能校订后世流行本中的一些讹误;也会引起人们对《锦绣万花谷》这

过云楼旧藏宋刻《锦绣万花谷》

部宋代类书本身新的关注，比如它的作者是否还有线索可寻，如何看待《直斋书录解题》和《四库全书总目》的批评，将之置于其前后类书的比较中来研究，能够有些什么发现，它在宋代以及古代类书史上的地位如何，诸如此类，或可成为我们新的研究话题。

包括这部四十册宋版大书在内的近180种过云楼旧藏就要上演一场竞拍大戏，槌响之际花落谁家，我们不妨拭目以待。这里姑且转引几段古人有关藏书的名论。

清人洪亮吉云：

> 藏书家有数等：得一书必推求本原，是正缺失，是谓考订家，如钱少詹大昕、戴吉士震诸人是也。次则辨其板片，注其错讹，是谓校雠家，如卢学士文弨、翁阁学方纲诸人是也。次则搜采异本，上则补石室金匮之遗亡，下可备通人博士之浏览，是谓收藏家，如鄞县范氏之天一阁、钱唐吴氏之瓶花斋、昆山徐氏之传是楼诸家是也。次则第求精本，独嗜宋刻，作者之旨意纵未尽窥，而刻书之年月最所深悉，是谓赏鉴家，如吴门黄主事丕烈、邺镇鲍处士廷博诸人是也。又次则于旧家中落者，贱售其所藏，富室嗜书者，要求其善价，眼别真实，心知古今，闽本蜀本，一不得欺，宋椠元椠，见而即识，是谓掠贩家，如吴门之钱景开、陶五柳，湖州之施汉英诸书估是也。（《北江诗话》卷三）

洪氏所分数类，语寓褒贬，等有参差，尚均可算入藏书家之列。而如下二人所论：

好书之人有三病：其一，浮慕时名，徒为架上观美，牙签锦轴，装潢炫曜，骊牝之外，一切不知，谓之无书可也。其一，广收远括，毕尽心力，但图多蓄，不事讨论，徒涴灰尘，半束高阁，谓之书肆可也。其一，博学多识，矻矻穷年，而慧根短浅，难以自运，记诵如流，寸觚莫展，视之肉食面墙，诚有间矣，其于没世无闻，均也。夫知而能好，好而能运，古人犹难之，况今日乎？（谢肇淛《五杂俎》卷十三）

好古者重宋版书，不惜以千金数百金购得一部，则什袭藏之，不轻示人，即自己亦不忍数翻阅也，余每窃笑其痴。（陈其元《庸闲斋笔记》卷八）

就很值得今日的收藏家们深长思之了。

（《傅璇琮先生八十华诞庆寿论文集》，中华书局2012年）

辞约旨丰：《艺概》

刘熙载（1813—1881），字伯简，号融斋，江苏兴化人，道光二十四年（1844）进士，曾官国子业和广东提学史。晚年主讲上海龙门书院，是清代后期学识渊博的学者，《清史稿》卷四八六《儒林》有传。他治经学，讲音韵，兼研天文学、数学，著述颇丰，有《四音定切》《持志塾言》《昨非集》等，汇为《古桐书屋六种》和《续刻三种》印行于世。

然而在他的学者生涯中，最光辉的一章是他的文艺批评，最使他负誉传名的著述是其《艺概》。

据本书《自叙》，《艺概》非一时所作，是他生平论文谈艺的辑存，其《自叙》作于同治十二年（1873），据此可知该书定稿于他的晚年，能够反映他最终的文艺思想和识见水平。

《艺概》虽仅名"艺"，但与今天的"艺术"不同，实际上"文学"占着绝对大的比重。全书凡六卷，依次是《文概》《诗概》《赋概》《词曲概》《书概》《经义概》。除《书概》专论书法，《经义概》专论应付经义试士的八股文写作外，其余四概均为文学专论，因此本书实可看作主要是一本文学批评的著作。

但从另一层意义来说，《艺概》之名又十分确切，因为不仅《书概》和《经义概》是论书法的艺术和八股写作的技艺，前面的文学四概同样是将着重点放在文学的艺术性方面的。翻检全书，不难看出这一点。

不妨从刘熙载对文学范畴的梳理谈起。这里首先要提到他对"六经"的认识。"六经"是儒家最古老和最具权威性的经典,历代有无数人皓首穷经,形成所谓"经学",千百年来被奉为最重要的学问。稍早的章学诚首次提出"六经皆史",打破了"六经"的神圣性。到了刘熙载又更进一步,他虽然也像传统经学家那样研究经学,但进入本书的经书他都是作为文学作品看待的。本书之首,开宗明义便说:"六经,文之范围也。"(《文概》)这可以视作是对章学诚"六经皆史"、破除"六经"神圣性的进一步发展。

不仅如此,在实际论述中,刘熙载还着重评论经书作为文学作品所具有的艺术特色及成就,如说《春秋》:

> 《春秋》文见于此,起义在彼。

意即文多言外之意。又说《左传》:

> 左氏叙事,纷者整之,孤者辅之,板者活之,直者婉之,俗者雅之,枯者腴之。

指出其叙事行文的剪裁运化之功。又说《孟子》:

> 《孟子》之文,至简至易,如舟师执舵,中流自在,而推移费力者不觉自屈。

指出其文理晓畅、气势充盈的整体风格。语虽寥寥,皆极确切。

至于史书和子书,刘熙载亦以同理置之。并且他虽然论文重在"概"言,对于艺术性高者却不惜花费较多的笔墨,例如《庄子》和《战国策》。为省篇幅,不具引文。

对于经史子书尚且如此，对于传统的集部——文学作品，刘熙载自然更重在抉微发幽，探索其为文之妙旨和艺术之用心。这既表现在《文概》所论历代作家中，更表现在后面的《诗概》《赋概》《词曲概》中。其内容广杂，大略言之，约有以下几个方面。

一论作家的整体风格。如：

> 杜诗雄健而兼虚浑。（《诗概》）

> 姜白石词幽韵冷香，令人挹之无尽。（《词曲概》）

二论作品的具体特色。如：

> 宋玉《招魂》，在《楚辞》为多异采。约之亦只两境：一可喜，一可怖而已。（《赋概》）

> 《十九首》凿空乱道。读之自觉四顾踌躇，百端交集。（《诗概》）

三论古人的艺术技法。如：

> 柳文实如奇峰异嶂，层见叠出，所以致之者有四种笔法：突起，纡行，峭收，缓回也。（《文概》）

四论不同文体的创作规律。如论赋：

> 赋须曲折尽变……赋取乎丽，而丽非奇不险，是故赋不厌奇。（《赋概》）

论诗：

> 诗不可有我而无古，更不可有古而无我……诗要超乎

> 空、欲二界，空则入禅，欲则入俗。(《诗概》)

论词：

> 词要放得开，最忌步步相连；又要收得回，最忌行行愈远……词以炼章法为隐，炼字句为秀。(《词曲概》)

五论古代作家的源流承袭。如：

> 韩文出于《孟子》，李习之文出于《中庸》。(《文概》)

> 欧阳永叔出于昌黎，梅圣俞出于东野。(《诗概》)

> 宋玉《风赋》出于《雅》，《登徒子好色赋》出于《风》。(《赋概》)

等等。

结合对文学史上大量作家作品、体制流变的品评，刘熙载还时常直接发表自己的文学观和艺术见解，比较重要的有：

一、强调文品与人品的结合，重视人品对文品的决定作用。《诗概》明言："诗品出于人品。"《词曲概》并认为苏辛词所以能潇洒卓荦，正因其人为"至情至性人"。

二、提倡深入生活，反映民间疾苦。《诗概》说："代匹夫匹妇语最难，盖饥寒劳困之苦，虽告人人且不知，知之必物我无间也。"由此推崇杜甫、元结、白居易等现实主义诗人，因为他们"不但如身入闾阎，目击其事，直与疾病之在身者无异"。可见，刘熙载并非唯艺术论者，虽然十分强调文学自身的艺术规律和特征，同时也注重文学作品的思想内容。

三、要求文学创作具有独创性和个性，反对因袭模拟，陈旧俗套。《词曲概》："词要清新，切忌拾古人牙慧，盖在古人为清新者，袭之即腐烂也。拾得珠玉，化为灰尘，岂不重可鄙笑。"《文概》则云："周秦间诸子之文，虽纯驳不同，皆有个自家在内。后世为文者，于彼于此，左顾右盼，以求当众人之意，宜亦诸子所深耻与！"

这些文学见解在今天仍有积极的意义。

《艺概》一书的最大特色，从书名已可得知。作者在《自叙》中说，有人认为艺之条绪纷繁，言艺者非至详不足以备道。但详尽并无极限，无须殚竭无余，而应"举此以概乎彼，举少以概乎多"。他平昔言艺，正是好举其概，因而以"概"名书。全书论文谈艺，内容虽极为广杂，均以条分缕析的形式成书，每条少则数字，多不过百言，以简驭繁，以少总多，言寥意深，辞约旨丰，包容性大，启发性强，往往一条便是一篇文章的提纲，生发开去，便是宏文。上面的诸多引文，都可以证明这些特色。

除此之外，《艺概》论文谈艺爱用比照法，将同时、异时的作家作品作纵向、横向的比较对照。如：

秦文雄奇，汉文醇厚。大抵越世高谈，汉不如秦；本经立意，秦亦不如汉也。(《文概》)

介甫之文长于扫，东坡之文长于生。扫，故高；生，故赡。(《文概》)

刘公干、左太冲诗壮而不悲，王仲宣、潘安仁悲而不壮。(《诗概》)

退之诗豪多于旷，东坡诗旷多于豪。(《诗概》)

> 叔原贵异，方回赡逸，耆卿细贴，少游清远。四家词趣各别，唯尚婉则同耳。（《词曲概》）

在寥寥数语中揭示各自的长处短处，同与不同，同中之异，异中之同，十分准确，精警醒目，给人印象很深，为论者所乐于引用。

《艺概》性质上仍属于传统诗话词话的范畴，但也许因为经过作者本人晚年通盘整理编纂的缘故，同以往的同类著述相比，它虽然是条分缕析，面广事杂，但并非随兴所至，随意所之。全书分门别类，井然有序，每一门类中，又先约论其文体之起源流变，再按时代顺序论述作家作品、风格流派、文学现象，最后总论此类文体的艺术特色和具体技法，体制周密详赡。全书每条虽然简约，综合起来，确能示人以文学发展的大观，为后世学者所重视，良非偶然。

《艺概》有刻于清同治十三年（1874）的《古桐书屋六种》本，1978年上海古籍出版社据此标点排印出版，最为方便使用。

（《古典文学知识》1991年第2期）

不会写诗也会吟：《唐诗三百首》

蘅塘退士（1711—1778），名孙洙，字临西，又作苓西，号蘅塘，晚号退士，江苏无锡人，祖籍安徽休宁。乾隆十六年（1751）进士，历任顺天府大城县知县、直隶卢龙县知县、江宁府教授等。为官清廉有声，著有《蘅塘漫稿》（已佚），辑有《排闷录》等，以所选编《唐诗三百首》最为知名。

本书编成于乾隆二十八年（1763），是两百多年间至少六百多种唐诗选本中流传最广、影响最著者，清光绪间四藤吟社主人说它"风行海内，几至家置一编"，书前"题辞"中引及的谚语"熟读唐诗三百首，不会吟诗也会吟"，早随该书家喻户晓。

本书原为训课童蒙而编。据书前"题辞"可知，蘅塘退士有感于此前学童所读《千家诗》虽易于成诵，却工拙相参，且只有五七言律诗和绝句二体，又唐宋诗混杂，体例不纯，因而发愿就唐诗中脍炙人口之作择其尤要者汇为一编，为家塾课本，以取代流行已久的《千家诗》。

本书选唐代诗人77家，其中无名氏2家，诗作共310首（四藤吟社主人为补3首，成为313首）。此书所以能风行后世，至今不衰，不外乎篇幅紧凑而选目精当。康熙时编成的《全唐诗》共九百卷，收诗近五万首，卷帙浩繁，不适合普通人阅读。本书所选分量适中，而又贵能作者多元，体裁完备，内容广泛，风格多样，体现出对唐诗的精深了解和独到的选诗眼光。

就作者看，本书所选初盛中晚四期诗人兼备，人们熟悉的大家名家不仅多在其中，且入选篇目为多。亦有地位略低甚至无名氏作者，又可知其选诗并非一味唯名头是瞻。就体裁看，五七言律诗、绝句外，又收入五七言古诗及乐府，古代诗歌中的主要体裁基本具备。就内容看，或关注现实，或怡情物色，或感慨议论，或抒发幽怀，不偏一隅。就风格看，或凝重沉郁，或清新飘逸，或豪放高旷，或婉转优美，或纵横跌宕，或精谨密致，或绮丽流美，或朴素端严，不主一格，而要以深于义蕴、妙于审美的艺术性为旨归，宜乎吴小如先生《读〈唐诗三百首〉》称其为"确可作为一本初步研读唐诗用的标准入门书"。自不能说唐诗之美尽在于此书，但说入选此书者多能体现唐诗之美，那是毫无问题的。

本书选编的初衷是为课童之用，但不同时代的人知识结构、文化修养会发生变化，朱自清曾说这部"当年的童蒙书，等于现在的小学用书"，"无论它从前的地位如何，现在它却是高中学生最合适的一部诗歌选本"（《〈唐诗三百首〉指导大概》）。今距佩弦先生的时代又过去半个多世纪，这部当年的小学读物早已悄然进入了成人世界。

蘅塘退士所编原书有注释及旁批，后人嫌其过简，更添注释，有多种注解本面世，对于阅读、理解诗作颇有助益。今人均取此书的注解本来阅读。兹介绍三种如下。

一是道光、咸丰间上元女史陈婉俊的补注本，有中华书局1982年版（名《唐诗三百首》），注释较为简明，保留了原书的旁批。

一是嘉庆、道光间章燮注疏本，有安徽人民出版社1983

年版（名《唐诗三百首注疏》），注释较为详赡。此书有眉批，与原书旁批一样，多发明诗作艺术，颇可参考。需要指出的是，该书改变了原书的卷次，入选篇目亦有调整，总数增至321首。

一是近人喻守真注释本，有中华书局1991年版（名《唐诗三百首详析》）。该书不分卷，诗作序次与原书亦有不同，每篇注释均含注解、作意、作法三部分，并标注平仄及韵部，以白话写成，或更适合多数人的阅读。

（《清华大学荐读书目》，清华大学出版社2017年）

在涵泳玩味中获得艺术体悟:《唐宋词选释》

俞平伯(1900—1990),名铭衡,字平伯,以字行。原籍浙江德清,生于江苏苏州,1919年毕业于北京大学,曾在燕京大学、北京大学、清华大学等校任教,中国社会科学院文学研究所研究员。著名学者和作家,著有十卷本《俞平伯全集》。

俞平伯在学术上最有影响的是红学研究,以《红楼梦辨》成为"新红学"的重要开拓者。但他又是著名作家,新旧体诗词兼擅,词作编为《古槐书屋词》。又精于古典文学尤其是古典诗词研究,主要著述汇辑为《论诗词曲杂著》。

词学可称其家学,其父俞陛云即精研诗词,有《唐五代两宋词选释》行世。早在北大求学期间,俞平伯即受小学、词章兼擅的黄侃影响而喜爱词学。20世纪30年代早期,他在清华大学中文系承担的课程中便有词、曲,今天清华大学档案馆民国二十年至二十一年度(1931—1932)"讲义报告表"上,后来一再印行的《读词偶得》便赫然在目。由此可见他对词体的关注和研究由来已久,本书的编撰也就是顺理成章的事了。

本书完成于1962年,原名《唐宋词选》,有试印本,1979年由人民文学出版社正式出版时改为今名。

本书选入唐五代至两宋词人74家,无名氏2家(其中敦煌词一组以一家计),共251首,分上中下三卷。俞平伯本人即为精于诗词创作的大家,且对历代词人词作及词史甚为熟悉,故理解深,视野广,取材宽,抉择精。就所选一家论,能体现出该家的创作特色和艺术成就;就全书整体观,能贯串起、勾勒出词史的发展演变脉络。

本书以敦煌词开端,体现了对民间词的重视和对词体发生史的理解。唐五代词人中温庭筠、韦庄、冯延巳、李煜最出色,故选词较多。两宋词人中苏轼、秦观、周邦彦、李清照、辛弃疾最出色,选词亦较多。苏轼、辛弃疾并称"苏辛",为词中圣手,词作豪放、婉约、清旷、沉雄,风格多样,所选词作基本囊括了二家各种主要的风格。柳永词兼具雅俗,所选弃俗取雅;吴文英词兼明快与晦涩,所选多取明快。选家遴选作品总是有倾向性的,面面俱到,不能也不必。

本书"前言"中说:"选材方面,或偏于消极伤感,或过于香艳纤巧。"不同文体自有不同的文体特色,理想的词选应当甄选出能够体现词体独具之美的词作。词体的独具之美,就是王国维《人间词话》所说的"词之为体,要眇宜修,能言诗之所不能言,而不能尽言诗之所能言。诗之境阔,词之言长"。"前言"中的自我否定是特定时代环境的产物。其所否定处,今天看来正是其值得肯定处。词在古代被视作"诗余",是不登大雅之堂的小道,主要就是因为词作中普遍存在的"消极伤感"和"香艳纤巧"。如果改变了政治伦理和道德教化出发的狭隘观念,对词体这一特性就会有完全不同的审美取舍和价值判断。全面赏读《唐宋词选释》中的词作,有利于从总体上认识、欣赏词体特性和词体之美。

阅读本书,更应特别关注其注释。老辈治文艺者多不屑于浮泛玄虚的抽象理论,他们乐于在对具体作品的涵泳玩味中获得艺术体悟,并以得心应手的文笔表达出这种体悟。俞平伯先生学识渊深而又躬行实践,其注释之深切著明自非同于等闲之辈。除注字诠词、数典征事、校勘辨证外，尤精于作法、结构、技巧、立意、内蕴、境界、风格等的艺术分析，注重体察词人独具之词心。剥蕉抽茧，抉幽发微，不仅有益于鉴赏，有意尝试词体创作的人亦能从中得到启迪。

（《清华大学荐读书目》，清华大学出版社 2017 年）

迥异常格的诗歌选本：《宋诗选注》

钱锺书（1910—1998），字默存，号槐聚，江苏无锡人。1929—1933年就读清华大学外文系，后求学于牛津大学。曾任清华大学外文系教授、中国社会科学院文学研究所研究员。著有《谈艺录》《管锥编》《围城》等。其学问贯通中西，淹博无涯，时人至以"文化昆仑"目之。"钱学"之称在其生前即已流行，传闻外国人来北京有三大心愿——登长城、吃烤鸭和见钱锺书，虽不知真伪，其在国际文坛和学界的影响是毋庸置疑的。

宋诗研究只是钱学参天大树上的一枝，却是重要的一枝。钱锺书的宋诗研究除散见于《谈艺录》《管锥编》等著述外，汇聚于《宋诗纪事补订》五巨册，另外集中体现的就是这册《宋诗选注》。

宋诗相较于唐诗虽不无偏爱者，总体来看受到轻视和冷落，至有认为"终宋之世无诗"（清陈子龙《王介人诗余序》）者。钱锺书不然，作于20世纪40年代的《谈艺录》开篇即谓："唐诗宋诗，亦非仅朝代之别，乃体格性分之殊。天下有两种人，斯分两种诗。唐诗多以丰神情韵擅长，宋诗多以筋骨思理见胜。"即宋诗是与唐诗不同的一种美学类型。等量齐观的背后，是对宋诗特色和地位的体认和尊重。

本书之编成，固是作为文学研究所"中国古典文学作品"读本丛书之一种的领命之作，但时任所长郑振铎提议钱锺书亲操选政，想是出于对钱锺书宋诗研究的认可，而钱锺书此编目的,除提供适合于当时读者方便阅读的宋诗选本,以俾领略宋诗独特风貌外,也未必不是为了扭转学术史上对于宋诗由来已久的成见。

本书编成于1957年,选诗人80家,诗作377首。首先应当提及的是选目的不易。其时并无《全宋诗》可用(40年后收诗近25万首的72巨册《全宋诗》才面世),他此前30年间曾大量检阅各种宋人别集、总集,单《容安馆札记》中明确提及的就有近300家,编撰此书的两年间更遍读宋诗,杨绛先生曾感叹"他这两年里工作量之大,不知有几人曾与理会到"(《我们仨》)。虽然由于种种原因,他不能充分自主地决定作品的入选与否,留下了他人以及自己都耿耿于怀的遗憾,但识鉴精湛而又富于审美包容性的钱锺书既然在原始文献上下了如此大的功夫,则其所选择一定在相当程度上反映了选家心目中宋诗的精华、特色及诗史概貌。

其次要着重表而出之的是序,尤其是小传和注释的精彩。本书有一篇较长的序,又有80篇作者小传,同时有大量的注释文字。钱锺书著述的特点是,不落笔则已,落笔则思力深刻,学理缜栗,谛观审辨,洞幽烛微,妙喻迭出,语如贯珠,征引渊博,机趣横生。《宋诗选注》亦不例外,其序、小传和注释皆强烈地体现出这一鲜明的钱氏印记,与常见的程式化诗歌选本迥异。

从序中不吝篇幅地批评宋诗撇下了"人民生活"这一"唯一的源泉",以及相应地过多选入《田家语》《煮海歌》《织妇怨》《河北民》《采𦼫茨》这类来自"唯一的源泉"的诗作,可以看出本书的时代痕迹确实一定程度上存在着。不过总体上仍如词学家夏承焘先生的评价："这个选本，确实冲破了选宋诗的重重难关，无论在材料的资取上，甄选的标准上，作家的评骘上，都足以使读者认识到宋诗的面貌、它的时代反映和艺术表达，它所能为我们今天欣赏的接受的东西。而钱先生在这个选本里，也充分地表露了他的一般对于诗的和特别对于宋诗的见解，而这也正是构成一个好的选本的主要因素之一。"（《如何评价〈宋诗选注〉》）

　　钱锺书的每一种文字都值得细读。复旦大学中文系王水照教授曾与钱锺书先生共事多年并受其提命，对本书"丰富的内蕴，恢宏的气度，犀利的眼力和敏锐的艺术感觉"有透辟的理解，他曾提出有关《宋诗选注》的四种"读法"（见《关于〈宋诗选注〉的对话》），其中第一、二种非常值得读此书者借鉴。一是全书作家评论八十篇，篇篇有新意，字字有分量，可从宋代诗歌演变史的角度去细读；二是注释突破了传统选本着重于语词名物训释、章句串讲的框架，将注释和鉴赏、评判结合起来，运用的基本方法是比较法，可从比较鉴赏学的角度去阅读；至于第三、四种，即从版本学的角度研究钱氏对本书的多次修改，从全部钱著贯通互参的角度去阅读全书，也非常重要，但那是百尺竿头更进一步的事了。

（《清华大学荐读书目》，清华大学出版社2017年）

一窥明清以来古典子学的流变：《续修四库全书总目提要·子部》

章学诚《校雠通义序》有云："校雠之义，盖自刘向父子。部次条别，将以辨章学术，考镜源流，非深明于道术精微、群言得失之故者不足与此。"部次群书、辨章流别的目录分类，是考察不同时期学术发展的重要窗口。一代目录类别往往增损沿革前代而成，从中可以体现学者对于其时学术流变的深切思考。

《续修四库全书》亦然。就子部而言，基于对道家和道教不同性质的理解，析道家与道教为两途；又基于同样的原因，合道教、佛教及其他宗教如天主教、摩尼教、景教等别为宗教一类；又以收书范围下延至西学东渐时期，为体现海通以来外学输入的历史事实和学术状况，特列西学译著一类，专录晚近以来编译而成的西方政治学、经济学、法学、哲学等思想文化和科学领域的代表作。

《续修四库全书》子部共分儒家、道家、兵家、法家、农家、医家、天文算法、术数、艺术、谱录、杂家、类书、小说家、宗教、西学译著15类，收书共1641种，在《续修四库全书》四部中收书最多。

与《四库全书》相较，15类中末二类为新增，属别分合增删变化更多。其中《四库全书》已收而更换版本者20余种，存目书290余种，未收书700余种，时代后于《四库全书》者500余种，总数较《四库全书》986种增加六成左右。各类收书数量，经具体统计，为儒家 145 种，道家 27 种，兵家 25 种，法家 29 种，农家 67 种，可知这些盛行于秦汉的学派在清中叶时的式微。墨、名、纵横等所谓杂学、杂说后来一概称为杂家，加之清代考据学、编纂学发达，丛札、笔记之属尤多，杂家遂成为子部第一大类，达 356 种。其他诸类，医家 261 种，艺术 195 种，谱录 113 种，天文算法 139 种，其余宗教 73 种，小说家 74 种，术数 69 种，类书 50 种，西学译著 18 种。

复考其作者时代，各类之中以明清两朝作者比例最大，占作者总数十之七八，甚或更多。即以收书种数最多的三类来看，杂家类 356 种近 380 位作者中（部分著作有多位作者），明清作者近 350 人；医家类 261 种近 300 位作者中，明清作者达 240 人；艺术类 195 种近 190 位作者中，明清作者达 170 人。明清两朝之中，有清一朝作者又多于明代一倍左右。

《续修四库全书》子部的类别划分、各类收书多寡和作者年代分布，一定程度上反映出中国古典子学在明清和晚近的流变与学术史面貌。

《续修四库全书总目提要》书影

比如儒家类收录的145种典籍，当年《续修四库全书》编纂者即已指出，实际上分为两部分，一为先秦儒家之属，一为汉后儒学之属。先秦儒家之属收录16种，以清人对《孔子家语》《子思子》《荀子》的注疏为主，多成书于《四库全书》之后。汉后儒学之属，主要收录的是《四库全书》存目中的王守仁、王廷相、湛若水、王艮、薛应旂、顾宪成、孙奇逢、颜元、李塨、张伯行等十数家，《四库全书》未收书中的扬雄、王符、马融之作的注疏本和薛瑄、陈献章、王世贞、姚舜牧、焦竑、黄宗羲、王夫之、魏象枢、吕留良等人的著述，《四库全书》之后戴震、焦循、曾国藩、郑观应、张之洞、康有为、章炳麟等的著述。将之与章炳麟《国学演讲录》相对照，章书中提及的明清儒学各宗派，在这一目录中多能有所反映。即此一例，亦大略可见子部所收群籍于清理明清学术史脉络的价值了。

按古书分类肇自《七略》，《七略·诸子略》所收各家为私门之学，学各不同。其后七略演为四部，西晋荀勖《中经新簿》以甲乙丙丁称之，乙部即后世之子部。据《隋书·经籍志》，荀书分古诸子家、近世子家、兵书、兵家、术数各类，知其又将《七略》中之诸子与兵书、术数、方技诸略相合，且又将汉后新出群籍不能归于经史者纳入其中，号为近世子家。此后名同而实异者如杂家，先秦时不过《汉志》所谓"兼儒墨、合名法"，后世发展为《四库全书》所称的杂学、杂考、杂说、杂品、杂纂、杂编。尤其是佛道、艺术、天文算法、医方、谱录、类书等门类陆续兴盛，子部典籍数量遂多，其性质亦较经、史、集三部远为驳杂，不唯类别之间差异甚巨，即类下不同属别之间，今天看来往往也已属于不同学科。比如艺术类下有书画、篆刻、琴学、乐谱、棋弈、杂技，谱录类下有器物、泉币、文房、工艺、饮馔、种植、养殖。何况其中多含今天鲜有人问津的绝学，如天文算法类之天文、历法、算法，术数类之占候、相宅、命书、阴阳五行等。

为学科繁杂且多含冷门的子部书作提要，关键在于能否尽量广泛地邀约不同学科的专业学者参与其事。目录提要是一种传统的著述形式，对于当世学者而言并非常格，在当今学术体制下从事这一工作困难更多。物色、确定作者的过程漫长而艰难，所幸得到了学术界各方同仁的大力支持，最终，15类乃至类下的某些属别得以一一对应、落实到专家或学有专攻的学者来承担。

《续修四库全书提要》的编纂宗旨，是接续古典目录学"辨章学术，考镜源流"的优良传统，依"先列作者之爵里以论世知人，次考本书之得失，权众说之异同，以及文字增删，篇帙分合皆详为订辨，巨细不遗"（《四库全书总目·凡例》）之前例，在广泛系统地掌握相关学科既有成果的基础上，对所收典籍及其作者逐一详加考析，撰成提要，力期体现当代古典学术的研究水平。

子部提要总体上体现了这一编纂宗旨。与集部多收名著不同，子部典籍数量多，部头相对较小，不少典籍及其作者并不流行于当今学界。提要撰写者既对典籍作者、版本状况和内容要旨细加研读，亦注重掌握典籍所涉学科的发展脉络，从而把握典籍在学科中的地位，给出恰切的评价。

每则提要大致包括著者生平、内容要旨、学术评价、版本源流四部分，但视具体情况有所侧重，不求面面俱到。立场注重客观，文风提倡平实，多采学界定说，同时亦鼓励提出审慎公允的评价。

比如儒家类明末清初黄宗羲《破邪论》一卷，提要谓此书虽崇尚实功实学，不乏经世致用之论，然锋芒远不及《明夷待访录》，且又编排无序，疑系将晚年文章勉强凑为一编，并非专门撰写。

道家类清宣颖《南华经解》三十三卷，提要谓宣氏不愿引道教思想阐释庄子，亦反对将庄子与佛氏混为一谈，具有明显儒学化思想倾向。以儒解庄虽不足取，然其于梳理《庄子》文章脉理方面，较林希逸、刘辰翁等人的解庄之作更有成就，揭示《庄子》文章艺术手法亦较前人更为全面深刻，姚鼐《庄子章义》、马其昶《庄子故》、王先谦《庄子集解》等皆或多或少受到此书影响。

天文算法类明佚名《三垣列舍入宿去极集》一卷，提要谓该书在星座图形的星旁标注入宿去极度数，是恒星图示表达方式的一种创新。全书可能为郭守敬《新测二十八宿杂坐诸星入宿去极》一书的部分抄本，由于《郭守敬星表》内容多已失传，故此抄本具有极高的史料价值，对研究元明时期恒星观测精度、观测地点、星图绘制方法等具有重要参考价值。

谱录类清杨万树《六必酒经》三卷，提要谓杨氏从事酿酒之业五十余年，实践经验丰富，又广搜历代作酒之法，特别对浙东地区酿酒技术的特点加以总结，翔实细致，多有心得，为我国酿酒史的重要著作。

杂家类清全祖望《全谢山先生经史问答》十卷，提要谓其书虽不如顾炎武《日知录》之博大，但论识高远，当时罕见其匹，阮元谓足以继古贤、启后学。然其间尚待商榷而遂难以为定论者，亦复不少。

宗教类元赵道一《历世真仙体道通鉴》五十三卷、《续篇》五卷、《后集》六卷，提要谓所录之仙真事迹皆搜之群书、考之经史、订之仙传而成，虽不免有传闻附会之词，但大都言之有据，非出杜撰。唐宋以来，道教人物大都不见史传，而道教传记亦丧失甚多，实赖此书保存不少道教史资料。

又，《四库全书》简标典籍来源，不交代具体版本，素为人诟病，学界至有不可轻用之论。《续修四库全书》在版本调查的基础上选择善本影印，学者称快，故子部提要亦特别强调版本源流的梳理。

如兵家类汉曹操、唐杜牧等《十一家注孙子》三卷，提要谓此书版本有三：一是避"廓"字讳，当为南宋宁宗时所刻，今藏上海图书馆；二是道藏本，明正统十年内府所刻，考其著者排列顺序及称谓，与宋刻本相同，应是源于宋本，唯析三卷为十三卷，每篇即为一卷，并更名为《孙子批注》；三是清孙星衍校订本，以《道藏》本为底本，校订十一家注文编排之错乱以及文字之讹误，并更名为《孙子十家注》。其他版本大都出自此三本。

类书类唐李翰《蒙求》三卷，提要谓1974年7月28日，山西应县佛宫寺木塔四层主佛像腹内发现一批辽代珍贵文物，即含《蒙求》残卷一册，为目前仅存之辽代雕版书籍，亦是此书现存之最早刻本。此本蝴蝶装，存七叶半。字体整齐而略显呆板，"明""真"字避讳缺笔。此为《蒙求》白文无注本，虽校刻不精，讹字较多，但对比勘现存各本、恢复李氏《蒙求》正文原貌有重要价值。

此外，提要撰写中亦有纠正前人包括《续修四库全书》著录之误处。如医家类明高武《针灸聚英》四卷，提要谓日本宽永十七年刻本将原序"嘉靖己丑"误为"嘉靖丙午"，并将原书卷一分为四卷，卷四分为二卷，与原卷二、卷三共成八卷，改署为《针灸聚英发挥》。又元朱震亨《新刻校定脉诀指掌病式图说》一卷，提要考证其作者必非朱震亨，而可能为金人李杲。

《四库全书总目》挟皇权之威、举国家之力，一代学人承其事，并世大家毕其功，故虽仍存瑕疵，多见指摘，宜其叙作者之爵里，详典籍之源流，别白是非，旁通曲证，钩玄提要，斟酌古今，衣被天下，至有学者良师、读之可知学问门径之谓。今人所为之提要，或难与之相颉颃，但如上所举之例，分而观之，冀能成为读书之一助；合而观之，或可起到条别异同、疏通伦类、即类求书、因书究学的作用。

（《续修四库全书总目提要》，上海古籍出版社2016年）

可望推进宋代文化研究的基础文献：
《宋登科记考》

《宋登科记考》是一部有关宋代科举的学术著作，同时也是一部有关宋代文化的基础文献。

作为学术著作，本书的学术价值首先体现在对宋代科举研究的贡献。清人徐松《登科记考》成书后170年，傅璇琮、龚延明先生发愿仿其例，编撰一部宋代科举编年史。历十六七年的青灯黄卷，终于面世。据本书编撰者的统计，有宋一代取士人数多达10余万人，是唐、五代、明、清诸朝的4至5倍。本书辑录凡4万余人，臻于宋代登科总数的近半，远超台湾昌彼德、王德毅先生《宋人传记资料索引》所收的6000余人。仅此一项，其价值就不问可知了。

宋代以及有关宋代的文献数量庞大，梳理、采撷诚属不易，同样或更加不易的是，本书综合各种史料，为所录4万余名登科者一一撰写小传，内容包括姓名、字号、籍贯、何年登何科、初授何官、历官、终任官等，并且每就原始材料加以甄别，对其疑误处多出按语考订，提升了本书作为学术著作的学术水平，同时也体现出作为基础文献的严谨求实。

陈寅恪曾提出"华夏民族之文化，历数千年之演进，造极于两宋之世"的名论，但至少从文学的角度讲，除词学外，宋代诗文研究远不如唐代深入。究其原因，基础文献建设的缓慢当是其中重要的一点。《全唐诗》问世三个世纪了，《全唐文》编成两个世纪了，而《全宋诗》仅仅十来载，《全宋文》

不过三四年,幸而今又见本书。《全宋诗》是专题文献,《全宋文》是基础文献,本书既是科举制度史的专题文献,其意义却远不限于宋代科举制度和科举史的研究,又是关涉宋代学术文化研究方方面面的基础文献。

何以言之?试想,若问古代典章制度中涉及士人最广、影响士人最大者,恐非科举考试莫属。1300年间,科举几乎是古代士人唯一的出路,广大士人包括应试不第及因种种原因未曾应试的士人,其人生遭际、生活轨迹、处世心理、艺文活动等等,无不与之息息相关。古代文化的创造者当然不限于士人,但士人亦自为最重要的力量之一,所谓精英和精英文化是也。我们研究历史很难离开士人的活动,也就不能离开他们的科举活动。科举史料对于古代文化研究的全面意义不言而喻,本书对于宋代文化研究的全面意义也就不言而喻,其中包含着的富于启发性的潜在选题甚多,对宋代学术文化研究可能给予的整体推进甚多。

前举《宋人传记资料索引》是目前收录人数最多的宋人传记资料工具书,共收2.2万余人。后有李国玲女士《宋人传记资料索引补编》补充1.4万余人,二书相加得3.6万余人。曾有学者估计,二书合用,大致可将搜寻宋朝人物的范围概括无遗。而今本书的出版,使这一数字大大突破,并且4万余人均为登科者,弥足珍贵,誉之为宋代人物的渊薮,亦自不为过。当年唐圭璋先生撰《两宋词人占籍考》,后有陈尚君先生继作《唐诗人占籍考》,那么将此数种书相参合,作一篇《宋代文人占籍考》,岂不易如反掌?至于从《宋代文人占籍考》中再去引申出什么花样,比如,由登科者的仕历、籍贯,考察两宋南北文化的盛衰变迁，分析宋代士人的地理文化分布，研究宋代家族文化的相关特征，探索宋代科举与文学之间丰富的联系等，就正待研究者们各显神通了。

关于宋代科举及其与宋代文化关系的研究已有多部专著存世，相关文章更不乏见，本书的出版必能对既有论著有所补正。王水照先生昔撰《嘉祐二年贡举事件的文学史意义》，是制度与文学结合研究的典范之作。文中广搜地方志和宋人别集等考出本年登科者204位，而本书竟能增加58人，由此小小一例，即可见出本书作为基础文献的价值与意义。

一部高质量的基础文献的编撰，首先是一种高水平的学术著作，又同其他普通的高水平学术著作有着作用上的大不同。普通的高水平学术著作，其目标是让其他人在同一研究课题上从此免开尊口；而高质量的基础文献这一特殊的学术著作，却是让许许多多的人从此可以在许多研究课题上狮子大开口！

五百万字的一部大书难度有多大？本书著录人数几于宋代科举总人数的一半，而编撰者需要处理的相关文献不知有多少！在这个"不读书好求甚解"加上"不出版，就殒灭"（publish or perish）的时代，用十数载的光阴篇篇排比，字字爬梳，少了奖金，晚了职称，其艰辛之状，编撰者的序言中已略有所述矣。不可理解的就是，学术制度的设立者们为什么要让这样的人少拿奖金多吃亏呢？

常说文史不分家，我觉得近几十年来有一个现象，就是不仅历史出身的人绝少涉足文学，连属于历史的都让中文出身的人越俎代庖了，如傅璇琮先生的《李德裕年谱》《翰林学士传论》，周勋初先生的《册府元龟校订》，郁贤皓先生的《唐刺史考》，陈尚君先生的《旧五代史新辑会证》，甚至徐松的《登科记考》，为之作《补正》的也是中文出身的孟二冬先生！从这一角度说来，本书编撰者龚延明和祖慧先生的历史出身，就具有了一种特别的意义！

新时期以来，唐代文学研究的繁荣离不开傅璇琮先生的规划和引导，这已是唐代文学研究界的共识。《宋登科记考》的编撰与他的关系，本书序言讲得已很清楚了。相信今后从本书中得益的研究者，都会向傅璇琮先生表示敬意，当然，也会向龚延明和祖慧先生表示敬意。

（《光明日报》2010年2月3日）

必须期待学者的进步：《中国近现代稀见史料丛刊》

我想起两个月前中华书局伯鸿书店正式开业，要我讲几句，就引了伯鸿先生的一段话："要想国家社会的进步，就必须期待教育的进步；要想教育的进步，就必须期待书业的进步。"这句话现在也适用于这个场合，因为有出版这套丛书的凤凰出版社在。但我当时又将伯鸿先生的话延伸了一句，说"要想期待书业的进步，就必须期待书店的进步"，今天我则想将伯鸿先生的话作这样的延伸："要想期待教育的进步，必须期待学者的进步。"

学者怎么进步？就是说学者以一种什么样的眼光、什么样的方式、什么样的情怀来对待自己从事的学术。现代学者很多，好像学术也很发达。但是身处其中的人才会知道，哪些是真正的学术与学者，哪些不是。这套书的组织者，我以为做的是真学者、真学术的事。这套书的意义，"总序"中说得很好："这样的累积性整理，自然地呈现出一种规模与气象，与其他已经整理出版的文献相互关联，形成一个丰茂的文献群，从而揭示在宏大的中国近现代叙事背后，还有很多未被打量过的局部、日常与细节；在主流周边或更远处，还有富于变化的细小溪流；甚至在主流中，还有漩涡，在边缘，还有静止之水。"这就是说，从一些很琐细的、很芜杂的、不为人所知的史料入手，来体察当时的社会与文化。

说实话，这套书的作者和书名大部分我都不熟悉，这是正常的。如果大家都听说过，就不足以构成"稀见"这两个字。正是因为它的稀见，它的不为人知，才突出了这套丛书的意义所在。这些稀见文献的价值，得靠不同的学者去挖掘，但是首要任务是要把它整理出来，让人能够看得见，才谈得上挖掘其中可能具有的价值。这对当代学术来讲，就是一件积功德的事情。

再难的事情不认真做都很容易，再容易的事情很认真做都很不容易。何况这套丛书本身就是一件不容易的事情，何况还要认真去做。这套书大致可以分作三类：一类是原生文献，就是现成的书，怎么去从茫茫书海里把原生文献挑选出来，这是要体现眼光的。二是次生文献，就是需要整理者去搜集编次，从此世界才有了、就有了这本书。三是在文献史料的基础上进行加工，比如《翁同龢家书诠释》，把家书里面的时间、交游等等都做了注解，这就便于人们的阅读和使用。

这套书的价值，我想举一个例子，比如《达亭老人遗稿》里面有一则《唐太宗力取兰亭》，这个故事我们都知道，他说是出自《太平广记》，其实《太平广记》可能是取自唐人何延之的《兰亭记》，何文里面很详细地记载了唐太宗怎么动用公权力让他的监察御史萧翼去赚取《兰亭》。但我一直怀疑，它是历史呢，还是小说？就像项羽唱给虞姬的《垓下歌》和两人死前的对话，别人是怎么知道的？司马迁是怎么知道的？同样，唐太宗与监察御史密谋的细节，别人怎么知道得那么清楚？我看到了达亭老人在引述这段故事后写的一段话，给大家念一下：

> 余谓唐太宗英明之主,慕《兰亭》而不以力取,不失君人之度,乃命萧翼诈取,致辨才殒命,非力取而何?揆诸仁义,当不如是。且《兰亭》墨宝,世间尤物,当与天下后世共之,乃必置诸元宫,永不出世,与枯骨并朽,诚何益哉?岂以幽冥有知,尚得耽玩自娱耶?蚩矣!贞观之治,号小尧舜,然政则真善,人则假仁。屈指惭德,此犹微眚。但推其好名之意,岂以此无所利益之为,遂不顾其假仁、假义之素乎?故披览之际,且信且疑。

特别是最后怀疑唐太宗不是这样赚《兰亭》的一段,近两百年前的人物与我的怀疑不谋而合,这就很令人高兴。但我想唐太宗又未必就不会赚取《兰亭》。前不久我得到一份十几年前出土的《李建成墓志》的拓片,很让人感慨,墓志很简陋,尺寸不大,只有几十个字,与一般皇亲国戚墓志的精美阔大完全不能比。墓志上李建成的谥号是一个含义模糊的"隐"字,而且这个字明显还是磨掉重刻的,据研究者的研究,之前定的谥号更难听,是"戾"字。连亲兄弟都可以杀掉,去赚取区区一幅《兰亭》算什么?所以说来说去还是真假莫辨,"且信且疑"吧。

另外,这段文字的表达非常好,吞吐回环,一两百个字运用了六层转折,比王安石的名篇《读孟尝君传》四个转折还多了两个,这样的文章要是被埋没的话就很可惜了。

所以我觉得,出版这套书一方面是对当代学术界的一种功德,另一方面也未尝不是对一两百年前那些不求功名、功名不显的学者的一种功德。要知道这些人对自己的文章也一定是很得意的啊,就像我们今人一样。假设一两百年后,有人把我们的著作也这样收集起来,我想我们九泉之下也会高兴的,所以我相信这些古人也一定会在九泉之下感激张剑、徐雁平、彭国忠三位主编。

(座谈会未刊稿,2017年6月)

文学史教材编写的三点贡献:《中国文学史》

作为教材,中国古代文学史(其他史可能也一样)是很难写的。它要将几千年的内容写进限制较严的篇幅中,孰取孰舍,其难一也;为便教学(教师之教与学生之学),纲目须清楚,章节要划然,与文学史发展的连贯性和整体性势必不容,其难二也;文学史是理论,论述的对象却是文学,用枯燥的文笔论述动人的文学,容易使文学不再动人,其难三也。20世纪以来的中国古代文学史,或通史,或断代史,或文体史,或专题史,或编年史等,据学者统计近六百种(用作教材的当然不多),所寓目者在这三点上互有得失。

作为"面向二十一世纪课程教材"系列中的一种,袁行霈先生任总主编的四卷本《中国文学史》由高等教育出版社于去年8月出版。本书不负众望,以前人的工作为基础,较好解决上述三方面问题,使文学史编写工作向前跨进了一步。至今年6月,不足一年的时间中已增印三次,可以说明其受使用者欢迎的程度。

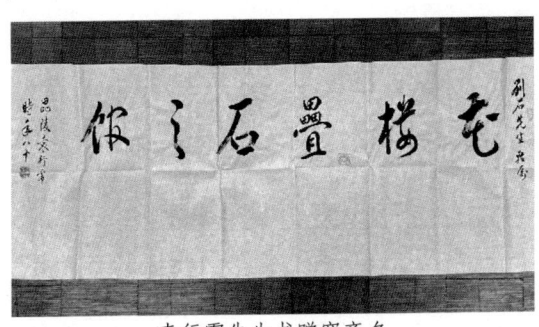

袁行霈先生书赠寒斋名

内容宏富与重点突出。与同类型教材相较，本书添进不少重要的作家、作品和问题，内容堪称宏富。仅就第一、二编为例，如上古神话思维特征、神话原型的影响、用诗和传诗、李斯的刻石文、董仲舒的策对、刘向的叙录等均为他书所罕述及。同时全书面目并不凌乱，条理颇为清楚。这缘于全书的体例设计，一是将大量相关知识用章后注的形式表达出来（这个做法此前教材已有），一是在论述每个专题时不求面面俱到，而是抓若干关键点，取舍得法。如《西厢记》一节仅就禁毁与模仿两点谈作品的影响，《桃花扇》一节仅从人物形象和戏剧结构谈剧作的艺术等。通过前一点做到了基本知识与学术深度的结合，通过后一点做到了点与面、粗与细的结合。

章节割裂与史的贯通。林语堂批评英国剑桥大学翟理士的《中国文学史》（1901年，最早的中国文学史之一）只是作家作品的系列介绍，不是历史发展的描述。这个问题到今天仍未解决。独立章节的安排天生容易造成史的割裂，但通读本书，可以看出编写者力求在这种格局下突破其固有局限的努力，尽量加强史的意味。如杜甫这章，不仅拿一些篇幅来论述天宝间的社会动乱，尤其好的是还拿一些篇幅论述杜甫同时诗人群的活动，并准确总结其与杜甫的异同："元结与《箧中集》的诗人们，一变盛唐诗人诗中的理想色彩，而转向写人生悲苦（笔者按：这是与杜甫相同处）。他们的诗，有思想深度而乏艺术力量，杜甫才把写实倾向推向了艺术的巅峰（按：这是异处）。"检阅手边的若干种文学史，《箧中集》中的七位诗人除社科院通史系列中的《唐代文学史》外均未提及。社科院本是花了力气的，篇幅大，材料细，多少有点长编的味道（当然也不乏观点），所以这七人是用专节的篇幅来专论的。而本书让这群与杜甫大致同时的诗人与杜甫同章出现，让我们具体地感到杜甫时代的文坛不是他一个人的文坛，但确实又是他"出于其类，拔乎其萃"的文坛。史的意识加强了，杜甫的高处出来了。

理论著作与文学语言。从性质说，文学史也属于理论著作，理论著作讲究文采本是一条传统的要求，但理论著作的文笔现今值得恭维的却不太多。文学史的描述对象是文学，较之其他学科，理应更加讲究语言风格和行文风格。我们有胡适、郑振铎、罗根泽、刘大杰等典型在前，近数十年来文学史的研究前进了，文学史的写作至少在这点上却倒退了。本书在这方面有所提高，语言清新简练，富有感情，但尚难言尽善尽美。这既是教材体例所限，也属于集体著书难以完全避免的问题。

（《中国大学教学》2000年第6期）

致广大而尽精微：《中国古代文学通论》

我想先打一个比方，虽然这个比方并不一定恰当。我常常在电视上看乒乓球比赛。同为世界冠军，同为顶级高手，今日的乒乓国手打起球来十八般技艺出神入化，令人叹为观止；而五六十年代的乒乓国手，不过是左推右攻，极显平常，看来很不过瘾。我想，这就是随时推移，乒乓技术不断创新、不断发展的最好证明。

就古代文学研究而言，也有这样一种类似的情况。我们今天讨论的是一部以"通论"名书的七卷本大书。以"通论"名书者从30年代起即不乏见，如《词学通论》（吴梅，1933）、《曲学通论》（吴梅，1935）、《宋词通论》（薛砺若，1937）、《中国文学批评通论》（傅庚生，1947）、《唐代古文运动通论》（孙昌武，1984）、《唐诗通论》（刘开扬，1981）、《唐宋词通论》（吴熊和，1985）、《宋代诗学通论》（周裕锴，1997）等等。然细审其书，虽名曰通论，却是有限制的通论，即限制在所论对象的范围内，诗则论时代、作家、题材、体裁，词则论词体、词调、词派、词调，很少逸出所论对象之外。

这些书在专业领域内均是声名卓著的专著，它们的学术价值已经得到历史证明。我要着重声明，我在这里丝毫没有贬低它们的意思。这也就是我所说的，上面那个比方不一定恰当的原因。但循名而责实，如果从冠于书名上的"通论"二字来看，从"通"字之为义来看，我却以为这类著作实在不足以承当"通论"之名,若称"概论",或许更为恰切。

那么什么才是通?从《周易·系辞上》"一阖一辟谓之变,往来无穷谓之通"开始,通就是一个哲学概念,不仅反映一个事物内部各方面的联系与沟通,更反映的是与其他事物间有机联系的一种状态。

就一个时代的文学史而言,它是那个时代一个侧面的反映,也受那个时代其他侧面的影响。早在唐人裴延翰为杜牧《樊川文集》作序时就说:"文章与政通,而风俗以文移。"明代的许学夷也在《诗源辨体》中说,"诗文与风俗相为盛衰"(卷十一),"诗文与国运同其盛衰"(卷三十四)。但真正从政治、风俗乃至整个国运的大背景下来研治文学史的并不多见。

上个世纪末的1997年,王水照先生主编了一部《宋代文学通论》,绪论为"宋型文化与宋代文学",又以"文体""体派""思想""题材体裁""学术史"等数编统摄全书,从不少新鲜的角度展开对宋代文学的论述,同时也初步涉及宋代文学与其他方面如宋学、佛道二教的关系问题。但那是一部断代文学研究著作。若论更加深入的通史性著作,则得未曾有。有之,自这套书始。

基于这种认识,我比较看重全书七卷中的中编,即论述各代文学与社会文化的部分。各卷编者能够抓住不同时期社会文化影响当期文学的特点和要点,勾勒其时文学生长的背景及其与其他学科的相互关联。如先秦两汉时期分论其与哲学、史学、经学、原始宗教、艺术、语言文字以及出土文献的关系。魏晋六朝时期分论其与世族、佛教、音乐、绘画等的关系，隋唐五代时期论其与政治、传统思想、宗教、科举、交通、幕府等的关系，两宋时期论其与政治、都市社会生活、民族关系、西夏文化、科举、理学等的关系。元明清各代亦复如此，恕不赘举。不仅角度的把握准确精到，具体的论述亦多胜义。窃以为，这一编是最能体现全书"通论"特色的地方。

但体现全书"通论"特色、构成全书学术价值的并不止于这一编，各卷中的上编、下编，分论各期文学的基本内容和基本文献，自然也是"通论"之"通"的题中应有之义。由于本丛书延请的作者均是各领域有专攻的专家，所以在本难出新意的这两部分中，在做到准确、清晰、全面、精练的前提下，尽量引入近人、今人的研究成果。新意迭出的同时，使全书呈现出与此前同类著作多不相侔的知识体系与撰著结构。

学术研究的面目千差万别，概乎言之，可借《礼记·中庸》"君子尊德性而道问学，致广大而尽精微，极高明而道中庸"的中间一句来表达。也就是说，学术研究有广博和精深两端。愈渐细密的分科是现代学术发展的一种标志，但不同学科的交叉和综合似乎也是当代学术发展的一种趋势。这套七卷本皇皇巨著，可以说在广大和精微两方面都体现了自身的不同凡响，达到了该丛书两位总主编在"总序"中所提出的"立足于20世纪学术发展、面向21世纪学术趋向，具有学术总结、学术探索和学术展望的意义，在研究思路、研究方法以及知识积累、学科建设各方面都力争有开创性和建设性的新型研究"的总目标。它所体现的视野、思路、方法，对古典文学研究必将起长久的良好的推动作用。

(《社会科学论坛》2006年5月上半月期)

却顾所来径：《却顾所来径：1925—1952年清华大学中文系教师学术文选》

清华大学百年华诞的到来，也意味着清华大学中文系走过了八十五年的历程。利用这个机会，我们决定编辑出版清华大学中文系教师学术文选。

清华大学中文系的历史可以清晰地分成两段。第一段从1926年建系到1952年院系调整，第二段从1985年复系至今。我们将文选的下限定于院系调整以前的1952年。

就老清华中文系来说，随着岁月的推移，曾与它结缘的历史人物只零星而模糊地存在于我们的脑海中。这次文集的编选给了我们一次爬梳历史的机会，中国现代学术史甚至政治史上的知名人士与清华中文系意想不到的交点，许多散落在海内外的曾经的清华中文人不闻于世的佳作，一一被发于尘封之下。

我们的工作就从调查编写老清华中文系的教职员名录开始。据我们的统计，从1925年至1952年，共有74位先生先后在清华中文系任职。在确定名录的基础上，我们通过查阅期刊报纸文章、专著、新老文选、讲义、传记等各种资料，搜集他们的学术文章和生平信息。最后，74位中有62位的学术文章被我们搜寻到。

我们确定的选文体例是，每位限选一篇，着力发掘在学术史上不够知名的学者们应被重读的论文，以及知名学者未必具有经典地位的佳作，从而在梳理系史的同时，为现代中国语言文学研究史拾遗补缺。同时，在佳作之中优先选择他们在清华

1931年清华大学中文系部分师生，前排右一为俞平伯，右二为朱自清，二排右二为浦江清

任教期间的作品。文章的编排按作者生年先后为序，五位生年不详的作者的文章安插在与之年代接近的作者的文章之后。

每位入选的作者，我们都试图以小传的形式介绍其生平和主要学术成就。遗憾的是，虽然花了相当大的力气，仍有多位的生平或著述信息未有所获。生平信息缺失或文章缺选的原因大致有这样几种：助理等一般职员没有学术文章；年代过早，官方记录不全；离开清华后长年生活在台湾；只有文学创作没有学术文章。切盼海内外知情人士能为我们弥补缺憾。

"却顾所来径，苍苍横翠微。"对于我们来说，这次的编选活动也不啻为老清华中文系的学术回顾之旅，它赋予我们以历史比较的眼光，以此审视昔往今来的学人和学术，在治学精神、学术眼光和研究方法上都有很多启迪。

早期的中文系没有明确的专业划分，以今天的专业眼光审视之，古代文学和语言学是前辈们最主要的两个研究方向。但20世纪40年代前并没有严格意义上的古代文学研究者，从事古代文学研究的学者同时往往又是经学家、文献学家、古文字学家、历史学家或者文学家，甚至还是活跃的政治家。王国维先生出入于一个又一个可信可爱之学，被郭沫若称为中国学术史上放出灿然光辉的崔巍的楼阁；刘文典先生没有当代意义上的古代文学研究论文，但他校勘《文选》和庾信文集，其古籍校补与注疏堪为业内楷模；杨树达先生在清华讲授《汉书》，将史学、文字学、文献学方法一并传授；钱基博先生健笔凌云，曾热衷于短篇小说的创作，研究古代文学，关注当代文学，同时又是文献学家，为《周易》、《老子》、"四书"等多部经、子做过疏解；黄节先生以古诗创作名家，其诗学、诗律讲义中自然有独到体悟；浦江清先生的学术志向在书写古代文学史，因而他在清华、北大的古代文学史讲义质量很高，学术启发性强，值得重温；马叙伦先生是国学保存会的发起者、民进中央主席，屡任要职，却又能精熟道家典籍和古文字学；张政烺先生在历史、考古、文字学、文献学、文学等方面多有建树，素为学界所推崇，却并不热衷于撰写"专著"，后人为其辑集的论文选却足可窥见其精湛的学养……

入选本文集的部分学术文章并非严格的论文，而是授课讲义或读书札记的摘选，潜在的读者是学生和同好。带有启蒙色彩的学问有娓娓道来的从容透彻；而出于兴趣的治学又往往能留住乍现的灵光，直逼真理而又通脱可爱。

那一时代的学术能够取得巨大的成就，取决于这些前辈学

清华大学新林院72号闻一多先生住宅

者浸淫国学、融汇中西、兼通今古,使得他们在新式学术的草创期占尽触手成春的良机;那一时代的学术所以能成为后世学者长久景仰的典范,则更多由于学术环境的自由和学术个性化中体现出的对学术精神的理解与把握。学术研究之于彼时的学者固然也是一种职业,但更是其融和自足的生活方式的一个绿色有机构件。那时的学者,不搞核心刊物和工分制,不必为区区小钱去申报课题,不会为完成课题预算而劳神费力地去筹办"国际学术会议"。"能事不受相促迫",如同他们饱含着热情去创作诗文、写字治印、参与社运、诗酒聚会乃至出国休假一样,他们也满怀着对学术的兴趣在书斋里坐冷板凳,静静地悬想各种各样的学术问题,然后,解决那些问题。

那个时代并不太平,但这些前辈们的学者生涯优游、雍容、充实、健康。

1949年以前,清华中文系、国学研究院、文科研究院培养的学生如浦江清、刘盼遂、王瑶、范宁等纷纷走上中文系的讲坛，抗战结束和新中国成立以后，清华中文系又将大量优秀师资输送到各地高校，使得中国语言文学的教育和研究在各个时代绵延不绝。1952年后，清华中文系形不具而神不亡。1985年中文系复建，昔日的辉煌已掩映在历史的苍茫中，而传承薪火者重新集结。

江山依旧，新秀代出，这或许是历史的必然。但是，"为往圣继绝学"，我们怎样才能做得更好呢？

（与刘珺珺合作，《却顾所来径：1925—1952年清华大学中文系教师学术文选》，清华大学出版社2011年，有删节）

学术与艺术：《启功丛稿》

旧版《启功丛稿》1981年由中华书局出版，距今近二十年。钱锺书先生抱怨，无奈的读者买不到书，就向同样无奈的作者求援。现在的读者聪明了，他们也向出版社申诉。蒙作者对中华书局的信任，不仅最终应允重版，还将二十年来的大部分新稿一并交给书局，这样，我们就得以看到三册一套的新版《启功丛稿》，分别是"论文卷""题跋卷"和"诗词卷"。

相对说来，学术总是以高高在上的姿态拒绝大众进入的，而艺术尤其是流行艺术则易为更多人喜爱。启功先生更为众所感兴趣的形象似乎是书法家，当然有自身的原因——谁让他的书法精警劲拔，太招人爱呢？但仍不妨碍其成为上面这个观点的一个佐证。

说启功先生是一个书法家，当然不算风马牛不相及的"误读"，但至少是见木不见林的"偏见"。我们不必拿现在已不甚"值钱"的"教授""博导"等专业头衔和永远都会很"值钱"的"国家文物鉴定委员会主任委员""中央文史馆馆长"等学术官衔来慑服人，摆在我们面前的这皇皇三册新著，就能最有力地说明不流行的学术是如何敌不过流行的艺术，当然同时说明我们的偏见有多么严重。

一位读者表达他的感受："读完由'论文卷''题跋卷''诗词卷'组成的《启功丛稿》，我更不知道应该用什么头衔来称呼启先生。称他为学者固可。因为他的'论文卷'和'题跋卷'中有那么多深奥的学术论文，涉及的门类包括书

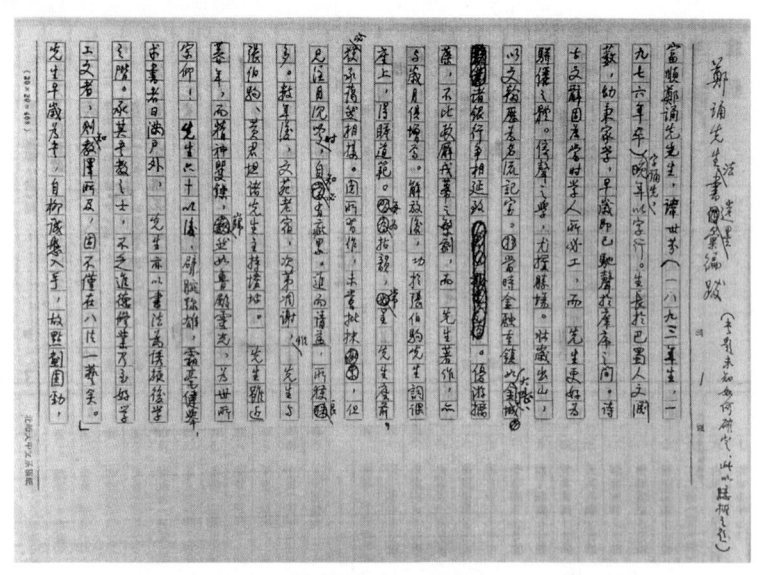

启功先生著述手稿

法、绘画、碑帖、文物、文学、语言、艺术、历史、宗教，涉及的学问包括鉴定学、考古学、训诂学、音韵学、民俗学、文献学、校勘学、佛学，真可谓博学多闻。"（赵仁珪《艺术的学术化和学术的艺术化——读〈启功丛稿〉》，《书品》2000年第1期）我想这不会是哪一个人的阿私之言。

固然不必要求也不能期望学者与艺术家在大众影响上相抗衡，但对于集艺术家与学者于一身的人，由于我们的无知而执于一隅，漏掉很多本可以不漏掉的精彩景致，不免有些可惜。何况就启功先生来说，他的学术中完全贯穿着他的艺术中所体现的那种气质与性灵，他的学术研究就是他艺术创作的一种延伸，甚或可以说，他的学术研究就是他另一种形式的艺术创作，我因而愿意武断地下一个预言：喜爱启功先生艺术的人，也一定会喜爱他的学术呢!

　　《丛稿》中当然不乏上引文章所提到的种种丰富的知识，它对许多学术史上的悬案所作的穷尽式研究，初发表时就产生过广泛影响。但同样值得珍重的除了对于学术之真的追求外，还有从中透露出来的作者本人的性情之美。我们读启功先生的文章，能强烈地感受到一种"为文之乐"，作者的智慧、才情，乃至写到得意处那种破颜偷乐的声气、表情都宛然可见。同博大深邃的内容相比，这些当然只算是小焉者。但岂不闻孔夫子有"不贤识小"之论，最让"不贤"如我者怦然心动的正在这些地方。

　　举两例以明之吧。

　　《〈集王羲之书圣教序〉宋拓整幅的发现兼谈此碑的一些问题》末有这么一段话：

　　　　般若的译义是智慧，波罗蜜多是到彼岸。"心经"是"般若波罗蜜多心经"的简称，也有简称"般若心经"的。此碑《心经》的尾题作《般若多心经》。如从全称，他少了"波罗蜜"；如从简称，又多了一"多"。可见怀仁这个和尚对于佛教所谓"外学"之一的书法虽那么精通，而对于佛教所谓"内学"的经典，却如此疏忽，恰可说是外学内行而内学外行了。

又《跋〈艺舟双楫〉》：

　　　　包慎伯云："用笔之法，见于画之两端，而古人雄厚恣肆，今人断不可企及者，则在画之中截。"又云："试

> 取古帖横直画蒙其两端而玩其中截,则人人共见矣。"充此说也,则板凳、门闩、房梁、枝干,无不胜于古帖之横直画,若铁轨绵延,累千万里而不见两端,惜慎伯之不及见也。

这种顺手牵来的讽刺以幽默的语句出之,正可谓"善戏谑兮,不为虐兮",在书中比比可见。夜阑人静,灯下每读至此,使人不禁拊髀而笑。

可这些又岂仅仅是博人一粲的玩笑?其中蕴含的学识人所共见,会心的读者难道不能从中体味到一种诗人的气质,一种哲人的眼识,一种通人的胸襟?在这里,学识固然是重要的,光有它又远远不够,从某种意义上讲,学识可以日积月累,"取之有道",气质、眼识、胸襟更多的却是关乎人的心性与禀赋,"求之无方"。

《丛稿》中的文章从结构到措辞都经过精心磨炼而又臻于自然,并不觉其磨炼的痕迹,正当得起刘熙载评古乐府的话:"极炼如不炼,出色而本色,人籁悉归天籁矣。"(《艺概·词曲概》)因而其篇幅可长可短,体裁或文或白,却无不像一件件艺术品,珠圆玉润,灵光四射,令人欢喜赞叹,爱不释手。读者诸君,试读其书,必当以愚所言为不虚也。

启功先生数十年来创作大量旧体诗词,这次是最集中的一次刊布。以愚之浅见拙识,他的诗风与聂翁绀弩最相仿佛,其成就亦正堪与其相比肩,而环顾当代旧体诗坛,亦正以此二公为最富特色、引人入胜也。程千帆先生评聂翁诗:"作者是诗国中的教外别传,正由于他能屈刀为镜,点铁成金,大胆从事离经叛道的创造，焕发出新异的光彩，才使得一些陈陈相因的作品黯然失色。"(《读〈倾盖集〉所见》)我以为完全可以移评《启功丛稿·诗词卷》。当然，二公的不同处也在在皆是，限于篇幅，不遑多嗦了。

(《中华读书报》2000年4月5日)

覃思以美文出之：缪钺《诗词散论》

《曹聚仁谈艺录》讲到曹氏将钱锺书《谈艺录》与缪钺《诗词散论》并提，却又说对缪氏不了解，曹氏并举二者未必合适。按缪钺先生（1904—1995）字彦威，江苏溧阳人。早年执教浙江大学，生前为四川大学历史系教授，博士生导师，国务院古籍整理出版规划小组顾问。其治学涉及文史两域，有著作十数种腾誉学林。汉魏六朝史、杜牧研究外，以治唐宋诗词贡献最巨。《诗词散论》为其早期代表作品。

此书1948年开明书店刊行，1982年上海古籍出版社重印，收文10篇，仅六七万言，却最能体现缪氏学识与性情并具、覃思以美文出之的治学风格。其中《论宋诗》《论词》灵思睿感，精妙绝伦，与开明同年出版的《谈艺录》中相关见解冥合，而其文辞之曼妙，似又有以过之，要之皆可谓悬诸日月、千载不刊之书也。饶宗颐尊缪氏为"词坛尊宿，史国灵光"，又所谓"具史汉之气骨，泽唐宋之英华，史家而兼精词翰，才人如翁者，可指而数也"。余英时先生称其"文史渊通，今世之章实斋（清中期学者章学诚）也"。我们本不必以浅薄后学轩轾前辈，若称是钱、缪这一类学者共同构筑了现当代学术史的辉煌大厦，则应当是不错的。

（《生活时报》1997年12月6日）

素以为绚的人生与素以为绚的自传：
《良镛求索》

记不清何时得知作为建筑学家的吴良镛先生的大名，但真正进入脑海并留下深刻印象的，是 1999 年入职清华后，一次在旧图书馆二层的书库里独自翻书，不经意间翻到吴先生的一本画册，虽然我知道绘画之于建筑学家是基础的技能，却仍然惊讶于吴先生画技的专业、画风的纯雅和画品的高绝。

因为同好书法的缘故，数年前结识了时任清华大学环境学院教授、现为清华大学艺术博物馆常务副馆长的杜鹏飞兄，他跟随环境学院钱易院士读博，毕业后又到建筑学院作吴先生的博士后，为人粹然有古风，恪守尊师重道的传统，时常去吴先生家侍奉左右。大约在 2013 年春天，终于有机会随他一起踏进了吴先生的家门，进去时心里却不免有些忐忑，这位享誉国内外的大学者，两院院士，国家最高科学技术奖获得者，年过九旬的耄耋老人，会欢迎一个陌生的来客吗？有精力接待一个陌生的来客吗？

吴良镛先生所赠法书《兰亭诗》

结果再次让我感到惊讶。儒雅的吴先生不仅待人和善谦抑，毫不摆架子，而且清晰的思路，对周边环境和现实社会敏锐的关注，使得他根本不像一位九十高龄的老人。吴先生充满正义感，当鹏飞介绍我的家世时，我想起了《论语》中"纣之不善不如是之甚也"这句话，对吴先生说其实没这么"出类拔萃"，是被"拔高"了，吴先生说，不实事求是，太可怕。

此后我又多次随鹏飞造访吴先生，往往一进门，吴先生就说你已经好久没来了，一句话说得人心里暖洋洋的。加之他既有老人的健谈，又能够而且很愿意倾听客人带来的种种信息，所以每次的交谈都是平等而亲切的真正的交谈，真正感觉到如沐春风。从吴先生家里出来，重新汇入嘈杂的街市，一时竟不能适应，产生了不知今夕何夕的梦幻感。

有人说老人的头脑就像一座图书馆，经历那么多世事、取得那么大成就的吴先生更是一座宝藏，他随口说出如烟往事，却又历历如昨，不禁让人暗自叹服他惊人的记忆力，心想，成功的大家，天分更重要啊！

比如谈20世纪50年代在美国匡溪艺术学院做研究生时，他的水彩画就被人踊跃订购，他的老师为他定的价格为每幅50美元，是当时一个知名画家的价格了；谈当年通过文化部、江丰和中央美院人事处长后任美院附中校长的某位先生（我未记清名字）调入吴冠中先生，吴冠中先生当时在美院并不得意，是后来才有大名的，所以吴先生也很愿意到清华来。当年的文艺工作者包括画家们被耽误了太多，徐悲鸿好歹还画有《愚公移山》之类的大画，吴冠中就不行了；谈在什么会上看见齐白石优游自在，梅兰芳脸色红润，徐悲鸿的脸却是灰色的，当天晚上他请客时就从椅子上滑下去，第二次中风，五十多岁就去世了；谈"文革"期间被关牛棚，又下放到江西鲤鱼洲，回北京时去看患病的梁思成先生，很感凄凉，一个月后梁先生就去世了；谈赞成把工艺美院并入清华，这是清华发展的需要，但现在难找大师，所以请了韩美林和钱绍武来；谈七十多年前滇西远征经贵州安顺时画画，种下了与安顺的缘分。数年前与贵州省省长谈及创立贵安新区，又招收贵州籍的博士生，最近开始启动。在贵州开的启动大会未能亲往，但有书面发言，还录了音，有图像，《人民日报》登了。谈前段时间去中央美院，范迪安请他去谈"一带一路"协同创新的问题。他设计中央美院是靳尚谊邀请的，后来院长改成潘公凯，本要在美院里保存一片洼地作湖而未果；美院的美术馆是请日本人设计的，原来要在窑址上建，吴先生说不行，这个日本人本来相识，后来也不来见他了。谈本来想将中央美院安排到北京城西来的，但1989年那场风波以后，说美院学生爱闹事，不宜放在一起。至于当年梁思成、林徽因先生如何创办清华建筑系，如何送他出国深造和召唤他回来参加祖国建设，如何指导他的学术研究等话题，几乎每次都要涉及。吴先生用带有南京味的普通话娓娓道来，平稳的声调中蕴含着对老师的深情缅怀和对往事的无限追忆。

我本以为这些都是吴先生的即兴感念，后来在他家看见了一册《良镛求索》的书稿，才知道其时正应《中国工程院院士传记丛书》之约，亲自撰写一部自传。当吴先生托人将出版后的《良镛求索》送给我，我几乎是一口气读完，他平时向我们讲述的很多内容已然包含其中，自亦有更多他亲身经历的有关建筑设计、城市规划、建筑学科、建筑学人的珍贵史料披露出来。建筑是一个时代进步与发展身影的凝固，通过这位建筑学巨擘的回忆，长达半个多世纪中许许多多的社会历史风云，也自然浓缩在其中，读来或发人兴味，或使人感喟。

清华大学主楼

比如说梁思成、邓以蛰等利用市面上文物价贱之机，动用"庚子赔款"为清华收购文物；记述梁思成先生后来在美国麻省理工学院（MIT）出版、现藏于国家图书馆的名著《图像中国建筑史》原稿失而复得的惊险过程；常书鸿向梁、林二先生推荐其女儿常沙娜来清华工作；根据蒋南翔建莫斯科大学那样的主楼的要求，和汪国瑜教授一起确立主楼的位置，并以主楼为中心，形成一条南通长安街的轴线即后来的清华南路；周总理书写人民英雄纪念碑文，在京事多不能专心，特去北戴河专心致志书写，共写了两遍，后来墨迹不知所终；根据周总理的意见完成人民大会堂万人大厅天花顶棚与墙面交接线脚的处理，建筑师张镈问："不知有没有体会总理的意图？"总理回答："让你创造嘛！什么体会不体会总理意图？"一句话透露出总理的民主、豁达和当时党群关系的融洽、和谐。

还让人感到意外的，是近几年"京津冀一体化"的构想似乎横空出世，读了吴先生的书才知道，早在1979年，吴先生领衔的清华建筑系团队已经在开始构思了，是他们第一次提出将京津唐地区融为一体，1983年就指出，"北京职能繁多，内容庞杂，只在建成区范围内打主意，螺蛳壳里做道场，总跳不出圈子，也解决不了根本问题。如果从大区域（华北、京津唐等和北京市16800平方公里范围）来考虑，路子就宽了，也活了"。2002年，吴先生等又在《京津冀地区城乡空间发展规划研究》中明确提出："建设世界城市，带动整个大北京地区的繁荣和健康发展。"

吴先生性格温润中见直率，书中时见对旧日往事语气婉转却又态度分明的褒贬评骘。他同时又是一位文章高手，善在宝贵的篇幅中不经意穿插进一些看似闲笔的细节，使彼时彼地的情境场景一下子生动起来，也在不自觉中流露出他自己让人肃然起敬的人格心性，此之谓含不尽之意见于言外。比如写1945年他在重庆中央大学毕业后，到卫生署的中央卫生实验院工作，有一天：

> 绕过梯田林地去中央卫生实验院，朝阳明媚，曾有一只翠鸟飞来，停在田坎上许久，我亦不敢迈步，直到它振

翅而去。这一美丽的画面,我至今仍感觉似在昨日。

我特别看重这一笔的记述与描写,总觉得它不仅透露了吴先生温暖的人性、敏感的审美,后来人居艺境的思想,不也正萌芽于其间了吗?

又比如1977年春,新任命的清华大学校长刘达到校,由于"文革"给吴先生的创伤尚未平复,心灰意冷,无意再承担行政职务,刘达召集教师会时,他便坐在最后一排:

> 他(刘达校长)叫道:"吴良镛往前面坐坐。"我向前移了几排。又叫我向前坐,我又往前几排。他说:"怎么你怕我呀?"

有言语有动作,寥寥数语,当场各人的身份、性格、心理活动全在其中了,生动传神,厕入《世说》,吾未见其不可也。而想象着九旬老人回忆这样的场景,则又不禁让人哑然失笑。

古人语云"素以为绚兮",在这里我愿意翻译成"朴素的绚烂",我总觉得吴先生的人生就是朴素的绚烂,这本"不表功、不盗名""戒言过其实"(作者自序、跋语)的自传,它的文字表达也是朴素中见绚烂。回忆1947年初到清华时,梁思成先生安排他住在工字厅:

> 庭院里有一棵老榆树,覆盖了整个院子,下面还有一株海棠,每天早上醒来啄木鸟叩树的声音非常悦耳,朝阳斜射,更显庭院幽静。

对照着现在修葺整饬、一丝不乱的工字厅,这真让清华园中的后来者如我辈油然而生人物俱非的怀思之感。又回忆他在匡溪艺术学院时老师沙里宁去世：

> 1950年7月的一个午觉后，沙翁突发心脏病，去世了。当晚原先预订的酒会临时被取消。当天傍晚我与一位老学长重新在校园转一圈，感到这美丽校园的建筑群，因斯人已逝，黯然失色。夕阳西下，挺拔的柱廊仿佛是沙翁的纪念碑。

虽然我知道，建筑学家不同于一般的工程学家，真正伟大的建筑学家必得同时是人文学家、历史学家乃至哲学家而后可，但每读到此类文字，还是只能情不自禁地暗中拊髀称快！

2013、2014年间，中国美术馆为吴先生筹办一个大型绘画、书法、建筑艺术展，谈及此事，他拿一个拟展的小样给我们看，"提提意见"。有跨越半个多世纪的油画、水粉、水彩、水墨、速写草图、真草篆隶各体书法作品，有给他带来盛誉的菊儿胡同新四合院、桂林逍遥楼、中央美院、孔子研究院、江宁织造博物馆、泰山博物馆等建筑设计模型图等，主要就是为了表达一个观念，即科学、人文与艺术的相融相生，综合创新后呈现的建筑新境——"人居艺境"。

吴先生感慨说，自己的一生分三个三十年，头一个三十年主要在新中国成立前，是学习成长期，第二个三十年是新中国成立后的三十年，将个人的力量投入清华建筑系的发展和新中国的城市建设，但"文革"十年干扰，又做了二十五年的副系主任和系主任，耽误较多，所幸自己比较勤奋，时间抓得还算紧，所以干了一些事，但仍不能不受客观条件左右。主要的东西包括广义建筑学的概念、以菊儿胡同改造为代表的一批建筑设计经典、人居环境科学的创立等，都是80年代中期完全辞去行政工作后的第三个三十年中完成的。

2019年新春在吴府，右二人为杜鹏飞、谈晟广

因此，他谆谆教导我们，要想多干事，就别去搞行政。谁知事有凑巧，其时我正有意辞去正担任着的中文系系主任一职，听了吴先生的一席话，当即表示这回终于能下决心了，吴先生没想到在座的还真有一个系主任，而且言者无意，听者有心，马上改口道："我只是说说，你可别听我的啊！"说得我们哈哈大笑。后来见面，吴先生每次都问我："辞掉了吗？"当得到肯定的答复时，他的脸上露出了会意的笑容。

"志于道，游于艺。"吴先生一次跟我们聊天说，他前两个三十年是"志于道"，第三个三十年才开始"游于艺"。此处之所谓"艺"，依我的理解，既是指他建筑设计中愈见清晰的"人居艺境"之"艺",亦是针对他素所钟爱的绘画与书法之"艺"而言。绘画是他的当家本领之一,但投入进去太费时间,所以,他晚年转而在书法上更多用力。对我来说,建筑纯是外行,绘画亦不甚了了,唯于书法,兴趣所在,略曾涉及。平素在吴先生家中见其作品,喜其各体俱备,出于自然,而又皆有所本,中规合度。斗胆开口求字,蒙先生现场法挥,含笑相赐,捧归寒斋,永以为宝。2014年9月间,当我去中国美术馆参观吴先生的展览时,一进大厅便被二十来米的"人居艺境咏"长卷震慑住了,斗大的隶书将《石门铭》《张迁碑》和《经石峪金刚经》等熔为一炉,笔力恢宏,气势磅礴,观其落款,竟是上月刚刚完成。九十三岁的老人,如此真力弥满,又非止先生一人的功德造化,实乃民族之幸、国家之光!

为表达对吴先生的敬意,每年春节,我都托鹏飞兄送去春联,充作贺岁,书法固不足论,联语却出真心。今年是鸡年,我书一联云:

名尊泰斗齐鹤寿
腹贮诗书灿鸡窗

每次吴先生都将拙联悬于宅中迎门的玄关壁上,受宠若惊之余,我再次感受到老先生的虚澈谦冲。

吴先生在《良镛求索》跋中的一段话,太好地总结了自己的一生:

> 从1946年到今天(2016年),我一直在教学岗位,在培养学生,是教育人生;既然是教育,在大环境下努力治学,形成专著、论文若干,是学术人生;自己从1956

年在基本建设会议上就领悟到要重视实践，就像一个医生总要能看病，搞工程的必须要能动手，是实践人生；另外，在不同时期也写了一些肤浅心得与人交流求教，是写作人生；这些年开了若干次画展，喜爱艺术，自己一度参加了雕塑委员会、美协等组织，也算审美人生；总的来说都是在求索，是求索人生。

读《良镛求索》竟，最大的收获是，我明白了一个人如果可能，应该如何度过一生；一个人如何度过一生，才称得上有意义、有价值、最幸运、最幸福。人人有追求意义、价值之意愿，人人有希冀幸运、幸福之初心，因此，我愿意与读者朋友分享我对吴先生的点滴印象和读吴先生书时的所思所感，分享我对意义、价值、幸运、幸福的理解，不知能得吴先生和读者诸君印可否？

谨以此文为吴先生九十五华诞寿。

（《文汇报》2017 年 10 月 13 日）

考据学成就与学术史贡献：《当代学者自选文库——傅璇琮卷》

新中国成立初期成长起来的一代学者，算来已近古稀之年。他们身经特殊的社会环境和历史背景，学术道路与生活道路一样，大多坎壈不平。但在漫长的艰难时世中，他们不曾放弃中国知识分子的良知和责任，以特有的不屈精神和顽强毅力坚持学术研究。回顾过去的五十年历程，祸不单行的"五七""六六"两大劫厄终未能尽革文化之命，当代学术之链终不曾被彻底斩断，很大程度上正依赖于这一代学者的存亡续绝。中华书局编审、中国唐代文学学会会长傅璇琮先生称得上这代学者中一位杰出的代表。

傅璇琮先生的著述很多，著述的类型也多，有资料书《杨万里范成大研究资料汇编》《黄庭坚与江西诗派研究资料汇编》《唐人选唐诗新编》、工具书《唐五代人物传记资料综合索引》（合作）、年谱《李德裕年谱》、校笺《唐才子传校笺》（主编）、汇编《全宋诗》（主编）、考辨《唐代诗人丛考》、论著《唐代科举与文学》和编年《唐五代文学编年》（主编）等，单篇文章散见各时期的各种报刊，并收进《唐诗论学丛稿》和《濡沫集》二书。1998年安徽教育出版社编辑出版的《当代学者自选文库》又专辟"傅璇琮卷"，收入文章34篇。从文章性质看，有代表性的单篇论著、专著中节选的部分章节、数部专著的学术性序跋及相关的述学性文章等，既体现他的学术成就，也反映他的学术思想，说明他在当代古典文学学术史中的作用和贡献。该书出版后荣获安徽省优秀图书一等奖，不是偶然的。

从书中可以看出，他的研究中文献整理和史料考证占了很大成分。我们知道，新中国成立不久轻视资料的倾向就出现了，考据学受到排斥，有些学校不算作升等晋职的依据，甚至文献专业的学生也非得写所谓论文不可。而傅先生的两部资料汇编都成稿于20世纪60年代，本书中收有其中一种的"重印后记"。有人认为资料汇编是一项简单的工作。其实任何一种类型的学术工作水平都会有高低，价值有大小，而不同类型的学术工作之间，地位却不应分高下。资料汇编也许简单，却同样可以做得很不简单。傅先生几种资料书的不简单，这里没有篇幅供细说，那就拉张大旗来作为证明我的观点的虎皮吧。钱锺书先生的皇皇巨著《谈艺录》，引及的中外文献无虑数百千种，但今人著述只有两种，一是行辈长于他的吕思勉先生的考辨性著作《读史札记》，另一就是算他后学的傅璇琮先生的《黄庭坚与江西诗派研究资料汇编》。钱先生当然知道自己的分量，所以特地在信中告诉他，书中"道及时贤，惟此两处"。以一资料汇编而能得如许殊誉，这是不是能为那些轻视文献整理的人下一针砭呢？

在今天，古典文学研究中这种偏向明显得到扭转，资料的重要越来越成为共识，这与唐代文学界的示范作用有关，其中起榜样和领袖作用的，正是傅璇琮先生等一批学者。他的力作《唐代诗人丛考》出版于1980年，虽然距"文革"结束已有数年，但学术产品的产生有一定周期，学术风气的转换尚需假以时日，学术界的状况是空疏浅陋兼萧条索漠。此书以不同

钱锺书先生致傅璇琮先生手札，中有"道及时贤，惟此两处"语

凡响的学术厚度问世，在他自己固是"十年磨一剑"的甘苦辛酸，而对当时的研究界来说，似乎跳高运动员在刹那间越过了那根高高的横杆，把学术的水平和层次顷刻间提高了一大截。书中收入《〈唐代诗人丛考〉余论》一文，详细阐述了此书的写作背景、思路和特点，情理相兼，是一篇很好的学述性文章，对古代文史研究者的治学有很大的启发指导意义。该文在多年前由中华书局《书品》杂志发表，前不久又作为该刊的"旧文新赏"重新刊出，从一个角度说明了它长久的价值。

考察傅先生数十年尤其是新时期以来的研究工作，有一个总体目标，就是有层次、分步骤地完成整个唐代文学基本资料库的建设。在他个人的努力下，在他的组织和带领下，这个目标已经接近实现。考据往往是很琐细的，而计划则要求整体性和前瞻性。从当代古典文学学术史的角度来看，优秀学者固然不乏其人，但像他这样对一个时代的一个学科规划和建设起了如此重大作用的，似乎并不多见。本书中收录的好些篇序跋，反映了他在这方面的思考与努力。

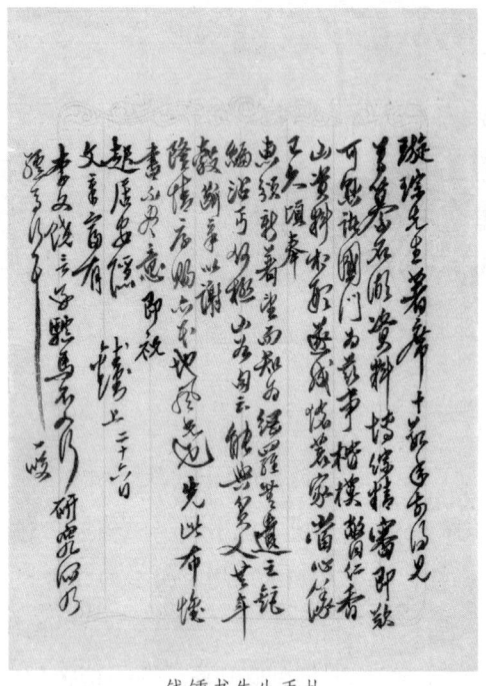

钱锺书先生手札

更值得强调的一点是，傅先生的文献考据远绍乾嘉学派的传统，又有自己的贡献，向旧形式中灌入了新精神与新特色。傅先生考据的新精神与新特色表现在，他在一篇篇具体的考证中尽可能地勾稽爬梳，精雕细刻，注重每个局部的细致与结论的准确；总而察之，他的考据中却贯穿着一种宏远的意识，那就是梳理唐代文学与文化这个大目标。年谱本来是纯资料性而非观点性的著述，我们读了本书中《〈李德裕年谱〉自序》，再去读全书，就不会不同意罗宗强先生的评价："在对纷纭繁杂的史料的深见功力的清理中，始终贯穿着对历史的整体审视，而且是一种论辩是非的充满感情的审视。这其实已经超出一般谱录的编写范围，而是一种历史的整体研究了。"从文化角度入手的文献考据，对文献的文化关注，是20世纪王国维、陈寅恪、闻一多、钱锺书以来对旧考据学的一种超越。傅璇琮先生继承了前辈的这种超越，在自己的学术研究中加以运用和发挥，昭示更多的人加入到行列中来，这是他对当代古典文史研究的又一贡献。

（《中国图书商报》2000年6月27日）

图与志的主与次:《中国古典文学图志》

杨义先生相隔十年的两本著作《中国新文学图志》(以下简称"旧著")、《中国古典文学图志》(以下简称"新著")均以图志名书。"图志"一词非其所创,取以名书也不自此始,但著者将之作为全新的研究思路和著述模式来大力提倡,体现了文学史研究观念与方法的创新。

不过在我看来,将缋来比素,新著不如故。旧著的成功基于其对于图与志关系的理解,新著的不足,亦正在于从原有立场的退缩。

在图与志的关系上,旧著认为,"作家选作装帧插图的画面是一种特殊的语言,一种以线条、色彩、构图、情调为符号的无语言的心灵语言,包含着非常丰富的信息量,从中可以窥见文化心态、文学气氛,窥见文学史。"(《序言》)因此其致力于从所择取的有意味的装帧插图入手,"看取作家或隐或显的心灵世界,看取他们个人的修养和趣味,看取民族命运和中西文化冲突在他们心灵中的投射和引起的骚动"。由图生感,因感成文,以文释图,图主文辅,图文并重,这一新颖的观察角度和著述方式,使旧著在林林总总的新文学研究著述中独标风采。

新著中的图志关系,从著者的意识来讲并无差异,即"把图所处的历史位置和所采取的表达方式的深层意义和生命启示读解出来,使之在与文学文本、文献的相互对照中提供新的多重历史证据,提供深一层的文化意义诠释,提供穿透时空距离的历史气氛的感受,提供使历史降临现代的在场效果和魅力。经过如此处理,就有可能换一个位置、换一种角度看文学世界,创造出一种以史带图、由图出史、图史互动的文学史写作形态"(《导言》)。

话虽如此说,新著图版为本、以图统志、图志结合的程度却较旧著大有不及。书中并不缺乏视角新颖和观点独到的叙述,但所述却非从所选图版出发,多数与所选图版间并无内容上的联系。新著的整体结构是章节俱全,这其实是由旧著以图为本位的札记体向文学史写作常格的回归。其利在于较易完成作者所预期的体现文学史在精神层面上如何内外相应、文化层面上如何雅俗相推、不同地域的民族文化如何多元组合的宏大叙事,其弊则在于难免以文字叙述之"史"为主,再去勉力搜寻各类相应的"图",来配合既已形成的文字叙述之"史",势难做到由图生感,因感成文,以图为主,图文互动。与旧著相比,图与志之间的本与末、主与次、重与轻颠倒过来了,作者所希望的"互蕴互动""互相诠释"便受到相当程度的影响。

就个人的理解来说,我宁愿将图版而不是文字、宁愿将图志间的关系而非图与志本身,看成作者所着力提倡的"图志"这种著述形式的生命之所在。著者对图志关系的重要性本来是很清醒的,在十年前旧著的《序言》中就有憾于郑振铎《插图本中国文学史》"眼光注重于史,图只是衬托,也没有形成按图索史的透视性眼光",在新著《导言》中也希望新著能达到"异于一般的插图本或看图说史的新境界"。然持以衡量此书,我们只能拿知易行难这句老话来感慨了。

在十多年前写作旧著的那个年代,"收集几幅曾经使自己怦然心动的文学插图,是我多年来的个人兴趣。我不下歌厅舞楼,不集邮养鸟,也无力高筑汇集各种善本珍本的藏书楼,只好把读书时发现还有意思的插图,花不到一盒香烟的钱去自制一二,闲时拿出来看一看"(旧著《序言》)。今天的学术研究太重视规划和项目了,一切都成了任务或要求,都要按计划有步骤地提出并完成,越来越少的人能有这种缘于兴趣的冲动,越来越少的人能体会到这种缘于兴趣的冲动对于学术研究何等重要。到了写作新著的时代,著者更有条件周游各地乃至列国去搜集、拍摄图版资料,但是否也意味着这部国家社科基金项目和社科院精品项目、国家重点图书出版项目的写作更多走上了有意为之、刻意为之之路?成为了任务,紧迫感加强了,缘于兴趣的冲动就减少了;结构严整,条理清晰了,体味和感受就冲淡了?

再说说图版本身。就把此书当插图本文学史看吧,对于名为"图志"的著作来说,图版的重要性也是不言而喻的。新著所配图版或采自文献,或实地取材,数量本自不菲,但与文学史紧相关联的图版太多了,遗珠之恨就势所难免。书中专节论"张先的本色词",所配图版唯清刊《宋张子野词》书影一帧。而张先有设色绢本《十咏图》卷存世,20世纪20年代溥仪带出皇宫,1995年再现天壤,并由瀚海公司拍出1990万元天价,若采之入书,自能丰富本节内容;书中专节论苏轼"旷世词风的开创",所配三图,两幅取自明代《诗余图谱》,一幅为元刊《东坡乐府》书影,稀松寻常。而苏轼传世众多墨迹中,竟有一帧自书其词《满江红》(三十三年),取配此节,岂不正得其宜；书中专节论"姜夔雅士词的清刚幽冷"，若能插配姜夔精美绝伦的《保姆帖跋》墨迹，可证其字恰如其词，亦可使我们深切体味当时人所说的"襟期洒落，如晋、宋间人"（陈郁）、"翰墨人品，皆似晋宋之雅士"（范成大）；书中专节论"文天祥的生命绝唱和浩然正气"，北京府学胡同文天祥祠里传为文天祥手植的那棵枣树倾身南指，就算是民间附会，是不是也很有意趣？书中又有专节论陆游"风俗诗的深醇和爱情诗的深挚"，今人书写的《钗头凤》碑墙照片既都蒙其不弃，沈园里那条"曾是惊鸿照影来"的"伤心桥"，想来更能引逗读者的遐思……

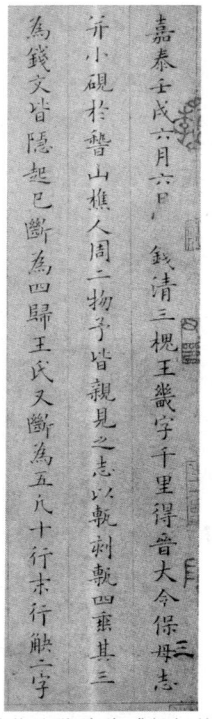

故宫博物院藏姜夔《保姆帖跋》

同样紧要的是，对于"图志"类的学术著作来说，所征引的图版资料如同所征引的文字材料，应当注重来源，注明出处，并附以必要的说明，这才更能彰显其价值，也便于人们覆按和使用。新著在这方面也并非没有花功夫，但还大有再花功夫的必要。图161辛弃疾《去国帖》极有神采，是辛氏唯一传世墨迹，现藏北京故宫博物院；图71苏轼《枯木竹石图》，称名不当，因为并无"枯木"，只有"竹石"。此图曾入邓拓之手，现为中国美术馆收藏，真伪尚无定论，传世苏画中不存异议的只有一幅，即藏于日本的《枯木怪石图》……

诸如上述没有注明出处、可以添加说明、应该补充调换图版的，细加琢磨，其数并不在少。事关全书面目，更关全书质量，不得掉以轻心，不可知难而止。

以一人之心力而为《图志》，不论是旧著还是新著，其难可以想象。对于这部出版者和学术界均甚看重的新著，相信著者一定不会放弃修订、完善的工作，故敢提出以上拙见。

（《光明日报》2007年3月31日）

大题不泛，小题能深：《中国古代文学研究》

从 1991 年与乃师刘乃昌先生合作出版《晁氏琴趣外编校注》迄今二十余年间，杨庆存教授出版了《宋代散文研究》《黄庭坚与宋代文化》《传承与创新》《宋代文学论稿》《中国文化论稿》等多部专著。即使置于高校、社科院等专职从事研究的人员中也算得上高产，何况他的本职工作是烦琐的人文社科管理。但更值得提及的是，庆存教授的治学适用于钱锺书先生说的"know something of everything and everything of something"，从上述诸种著作中不难看出，无论是否有意，庆存教授是沿文献—文学—文化的路径一层层地拓展其学术工作的，他在这条路径上交替使用考、述、论三种方式，进行古籍校笺、文献稽考、文史辨析、文学论述和文化探讨，所涉甚广，但又贵能重点突出，在宋代文学，尤其是宋代散文研究方面多所建树，以自己的勤奋和建树，成为学界瞩目的著名学者。

庆存教授近择其已刊论著之精要者汇为一集，将由中华书局出版。得蒙不弃，有先睹之快。其中一些为初次寓目，一些此前即曾拜读。旧著新刊合而观之，足以再次印证上述之言非属虚论。不特此也，又有一些新的感受从而产生。

庆存教授的研究大题不泛，小题能深，试举两例以明之。

一个民族之诗歌，为该民族文明极重要之体现，此天理之当然，不论而可知者也。然而一民族之诗歌如何体现该民族之文明，该民族之文明如何促进该民族诗歌之发展，无疑是一个堪称庞然大物的论题，在不足万言的篇幅中如何解决这一问题，非长于思考、善于综括者实难措手。《中华民族的文明演进与中国古典诗歌的发展》用三锤击破之，即伦理道德观的早熟这一汉民族文明演进过程中的特殊现象，是中国抒情诗很早便高度发达的一个深刻原因；孔、庄等早期思想家的思想，对中国早期诗歌内在精神的提升极为重要；文变染乎世情，中国古典诗歌的历时性发展与各时代的文化思潮息息相关。三个角度，三种视野，亦三个领域。这篇早期论文，已能充分体现庆存教授的治学底色。本书中类此者尚多，《华夏文明的构建与古代政治的经纬》《书法艺术发展与国家文化建设》等皆是。

但若谓庆存教授的治学只有一种底色，是又不然。《山谷始婚考辨》长不足两千字，专力纠正清人所著黄氏年谱中有关山谷始婚年龄及地点的错误，并颇为合理地推测其致误之由。读毕我们方始觉得这一错误原本十分明显，而且作者是通过对黄山谷《黄氏二室墓志铭》的细研发现和解决问题的，黄氏此文亦并不罕见，何以长期以来人们熟视无睹呢？只能表明此文是读书贵在得间、贵在于不疑处有疑的一个范例。本书中此类具见文献考辨之功的文章更不在少数，《晁补之词集名称考辨》《黄庭坚宗族世系新考》《辑校本〈杨文公谈苑〉补甄》等为其代表。这充分表明，庆存教授善于高明独断，亦乐于沉潜考索。他在20世纪90年代与刘乃昌合作的《晁氏琴趣外编校注》，迄今仍是晁氏词作最为详赡的校注本。故当年袁行霈教授应中华书局之邀主编《中国文学作品选注》，以与其领衔的《中国文学史》教材相配套，我忝为宋辽金卷主编，于补之词即选此本为所据之本。

更多收入本书的或许是介乎上述二者之间或可称为"中观"的专题论文。这类论文以其数量较多，反映出庆存教授治学另一个普遍的特点，即善于思考而不哗众取宠，必有己见然后始发之于文。《散文发生与散文概念新考》贯通今古，纵横东西，以宏阔的视野、翔实的史料、有力的思辨，对散文晚于诗歌的传统观念提出大胆质疑，更对中国向来没有"散文"一名、"散文"概念是舶来品的旧说作完全的颠覆，得出具有文体意义的"散文"概念至少在公元 12 世纪的中国就已经形成的结论。又，对于宋代诗歌史上影响甚著的"点铁成金""夺胎换骨"说，研究者多从语源、含义及二语区别等角度加以探讨，而多不脱诗歌技法与创作门径层面的限囿。《黄庭坚"点铁成金""夺胎换骨"说新论》一文不循故辙，将黄氏这一理论纳入因革、熔铸、复变这条古代文学创作重要的艺术规律和相应的文学批评理论系统中，从而使黄氏学说深厚的理论渊源和坚实的实践基础得以充分揭示，弥补了就所论而论的局促视野带来的不足，与既有研究相参合，使黄庭坚这一重要理论的研究上升到一个新高度。此外如《古代散文的研究范围与音乐标界的分野模式》《论宋代散文的繁盛与底蕴》《论辛稼轩散文》等，或选题，或角度，或观点，或表述，均有新意存焉，文章俱在，不劳缕述矣。

庆存教授文风敦朴，深具内美，一如其人。2008 年上半年，清华大学成立古典文献研究中心，中心主任傅璇琮先生亲自选定校外兼职研究员，庆存教授其一也，以此得与谋面定交。然而八九年间，相晤不过三四回而已，倒是经常听璇琮先生褒扬他，还知道璇琮先生请他主编线装本《历代文选》等。

日前忽得电话，邀为大著作序。我当时的第一反应就是，他应请璇琮先生为之作序。在电话那头，庆存教授用一贯平实有顿挫的声音凛然说："你说得是。但我知道璇琮先生近日身体不大好，在这个时候，决不应该也不能够劳动他老先生了。"言辞恳切，让人起敬。我本无为庆存教授作序的资格，但有感于其学与其人，勉力写下这篇文字，权且当作读书笔记，也权且当作为璇琮先生服其劳吧。

（《中国古代文学研究》，中华书局 2016 年）

意义深远的文化工程：
《中国书法全集·苏轼卷》

书法是中华民族独有的一门艺术，却早已成为世界人民共同的精神财富。然而长期以来，我们自己却没有一部比较完备的书法总集编出。正因如此，当我们看到荣宝斋出版的刘正成先生主编的《中国书法全集》，便不能不感到格外的兴奋。

2018年在刘府，左一为刘正成先生

《中国书法全集》计划出版100本，现在率先问世的是刘正成、刘奇晋合编的编号第33、34苏轼卷。《中国书法全集·苏轼卷》的编纂，除了总体体例的得当完善，如书前有书家书法评传，书后附书家书论选注、年表，所收作品均加考释之外，其体大思精，成就卓著，主要体现在以下几个方面。

一是收录完备。全书网罗入佚，冥意旁求，收入了相当多的罕见珍贵之作，不少作品为首次公开发表。

二是鉴别审慎。本书编纂者在力求作品收录完备的同时，又注意去伪存真，剔除了一批长期传为坡翁的伪作。如草书《大江东去帖》、中楷《金刚经》《归去来兮辞》、行草《醉翁亭记》等，均被拦在卷外。

三是重视学术质量。从苏轼卷中可以看出，学术质量是《全集》编纂的重心之一。编纂者们要使全书不仅成为一部力求完备的作品总汇，同时也成为一部可资学者参考与利用的文献研究资料。

苏轼卷的学术质量，从书法角度看表现在有墨迹的尽量收墨迹，有宋拓的尽量收宋拓。收精收旧，十分讲究版本的择取。从文献角度看，表现在联系书家本集，旁涉各种文献资料，借鉴他人研究成果，对每件作品全部编年，均加考释。文字中涉及的人物事件、文物典章、历史背景等，均在考释之列，尤其是其中纠正或补充前人成说，自出新意处不少。

《中国书法全集》的编纂是一项规模宏大、意义深远的文化工程，苏轼卷的出版可以说是这一工程迈出的坚实的第一步，我们衷心期望编纂者们继续努力，群策群力，按计划有步骤地将整部大书编全编好，共同为中华民族这门传统艺术的发展做出贡献。

（与徐无闻先生合作，《人民日报》1992年7月22日）

留得燕园香如许：《北京大学名人手迹》

　　作为百年校庆的一项内容，北大出版社近日出版了由梁惠陵同志编成的《北京大学名人手迹》。书中收录百年以来在北大任职任教的名人近80人，手迹150幅。其中既有政界名人，也有学界名人，更多的是集二者于一身的名人，集中反映了百年来北京大学人才汇聚，在现当代政治、文化、学术史上所占的突出地位。

　　值得肯定的是，编者在选目的取舍上十分用心。毛泽东传世的墨迹有近千百件，书中特地选入与北大有关的四件。蒋梦麟为北大31周年题词，钱玄同为数学系题名，周培源为北大出版社题名，翦伯赞的诗中直接点出燕园和未名湖，金克木咏沙滩红楼等等，都给人一种本地风光的亲切感。李大钊、蔡元培、马寅初、许德珩、曹靖华、张岱华、李赋宁、王选、黄昆等人所选的，则都是他们的治学警语和人生格言，他们的人格和学品于寥寥三五句甚至三五字中俱现之。如胡适的一则："要怎么收获，先怎么栽！"马寅初的一则："粉身碎骨不必怕，只留清白在人间。"观其手墨，想其为人，能不让人动容！

　　有些作品无疑是受书人或收藏者提供的，有些则是首次发表或罕见的，各具价值，弥足珍贵。如胡适书赠邓广铭辛弃疾词句，想来是与受书者研究稼轩词有关；王力书赠夫人夏蔚霞诗"甜甜苦苦两人尝，四十五年情意长"，足见这位语言学家与夫人的伉俪情深；周祖谟寄赠饶宗颐诗"岭表逢君契合深，

> 碎身粉骨不必怕
> 只留清白在人間
> 馬寅初

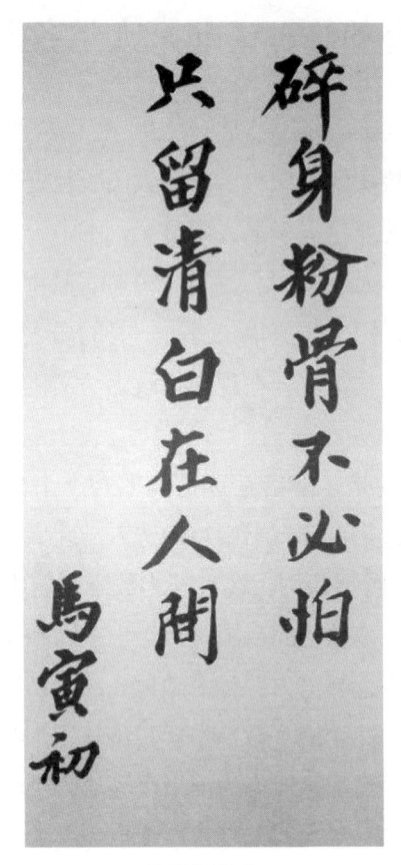

马寅初墨迹

每闻宏论快胸襟。江山一别音书阔,明月应知两地心",反映这两位大学者之间的交谊;魏建功将四十二年前老舍的和诗抄赠老舍夫人胡絜青,对研究老舍、研究抗战时期文化人的心境都有意义;向达先生复诸天寅先生信,以"首都北京"类比,释韩文"京兆长安"语义,又谓韩愈倡独善其身之意,与杜甫《秋兴》第四首有关,本身便具有学术的价值了。

本书的编纂本不着眼于书法的优劣，我们也自不必以此来衡量集中所收的名人。毋宁说面对这样一些构筑起现当代学术文化大厦的大师，从书法的角度评头品足不仅是不贤识小，简直就是一种亵渎。古人说"尺牍素书，千里面目"，中国书法的妙处也许就在这里：谁都愿意与自己崇敬或爱戴的人常在一起，不能在一起的人总会让我们魂牵梦萦。看见了他们的墨迹，就仿佛与他们见面。

何况书中也收有沈尹默这样现当代书法史上最杰出书家的作品。更令人惊喜的是我们可以发现，书中所收的许多名人，我们也许听过他们的名字，读过他们的书，赞叹过他们的成就，但我们竟不知道他们的字还写得这么好！如钱玄同的隶书有汉简遗意，向达的信札饶晋人风致，魏建功的录楷不让晋唐写经，周一良的篆书依稀杨沂孙之流，熊十力的书札俨然就是一篇《祭侄文稿》了。

（《中华读书报》1998年6月17日）

得诗人之清丽：《方晓书画篆刻作品展集》

　　中国画学素称发达，其分科代有不同，而以南宋赵彦卫佛道、人物、山川、鸟兽、竹花、屋木六分法较为明晰。历观画史，各专一类者代不乏人，兼擅各门者指不数屈。畏友方晓兄作画，上追宋元，下法明清，遍攻各类，尤其善造佛像，工为山水，无论巨制、小品，工笔、写意，白描、设色，皆臻上乘。其画风随题材变化，随构思变化，随年龄变化，又皆以清新雅丽为其基色。苏东坡称当时画家燕肃清雄奇富、变态无穷，"已离画工之度数，而得诗人之清丽"。移诸方晓兄，吾未见其不可也。创而有变，变而不变，内涵丰润，个性鲜明，画艺成熟，此为标志，故敢为方晓兄贺。

2019年与方晓兄同赏所摹《千里江山图》

方晓兄自少年起雅好丹青，身处僻壤，远离红尘，静心埋首，以自然为师，向古人学习，孜孜矻矻数十年，名声渐起，仍不慕荣利，谢绝浮华，余暇则随徐无闻先生攻书法篆刻，转而习作诗词。观其诗风、书风及印风，一如其画，始知典雅婉约为其有意追求，亦始知诗书画印四位一体，艺事之融通与相互映发，真有其人哉！

慕方晓兄名久，亦承治"大邑刘氏"名印一枚，多年前匆匆一晤，无暇请益。逮至今夏，始趁进京之便，携一长卷屈驾枉顾。展示之，乃其穷八月之功所摹绢本长卷《千里江山图》也，恍惚之中，不啻见希孟孪生胞弟，置人于平沙远岸、叠嶂重峦。方晓兄于绘事用力之勤，于此可以概见焉。

方晓兄不健谈，谈则不出艺事范围。体格瘦削，恂恂儒生，恰似宋人陈郁目姜白石，"气貌若不胜衣，而笔力足以扛百斛之鼎。襟期洒落，如晋宋间人"。迩来游吴越故地，数日之间得谒俞荫甫、顾颉刚、张闻声、王静安、章太炎、经亨颐等故居，徘徊堂下，时空穿梭，尘嚣顿洗，心生清凉。今观方晓兄书画，感受约略同之，殆因其如晋宋间人，不染时习故耶。质诸同好，以为然否？

（《方晓书画篆刻作品展集》，日本大云书库美术馆2020年5月）

人生一段奇幻瑰丽：《因缘·音缘》

有这样一个人，正当挟历史上最年轻金马影后得主、风靡东亚和东南亚流行歌手的声威在艺坛施展才华的时候，毅然惜别热爱她的观众和听众，嫁入豪门，相夫教子；在往来富翁、谈笑阔太的环境里，不求奢华，不比阔绰，素颜真面，潜心艺术，自绘画始，而后书法，而后文章，造诣日高，声誉日隆；作为东南亚最有影响的企业之一，金狮百盛集团基金会主席，抚育本地孤寒，捐助外国文教，救治雪域病患，一掷千金，却为传播中华书画，私费创办培训学校，入（学费）不敷出（课室租金），即使精打细算，仍免不了自掏腰包，填补亏空。

陈秋霞女士在其作品前

2012年陈秋霞女士（右二）在清华大学中国书法与文化研修中心

潘斯里陈秋霞女士，一个有着奇幻瑰丽的人生经历的人，这些经历中的每一段拿出来，都会为人津津乐道。但此刻我愿意津津乐道的，是呈现在读者面前的这册《因缘·音缘》。这册《因缘·音缘》，映射出的正是作者人生经历中的一段奇幻瑰丽。

我所谓奇幻瑰丽，是这册《因缘·音缘》所收的书画，论书则书体、书品不同，论画则画种、画风多样，或层峦叠嶂气势磅礴，或一株兰两拳石逸笔草草，或碑体雄强，或帖风柔美，对传统书画技法非娴熟掌握者不能为，对不同书画派别的风格不谙熟于心者亦不能为，宜其既得巨擘之激赏（饶公选堂以"衡山余韵"称其画），又受大众之青睐（济州岛、台北个展轰动一时）。

我所谓奇幻瑰丽，是这册《因缘·音缘》所收的六十余则散文，篇幅不过千言左右，内容写人叙事而已，却谋篇布局各具匠心，笔法灵动无一雷同。我真不知道这些文章，及文章中时或可见的神来之笔，是得于古人所谓的"炼极如不炼"呢，还是得于全不费工夫的自然。但我宁愿相信是后者，因为我不止一次听过作者的即兴演讲，在北京"百盛—清华学报优秀论文"的颁奖仪式上，在吉隆坡"金狮百盛奖学金"的评选会上，在台北文创中心的个展开幕式上，录下音来，不用改动，就是切合主题又不落俗套的一篇妙文。

我所谓奇幻瑰丽，更是这册《因缘·音缘》本身，不仅它的书法，它的画作，它的文字，更是由它们共同烘托出来的作者，那率性任情的性格，晶莹剔透的精神世界，闪烁着善良、爱心和同情心的光辉。忘不了我在台上讲座，提到业师启公元白对母亲、妻子和老师的爱，看到台前的她泪水装满眼眶；忘不了听她讲述去拜望饶公选堂，看着年届期颐的老人在家人搀扶下一步步向她走近，泪水夺眶而出。她更将她的同情心辐射到孤寡老人、疾病患者和清贫的学子，将她的爱心辐射到她挚爱的华文教育和中华文化，并因此感动了与她同具同情心和爱心的朋友，于是知音之因缘得以聚汇，这册《因缘·音缘》得以孕育并被催生，作者的感恩之心，伴随着她的才华、谦逊、真诚、坚韧、幽默，亦俱闪现于其中。我宁愿将之看成是作者人生中获得的又一座金马奖，且更具人性的光辉，也更具文化内涵，因而也更加魅力四射。读者诸君，当不河汉斯言。

（《因缘·音缘》，马来西亚大将出版社 2017 年）

素以为绚的风景

学海随泛

说嫉妒

嫉妒，如果我们查字典，七情里没有它，六欲里没有它，但它无疑是人类一种古老而普遍的情绪。"羌内恕己以量人兮，各兴心而嫉妒。"我国文学史上第一个大诗人屈原，就在他的长诗《离骚》里这样感叹过。历史上明显因嫉妒而生的第一个较为有名的事例，也许要算发生在与屈原大致同时的孙膑和庞涓这两个老同学之间的那桩。《史记·孙子吴起列传》明载：

> 庞涓既事魏，得为惠王将军。而自以为能不及孙膑。乃阴使召孙膑。膑至，庞涓恐其贤于己，疾之，则以法刑断其两足而黥之，欲隐勿见。

简言之，孙膑才能超过庞涓，庞涓想法挖了他的两个膝盖骨。这段故事长期选入中学课本，它的教育意义我以为不在于后来发生的身残志坚、报仇雪耻，而在于使少年儿童从小懂得人类这种古老而普遍的感情，并领略它的可怕。"文人相轻，自古而然。"（《典论·论文》）乱世英雄曹操儿子曹丕的这两句话，我想也不会是脱口而说。话中包含了多少生动鲜活的故事，以今衡古，大体上总能明白。

这些兴嫉妒之心的群小、丢了膝盖骨的孙膑，和自古相轻的文人，都可证明"嫉妒"二字皆从"女"的错误，暴露出造字者的思想意识中，对妇女的误解与轻蔑。可话说回来，此种情绪古时在妇女身上的反映也的确强烈。这当然无关乎妇女心胸的宽窄和肚量的大小。由我观测,很大一宗原因恰恰是男子,是封建时代男性统治下的一夫多妻。

古语有云:"害贤为嫉,害色为妒。"(汉王逸《楚辞章句》)妻妾之间的"害色"之"妒",今天说来显然值得同情和理解。可那些蓄着三妻四妾的当事者们则不然。因为妻妾的嫉妒既会妨碍他们继续拈花惹草,又不利于她们之间的安定团结。这样,我们就一面看到鼓励妇女不嫉妒的正面宣传,如《诗经》小序中反复歪批的:"《樛木》,后妃逮下也,言能逮下而无嫉妒之心焉";"《螽斯》,后妃子孙众多也。言若螽斯不妒忌,则子孙众多也";"《小星》,惠及下也,夫人无妒忌之行,惠及贱妾,进御于君,知其命有贵贱,能尽其心矣。"更看到古代笔记小说中以嘲讽口吻记下的大量妒妇故事。

唐段成式《酉阳杂俎》卷十四有这样一则:晋人刘伯玉妻性妒,伯玉诵《洛神赋》而美洛神,妻怒而自沉。后凡倩女过河,必须毁衣坏妆,否则兴风作浪,使不得渡。丑妇则浓妆丰抹,亦相安无事。故时谚云:"欲求美妇,立在津口。妇立水傍,美丑自彰。"以此妇人过河,最怕无风无浪。

又有《妒记》一书,专记妇女妒事,乃南朝宋时虞通之奉宋明帝之命撰成。书久佚,《太平御览》卷九六七载有一条:"武阳女嫁阮宣武,妒嫉。家有一株桃树,华叶灼耀,宣叹美之,即便大怒,使婢取刀砍树,摧折其华。"

又《艺文类聚》卷三五所载一条,颇具现代小说的生动情节,略谓:

京邑有士人妇,大妒忌,常以长绳系夫脚,且唤便牵绳。士人不堪其苦,密与巫妪为计,因妇眠,以绳系羊。妇觉,牵绳而羊至。惊怪问巫,巫曰:"娘积恶,故郎君变羊。若能改悔,可请还复本形。"妇因悲号,抱羊痛哭。斋戒七日,士人徐徐还,曰:"多日作羊吃草,腹中痛尔。"妇愈悲而啼。后复妒嫉,士人因伏地作羊鸣,妇惊而悔,自此妒病愈。

这些故事实际上反映的是古代妇女在性别角色上要求男女平等的思想意识。这是一种难能可贵的进步意识。"忽有逆其妒鳞,犯其忌制,赴汤蹈火,瞋目攘袂,或弃产而焚家,或投儿而害婿。"(梁张缵《妒妇赋》)在这样令男子丧胆失魄的刚烈女子面前,三纲五常何在?我们依稀恍惚地看到的,是现代新女性的风采。

(《光明日报》1993 年 2 月 1 日)

癖嗜种种

凡人莫不有喜好。对于酒色权财的喜好属于人的共性,某些特殊的喜好或出自个别人的天性,后天蓄养造成的喜好则林林总总,各不相同。平常的喜好无足表称,沦心浃髓而臻于古人所谓"癖嗜"的喜好方堪玩味。

古代西方的法国有个悭吝鬼葛朗台,一生视敛钱为己任,竟至将女儿也作为他聚财的工具,临死时双眼紧盯面前的金子,就像刚能视物的婴儿,"只有这东西能暖和我的心"(《欧也妮·葛朗台》)。古代东方的西晋也有个悭吝鬼王濬冲,其富洛下无比,却爱一边与老伴夜半灯下筹算家资,一边也跟他的闺女过不去。闺女嫁人时向他贷了点款,"女归,戎色不悦,女遽还钱,乃释然"(《世说新语·俭啬》)。不好理解的是,这样的人怎能忝名"七贤"之列!

《晋书·和峤传》记载身居太子少傅高位的和峤"家产丰富,拟于王者,然性至吝,以是获讥于世,杜预以为峤有钱癖"。"钱癖"一语甚佳,这一总称之下形形色色的物质嗜欲乱花迷眼。

唐代宗时宰相元载聚敛无涯,因罪抄家,得钟乳五百两,胡椒八百石,"它物称是"(《新唐书》本传),与后来乾隆盛世的权臣和珅相比,却尚有上下床之别。清人薛福成《庸庵笔记》中有一份《查抄和珅住宅花园清单》,地亩房产、玩好珍奇,不胜枚举。单论皮草一门吧,就有各色狐皮一千五百张,貂皮八百余张,杂皮五万六千张,貂皮、杂皮女衣各六百十一、四百三十七件，貂皮、杂皮男衣均八百零六件，貂蟒袍三十七件，貂褂四十八件，貂靴一百二十双！

这些位大人先生们，不知读过"鹪鹩巢于深林不过一枝，偃鼠饮河不过满腹"（《庄子·逍遥游》）没有，与晋人阮遥集一面大肆搜集木屐，一面徐徐说出"一生当著几两屐"的话来相比，未免太输雅量了（《世说新语》列阮氏入"雅量"类）。明人张宗子有云："人无癖不可与交，以其无深情也。"（《陶庵梦忆》卷四）可有这种癖的人敢交吗？那些动辄烧坏点钞机的当代元相公、和大人们，落马前殿屋沉沉，落马后铁网恢恢，你便是想交，交得上吗？

有些古人称为"异嗜"的癖嗜相当个人化。《吕氏春秋·孝行览》记载："人有大臭者，其亲戚、兄弟、妻妾、知识无能与居者，自苦而居海上。海上人有悦其臭者，昼夜随之而弗能去。"这就是所谓"逐臭之夫"了。《宋书》中另一例："邕所至嗜食疮痂，以为味似鳆鱼。尝诣孟灵休，灵休先患灸疮，疮痂落床上，因取食之。灵休大惊。答曰：'性之所嗜。'灵休疮痂未落者，悉褫取以饴邕。"（《宋书·刘邕传》）这就是所谓"嗜痂之癖"了。《耕余博览》中所记更多："唐剑南节度使鲜于叔明嗜臭虫，每采拾得三五升，浮于微热水，泄其气以酥，及五味熬卷饼食之，云天下佳味；权长孺嗜人爪甲，见之辄流涎。"嗜之诡异而至于此，真不可以人理论者。

有些癖嗜不那么诡异，但也够得上奇葩。西晋人王武子善解马意，杜预以"马癖"号之（《世说新语·术解》刘孝标注）。初唐诗人王勃父亲王福畤好誉其子，人称"誉儿癖"（《新唐书·王勃传》）。中唐诗人李益有疑妻癖，时称"李益疾"（《旧唐书·李益传》）。天下事无不可对者，当代学者钱锺书有誉妻癖，见吴学昭《听杨绛谈往事》）。又有所谓睡癖，《五杂俎》卷七："人有嗜睡者，边孝先、杜牧、韩昌黎、夏侯隐、陈抟、王荆公、李岩老皆有此癖。近时张东海有《睡丞记》言：'一华亭丞，谒乡绅，见其未出，座上鼾睡。顷之，主人至，见客睡，不忍惊，对坐，亦睡。俄而丞醒，见主人熟睡，则又睡。主人醒，见客尚睡，则又睡。及丞再醒，暮矣，主人竟未觉。丞潜出，主人醒，不见客，亦入户。'"世竟有此可笑事！

还有一种比较普遍的嗜好——洁癖。《宋书》本传记庾炳之"性好洁，士大夫造之者，去未出户，辄令人拭席洗床"。《南史》本传记南齐何佟之"性好洁，一日之中洗涤者十余过，犹恨不足，时人称为水淫"。艺术家们似乎更爱染此疾。宋高宗《思陵翰墨志》记有米芾的一事一帖。事是："芾方择婿，会建康段拂字去尘，芾释之曰：'既拂矣，而又去尘，真吾婿也。'以女妻之。"帖云："朝靴偶为他人所持，心甚恶之，因屡洗，遂损不可穿。"靴且屡洗，余可知矣。又明人顾元庆《云林遗事》记倪云林："其溷厕以高楼为之，下设木格，中实鹅毛。凡便下，则鹅毛起覆之，一童子俟其旁，辄易去，不闻有秽气也。"厕且如此，余可知矣。另一件事更其不堪："尝眷赵买儿，留宿别业，疑其不洁，俾之浴，既其寝，且扪且嗅，复俾浴不已，竟夕不交而罢。"

还有些本质上就是对物质的癖嗜，只因贴上了一层艺文的外壳，转成雅人之好。素号豁达的苏东坡性嗜墨，相关诗文多且精，如《论墨》："今世论墨，惟取其光而不黑，是为弃墨；黑而不光，索然无神气，亦复安用。要使其光清而不浮，湛湛然如小儿目睛，乃佳。"真文学家语，亦行家语也。他自诩"我生百事不挂眼""定心肯为微物起"（《次韵答舒教授观余所藏墨》），却知之而不能行之，自叹"吾有佳墨七十丸，而犹求取不已，不近愚耶，是可嗤也"（《苕溪渔隐丛话》后集卷二十九引）。至于米元章，宋人曾敏行《独醒杂志》卷二记其以寻死向朋友逼取晋人法书、何薳《春渚纪闻》卷七记其以弄臣身段向徽宗求赐端砚，这就不止于癖，而且近乎痞了。

"书癖"是关乎文人的又一大类。古来此语含义多重，一指书法之癖，宋人李建中《题洛阳寺壁》："我亦生来有书癖。"二指读书之癖，陆放翁《示儿》诗："人生百病有已时，独有书癖不可医。"更早有晋人皇甫谧亦耽玩典籍，人称"书淫"（《晋书》本传）。三指藏书之癖，又称"蠹鱼之嗜"，明代藏书家祁承㸁自道："一生精力，耽耽简编，肘敝目昏，虑衡心困，艰险不避，讥诃不辞，节缩饔飧，变易寒暑，时复典衣销带，犹所不顾。"（《澹生堂藏书约·序》）清代藏书家黄丕烈特癖宋椠，搜罗达百余种，构专室"百宋一廛"贮之，时号"佞宋主人"。藏书家之于书，真如辛稼轩《归朝欢》咏友朋藏书楼所说，"好之宁有足，君看良贾藏金玉"！

语不云乎，书籍是人类进步的阶梯，古人对嗜好进步阶梯的人格外宽容，以至于视偷窃者为雅贼，颇有不以为耻反以为荣之意。美国人巴斯贝恩《文雅的疯狂》讲述了一位超级雅贼布隆伯格，20年间频繁光顾美、加两国图书馆268家，窃得藏书23600册！国产雅贼亦不罕见，唯盗亦应有道，民国时期一位教育总长兼藏书大家，为了一套宋版书，不惜嫁祸于后来被称为迅翁的小掾属（见周作人《窃书的故事》，《新民报晚刊》1957年9月3日），恐怕就欲厕于雅贼之列也难矣。

古来诗人画士率多山水之嗜，或嗜游历，或嗜咏绘。我最欣赏唐初隐士田游岩"泉石膏肓，烟霞痼疾"二句，每诵之辄飘飘然有出尘之想。唐诗人李太白"一生好入名山游"（《庐山谣寄卢侍御虚舟》），明画家吴宽"我生固有山水癖"（《题画》）。晋人王徽之偏爱竹，"何可一日无此君"（《晋书》本传）。宋人刘后村偏爱花，"老子年来，颇自许、心肠铁石。尚一点、消磨未尽，爱花成癖"（《满江红》）。米元章偏爱石，设席而拜，"石兄"相称。陆放翁偏爱梅，"当年走马锦城西，曾为梅花醉似泥"，"小亭终日倚栏干，树树梅花看到残"，"何方可化身千亿，一树梅前一放翁"（《梅花绝句》）。至如画家，更莫不偏嗜专攻。南宋宋伯仁嗜梅，作《梅花喜神谱》而自称"梅癖"（《谱序》）。元人赵孟頫嗜画马，欲画滚尘马则据床学滚尘状，夫人管氏自窗中窥之，正见一匹滚尘马也（《式古堂书画汇考》卷四六）。齐白石嗜画虾，须眉皆具，入水仿佛可走。黄胄嗜毛驴，活灵活现，其声真若可闻。启功先生博学多能，要以书画鉴定为第一，作《贺新郎》词云："癖嗜生来坏，却无关、虫鱼玩好，衣冠穿戴。历代法书金石刻，哪怕单篇碎块，我看着、全都可爱。一片模糊残点画，读成文，拍案连称快。自己觉、还不赖。西陲写本零头在，更如同、精金美玉，心房脑盖。黄白麻笺分软硬，晋魏隋唐时代。笔法有、方圆流派。烟墨浆糊沾满手，揭还粘，躁性偏多耐。这件事，真奇怪。"一个全身心浸淫于艺术与学术的可爱老头的形象,便跃然纸上了。

(《文汇报》2017年3月11日)

李杜苏类型说

今天让李白（701—762）和苏轼（1037—1101）同台登场的触媒虽然是生卒年偶然巧合的那个整数，但我相信同时也是存在于二人之间的某些内在因素。将李白、苏轼合在一起谈的确是有意义的。但如果加上李白"亲兄弟一样的好朋友"（郭沫若语）杜甫，就更有意义。这是因为他们是中国人最熟悉和最尊敬的三位诗人，更因为他们的诗歌代表了三种不同的类型，具有类型学上的意义。

这得先从三人的关系说起。李杜之间的友谊是文学史上的常识。杜诗语及李者多而太白语及杜者固少，但正如明清人早说过的，安知不是文献偶佚不足征之故耶？苏对李的评价很高，作《书丹元子所示李太白真》称许其谪仙风采；赞赏李的《望庐山瀑布》；辨假冒李白的李赤诗（《渔隐丛话》）；却又误信骗子姚丹元的太白仙诗（《记太白诗》），当然，按照启功先生的说法，不是误信，而是故为文人狡狯之语，而且，用自己的如椽大笔，信笔挥洒，收放自如，风流俊逸，成为现存苏字中的神品。他也曾将李杜并举，一云"谁知杜陵杰，名与谪仙高。扫地收千轨，争标看两艘"（《次韵张安道读杜诗》），再云"李太白、杜子美以英玮绝世之姿，凌跨百代，古今诗人尽废"（《书黄子思诗集后》）。

但东坡虽然称赏太白，且人亦常以太白拟之，谓其诗学太白（《岁寒堂诗话》），谓其文与太白诗均乃"天各纵之以神仙轶世之才"（茅坤《苏文忠公文钞引》），谓其词与太白诗"皆是异样出色"(《白雨斋词话》),谓"东坡品境似太白"(《昭昧詹言》),也谓二人皆有"太近飒洒,流于轻便快利之习"(《昭昧詹言》引)。东坡对杜的评价却更高于众人所认为的与他自己相仿佛的李,不仅说过"诗至于杜子美,文至于韩退之,书至于颜鲁公,画至于吴道子,而古今之变,天下之能事毕矣"(《书吴道子画后》),还说过"今太白集中有《归来乎》《笑矣乎》及《赠怀素草书》数诗,决非太白作……良由太白豪俊,语不甚择,集中往往有临时率然之句,故使妄庸辈敢尔。若杜子美,世岂复有伪撰者耶"(《书李白集》)。

不过杜甫同样亦非坡翁心中的至高,杜甫之上还有陶渊明一人,所谓"吾于诗人无所甚好,独好渊明之诗。渊明作诗不多,然其诗质而实绮,癯而实腴,自曹刘鲍谢李杜诸人,皆莫及也"。这话见于其老弟苏辙《子瞻和陶渊明诗集引》,自然可信。

就仿佛为我的这个题目而作,苏辙在《子瞻和陶渊明诗集引》中还不失时机地将老兄与李杜联系在一块,认为"其诗比杜子美、李太白为有余,遂与渊明比辙"。坡诗是否一定比李杜为有余,此处不论;坡诗和陶是否一定要与陶诗相比,此处也不论。从上述看,坡翁虽称颂李杜,却又以陶为最高,这是可以肯定的。换言之,坡翁对李杜还有不满足的地方,这不满足的地方,也就是满足于陶诗的地方,也是可以肯定的。坡翁不满于李杜而满于陶诗的地方是什么呢?就是"魏晋以来"的"高风绝尘"。这在其《书黄子思诗集后》中说得很清楚:"李太白、杜子美以英玮绝世之姿,凌跨百代,古今诗人尽废。然魏晋以来高风绝尘亦少衰矣。"陶渊明的高风绝尘是什么?就是"质而实绮,癯而实腴",就是提出"高风绝尘"的同一篇文中提到的"发纤秾于简古,寄至味于淡泊","萧散简远"的"远韵",可供"一唱而三叹"的咸酸之外的美。不论个别,只说总体,李诗当然不是以萧散简远为特征的,不适于一唱三叹;杜诗更不用说。所以他们只能屈居陶诗之下。

这就要说到我所说的类型问题了。李杜诗的特征不是萧散简远。如果把以"萧散简远"为特征的"高风绝尘"当作一个坐标,那么李白是太过了,杜甫则太不及。李杜的中间才是萧散简远,才是坡翁欣赏的高风绝尘。陶诗就是这样的范本。对于东坡,尤其是晚年的东坡,这样的陶诗才是他的诗学理想与美学追求。那么李杜的特征是什么?这就又是常识问题了,我们只需照引前人就是:才分上"杜甫之才大而实,李白之才高而虚"(《鸿苞集》);取材上"李能凭空谛构,杜贵实境举足"(《静居绪言》);章法上"工部体裁明密,有法可寻。青莲兴会标举,非学可至"(《诗薮》);运思上"杜诗思苦而语奇,李诗思疾而语豪"(《韵语阳秋》);风格上"子美不能为太白之飘逸,太白不能为子美之沉郁"(《沧浪诗话》)……果然如此,那我们就可以说,东坡的才分正是处于实与虚之间,坡诗的取材处于空与实之间,坡诗的章法处于有法与无法之间,坡诗的运思处于苦与疾之间,坡诗的风格处于飘逸与沉郁之间,坡诗的肌质也处于质绮与癯腴、纤秾与简古、至味与淡泊的适当配搭之间。

有人说李诗如万里长江,浩浩奔放,杜诗如九曲黄河,百折千回;又有人说李白是"敏捷诗千首"(杜评李句),杜甫是"惨淡经营中"(杜赞曹霸句);还有人说"李青莲之诗,佳处在不著纸。杜浣花之诗,佳处在力透纸背"(《北江诗话》)。这种种的比喻都很贴切。而坡翁对自己也有一种贴切的比喻,就是著名的《自评文》中"随物赋形,常行于所当行,常止于不可不止"那一段。那么即就比喻本身而论,"随物赋形,常行于所当行,常止于不可不止"不也正处于"浩浩奔放"和"百折千回"之间、"敏捷千首"和"惨淡经营"之间、"不著纸"与"力透纸背"之间吗?还有,李白素称诗仙,杜甫素称诗圣,那么坡翁就是介于仙与圣之间(虽然也有不少人称其为坡仙)。仙圣之间是什么?是平常人,普通人。清人徐增《而庵诗话》:"诗总不离乎才也,有天才、地才、人才。吾于天才得李太白,于地才得杜子美,于人才得王摩诘。"王摩诘三字换成苏东坡,我以为是更加精确不移的。

袁宏道《答梅客生开府》云:

> 苏公诗无一字不佳者,青莲能虚,工部能实。青莲唯一于虚,故目前每有遗景;工部唯一于实,故其诗能人而不能天,能大能化而不能神。苏公之诗,出世入出,粗言细语,总归玄奥。恍忽变怪,无非情实。盖其才力既高,而学问识见,又迥出二公之上,故宜卓绝千古。至其道不如杜,逸不如李,此自气运使然,非才之过也。

这样的比较论,中肯得体,再上升一步,就到了类型论。

总之,李杜苏三人代表了三种不同的类型。这三种类型虽然不同,却以其内在的逻辑联系构成了一条类型链。在这条类型链上,坡翁是介于李杜二人中间的一环。坡翁生乎二人之后,是二人的隔代景慕者,得以与二人并驾齐驱,就因为开辟了足以与二人的类型相提并举的另一种类型。这种类型的形成及其内涵，与他所激赏的陶诗以"萧散简远"为特征的"高风绝尘"之间当然有难以分割的深层联系，但要注意的是他的诗堂庑宏大，地负海涵，又不能仅用"萧散简远"的"高风绝尘"一语概乎言之了。

（《求索》2002年第1期）

梁启勋的词学研究

梁启勋（1876—1965）少其胞兄梁启超不过三岁，是梁启超政治社会活动的坚定支持者，文学趣味和治学方向亦甚相合拍。虽毕业于美国哥伦比亚大学经济学专业，长期就职于经济和金融行业，却对古典文学尤其词学用力甚久、成果颇多，良有以也。

梁启勋有词集《海波词》甲乙丙丁四集，收入自1908年起数十年间词作200余阕，前人以"不雕琢而自成格调，宋人之传境"（《郑逸梅选集》第二卷）称之。与《饮冰室合集》所收乃兄词作对读，风格颇有近似处。又古来集诗句者多，集词句者较为少见，梁启勋曾广集宋词联语，收入《曼殊室随笔》50余联，体现出深湛的文学修养和对宋词的独特爱好。梁启超亦曾集宋词联语达二三百副，并受到胡适等人的激赏，二者之间想来也是必有联系的。

有人将现代词学家分作"体制外"和"体制内"二派，前者注重理论建设而未进入词本体，后者注重词学文献实证与词本体。果真如此，则最早从事于兹的一批学者，已经几无不在"体制内"和"体制外"上同时用力，奠定了现代词学研究的基本框架。比如王国维有词学批评和美学巨著《人间词话》，也有词文献辑集和词人事迹考辨《唐五代二十一家词辑》《清真先生遗事》等；梁启超探究词之艺术特质和表现感情的手段，著有《中国韵文里头所表现的情感》等，也考证词人生平和词集流传，撰《辛稼轩先生年谱》《吴梦窗年齿与姜石帚

《记兰畹集》等；胡适将词视作白话文学的远祖，以为其鼓吹的新文学运动张目，也切实研究词体起源，撰有长文《词的起原》，又鼓励他人整理词学文献（如鼓励赵万里校辑宋金元人词），直到晚年还亲自校理《云谣集杂曲子》。

梁启勋传世的主要词学著述为《稼轩词疏证》《词学》，另有三种著述《词学铨衡》《曼殊室随笔》和《中国韵文概论》，或专论词学或涉及词学，合而观之，明显可见义理、考据兼而备之的治学特色。从时代早晚、治学路径和词学成果看，梁启勋均可视作这批词学界先导者中的一员。

《稼轩词疏证》六卷，作于梁启超去世后二年（1931年），卷端署"梁启超辑、梁启勋疏证"，书中亦随时征引梁启超之考证，故有人称其为昆仲二人之合著，然毕竟功成于梁启勋之手。草创之作，就学术论难免不足，邓广铭先生在书出后数年曾撰长文《〈辛稼轩年谱〉及〈稼轩词疏证〉总辨正》相商，嗣后又于《稼轩词编年笺注》例言中称其"征事疏陋，编次失伦"。但如果说现代学术史上倾力研究辛弃疾的第一人是梁启超，中国历史上第一个作辛词笺证的就是梁启勋，皆堪称中国词史上最伟大词人辛弃疾之功臣。邓广铭先生继此而作，后出转精，而其于稼轩词之编年实以梁启超《编年词略例附说》为依循，此亦正为梁启勋《疏证》所遵守者也。无论如何，梁著在辛词研究上的启迪之功应该得到承认。

《词学》出版于1932年，是早期通论式词学专著之一，此前及同时唯有谢无量《词学指南》（1918年）、刘毓盘《词史》（1931年）、王易《词曲史》（1932年）、胡云翼《词学ABC》（1930年）、吴梅《词学通论》（1932年）寥寥数种而已。通览各家，特色各具，如胡著列述词人词作，王著着眼于词史变迁，刘著为专题讨论，吴著前半论音韵、格律和作法，后半论历代词人词作甚精，而梁著厕于其间，洵无愧色。全书分上下二编，上编论词体之本体如声韵格律、句读体式等，下编论词体抒情的艺术手法，一遵梁启超《中国韵文里头所表现的情感》而有所补充，既将词与其他文学材料等量齐观，又将其视作表情文学特殊一环，所谓"词之在文学中，大抵用作表示情感、摹描景物之工具，最为相宜，非谓他种文艺之不能表示，不能描写也"。词体合乐与抒情这两大迥异于他种文体的特质，都被他抓住了。

《词学铨衡》作成于1956年，1964年香港上海书局印行，内地至今未曾出版，仓促之间未能觅读原书，一窥究竟，甚以为憾。然知其篇幅无多，又最晚出，疑其主要内容及主要观点当不至逸出《词学》《中国韵文概论》等旧著太多也。

《中国韵文概论》写作历时六年，1937年完成，翌年出版。全书以文体为纲，作品为纬，分别介绍骚、赋、七、骈文、律赋、诗、乐府、词、曲九种文体，融文学发展史、作家作品品析和文体论于一身，是现代学术史上较早的韵文文体分体专论，体现出对中国古代韵文特色的整体把握能力。全书篇幅不大，而林志钧先生（民国间著名学者，《饮冰室合集》编纂者）所评甚高："难在既能表出韵文各体之演变及其关系，而朝代之划分又甚分明。普通文学史长处，此书兼而有之。其运用材料，解决问题，皆能执简驭繁，深中窾窍。"今日读之自难免有嫌其浅易者，前修未密，后出转精，世间事物，莫不循此轨辙！

《曼殊室随笔》1948年出版，乃其积二十余年之学力而成，最能体现其治学之勤勉与学识之广博。全书作传统笔记体，分"词论""曲论""宗论""史论""杂论"五卷，举凡文学、宗教、历史、政治、时事、社会、科学、经济，多所涉及，或为疑义之辨析，或为感想之抒发，博观泛览，率意而谈，思想敏锐，时有新见，文字长短不拘，富有妙趣，又不仅是郑逸梅所说记忆力很强一点所能概括了。试举"宗论"一则：

> "食无求饱，居无求安"二语，亦颇费解，若曰食只求饱，而不为口腹之欲，居只求安，而不为宫室之美，斯可矣。居无求安，等于卧薪；食无求饱，何异尝胆。薪胆生涯，若偶一为之以自惕励，犹可言也。人人如此，终身如此，是何为者。朱注释作"志有在而不暇及"，有所未惬。士无日而不志于道，则是终身无温饱之时矣，恶乎可？

既是持平之论，亦为近情之解，百余字的翻案文章作得相当漂亮。此固无关乎词学，而其"词论"部分，或斠律辨音，或品鉴赏析，或存史论事，自出机杼者亦复不少。如第6则分析张子野词用"影"字三种类型，尽得古人为文之用心；第9则、第37则论诗词与词曲递嬗规律，和宋词演进之大概，高屋建瓴，要言不烦；第36则置顾太清于词史及女性词史中，评价甚高而至确；第13则谓王国维《人间词话》"语语精警"，而又指出其"诗有题而诗亡，词有题而词亡"之说"未免太极端"，事实与分析并重，观点鲜明而词旨温厚，体现出那一代

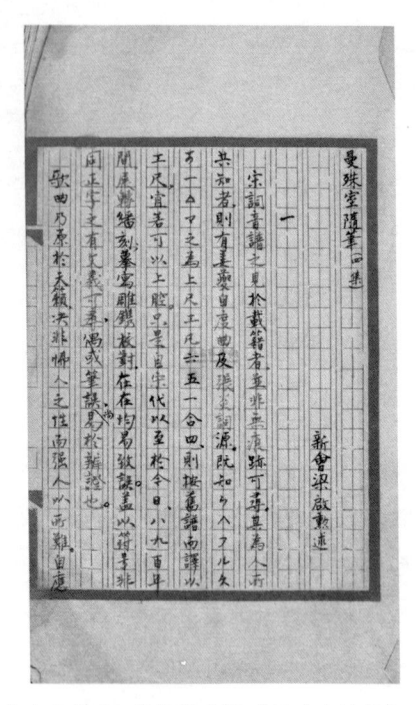

北京南长街54号藏梁启勋《曼殊室随笔》手稿

人的学术品格。

总而言之，在中国文化史上，梁启勋不仅是梁启超胞弟，亦为现代学术尤其是词学研究的先驱。南长街54号所藏梁氏文献内容甚丰，除古籍书画外，多为梁启勋所藏梁启超、康有为、汤觉顿等的信札、文稿，亦有藏者梁启勋本人手稿若干种，其中正有与上述几种词学著述相关联者，如《词学概论》九纸即《词学铨衡》之稿本、《中国韵文之变化》二册即《中国韵文概论》之稿本，另还有《曼殊室随笔》稿本一册二十六纸等，仿佛让我们看到了一个名人刚出生时的婴儿照，亲切有味，加之小字书法典雅婀娜，饶书卷气，虽视乃兄略逊，却非今日所谓专职书家所能及,其珍贵的文献和文物价值是不言而喻的。

(《傅璇琮先生八十华诞庆寿论文集》,中华书局2012年)

古典诗词欣赏的四种类型

文学中最精美、最富于情感和审美内涵的那一类叫诗词。诗词欣赏因诗词而异，更因人而异。这里所谈，只是个人欣赏古典诗词经历中的一些感受，法无定法，何况本谈不上什么方法，姑且称作四种类型吧。

有情读诗

有一类诗，抒发的是普遍、普通的人情、人性，加之诗风快如并剪，爽如哀梨，只要依着常理去读，带着感情去读，即眼便知为好诗，不必深究，也无法深究，深究则落言诠。如李白《静夜思》：

> 床前明月光，疑是地上霜。
> 举头望明月，低头思故乡。

何人没有家乡，谁没有思乡的经验？不需要刻意地调动，这些经验就会涌上心间。对这首诗诗意和诗艺的理解有很多，如"忽然妙境，目中、口中，凑泊不得，所谓不用意得之者""悄悄冥冥，千古旅情，尽此十字""此诗如不经意，而得之自然，故群服其神妙"等等，完全不错，却毫无意义。

但有人不认为这首诗容易理解。有一册书中写道：

> 怎么样才算理解了呢，不妨用下面两个问题检测一下：一、诗中所说的床到底是什么东西，如果是睡床，他怎么能举头望明月呢？如果是井栏或马扎，那说明诗人始

终处在月光之下,怎么会有"疑是地上霜"的心理过程呢?二、诗人只说"举头望明月",那他这时"思故乡"了吗?他为什么要低头?是因为举头太久脖子累了吗?(《唐诗通解100首》)

这就有些近乎玩笑了。

在这种诗面前,我非常同意闻一多在《春江花月夜》前的感叹:"一切的赞叹都是饶舌,几乎是亵渎。"

读这样的诗,不仅不必了解创作的背景,不需了解别人的饶舌,甚至不必知道作者究竟是谁。

比如这首诗,"白日依山尽,黄河入海流。欲穷千里目,更上一层楼"。大家耳熟能详,而且也知道作者是王之涣,诗题叫《登鹳雀楼》。但这还真不一定。《全唐诗》里两见,它同时也归入一位叫朱斌的诗人名下,诗题也有不同,叫《登楼》。但就欣赏而言,不用管作者是谁,也不用知道登的是哪个楼,诗歌本身创造的、呈现的哲理情思神完气足,完全不劳外求了。

此外像抒发爱情、友情、亲情的诗。孟郊的《游子吟》:

慈母手中线,游子身上衣。
临行密密缝,意恐迟迟归。
谁言寸草心,报得三春晖。

孟东野46岁进士及第,四年后即50岁时才铨选为江苏溧阳尉这一小官,随即迎取其母侍奉。古代的孝子比今天多,孟郊可算其中的一位。但我们何尝需要了解了这些才可以被感动!"仁孝蔼蔼,万古如斯"(明人评语),"孝"是传统的美德,不也是亘古不变的人性吗!

还有体现其他人性光辉的诗篇,如平等意识、人道关怀等。范仲淹的《江上渔者》:

> 江上往来人,但爱鲈鱼美。
> 君看一叶舟,出没风波里。

平等与关怀甚至延伸到动物与植物。宋人叶元素的《绝句》:

> 家住夕阳江上村,一湾流水护柴门。
> 种来松树高于屋,借与春禽养子孙。

启功先生《古诗》中的四句:

> 见人摇尾来,邻家一小狗。
> 不忍日日逢,恐成莫逆友。

袁枚的这首小诗《苔》:

> 白日不到处,青春恰自来。
> 苔花如米小,也学牡丹开。

18世纪法国思想家卢梭说:"人生而平等,却无往而不在枷锁之中。"人在枷锁中是现实,人不甘于待在枷锁中也是现实。这些诗作,吟咏、赞美的又岂止是动物和植物!

又如对充满生机的山水自然的关注和赞美。清代广东诗人张维屏的《新雷》:

> 造物无言却有情,每于寒尽觉春生。
> 千红万紫安排著,只待新雷第一声。

每读此诗,耳畔真能响起隐隐春雷,眼前河澌冰涣,花骨朵缀满枝条，真不亚于听一曲短小而磅礴的春之声圆舞曲！

套用古人读《出师表》不堕泪者必不忠，读《陈情表》不堕泪者必不孝，读《祭十二郎文》不堕泪者必不友的说法（语见宋人赵与时《宾退录》卷一），读上面这些诗而不满心感动或倾情向往的人，或者读上面这些诗而忙着去找分析文章来参考的人，必是寡情不可交之人。

有意读诗

与上面不同的一种情形是，如果不了解作品的相关知识就体味不出或不能充分体味出诗之意蕴与诗之美，明珠就算给暗投了。

诗圣杜甫有一首七绝《江南逢李龟年》：

> 岐王宅里寻常见，崔九堂前几度闻。
> 正是江南好风景，落花时节又逢君。

这算诗吗？还是诗圣写的诗？我们试着用今天的语言翻译一下，那简直没劲极了。西方有人说过，诗是什么，就是在翻译过程中失去的那些东西，意思就是说，诗是不可以翻译的。这种巧而有味的表达真好。但诗固然不可以翻译，就算不翻译也不觉着好啊——不过，这是在不了解写作背景的情况之下。

如果我们了解了这是杜甫 59 岁的生命走到尽头，即他去世的当年（770 年）所写，所涉人物李龟年是唐代最繁盛时期开元、天宝年间著名的宫廷乐师，作者青少年时期赶上了大唐盛世，出入公卿之间，以及相关知识如安史之乱前后大唐帝国国运的盛衰和作者自身命运的跌宕，再知道岐王就是唐明皇的弟弟李隆范，崔九是唐玄宗时任为殿中监崔涤，亦即中书令崔湜之弟，总之都是些达官贵人吧，就能够理解此诗之妙了。

用研究中国古典文学著述颇多的美国学者宇文所安《追忆》中的话来说："这里有一条回忆的链索，把此时的过去同彼时的、更遥远的过去连接在一起。"我们能够读出清人黄生读出过的感受："今昔盛衰之感，言外黯然欲绝。见风韵于行间，寓感慨于字里。"（《杜工部诗说》卷十）也会同意蘅塘退士在《唐诗三百首》卷八里的评价："世运之治乱，年华之盛衰，彼此之凄凉流落，俱在其中。少陵七绝，此为压卷。"我们还能体会到这首诗如何将"笔愈简而气愈壮，景愈少而意愈长"（《宣和画谱》卷十）、"含不尽之意见于言外"（《六一诗话》引梅尧臣语）这种"含蓄"的艺术手法用到极致。

再举可以类比的宋代的一例，王安石《泊船瓜洲》：

京口瓜洲一水间，钟山只隔数重山。
春风又绿江南岸，明月何时照我还。

我们都知其为名诗。名在何处？那还用说，名在第三句，名在第三句中的那个"绿"字，那可是人家王安石费尽心思才想出来的！宋人洪迈《容斋续笔》见过别人家藏的这首诗的草稿，这个字原先可不是"绿"字，先用的是"到"，圈去后改为"过"，又圈去改为"入"，再改为"满"，改了很多个字，最后到了"绿"就不改了，满意了。今天人们对这个字的追捧也多了去了，什么词性活用，什么使动用法，当然都不错。

问题是前两句怎么样。

京口，今江苏镇江，在长江南岸；瓜洲，在长江北岸，是古渡口（在邗江，今属江苏扬州），二地隔江相望；钟山，在南京，代指南京。南京在京口之西，两者相距不足百公里。

这样前两句不就成了画地图似的索然无味了？其实非也。

王安石17岁时随父定居江宁（今南京），19岁时父亲去世，葬于南京，43岁时母亲卒于京师，安石护其灵柩归葬南京，诗作于宋神宗熙宁元年（1068）春自知江宁府赴朝中任翰林学士时，时48岁。自17岁至此48岁，共31年。虽然他22岁中进士后辗转各地为官，如知鄞县，通判舒州（今安徽潜山），入京作三司度支判官等，但由上述可知，他与江宁有着不可割断的牵挂，尤其是父母葬地在此，其感情便可推想而知了。

了解了这些，就会发现诗歌前两句可能蕴含着比字面多得多也深得多的意蕴。居住了31年的故地，父母灵柩安置之所，第二句中何以提及钟山可以明矣。又由诗题可知诗作于瓜洲，抵瓜洲前，王安石在京口与金山寺僧宝觉会宿一夕（参其《赠宝觉序》）。如此，我们就可以明白第一句中何以提及京口、瓜洲了。

两句的言外之意是，人在瓜洲，再往北就离开江宁属地了，就真的离开友人，离开待了多年的故地，更离开父母灵柩所在地了！我们就可以理解全诗前二句蕴含着的，是对友人的怀想，对父母安息之地江宁的存念，而绝不是在无谓地画什么地图。

现在我们也可以理解，此诗的出色虽然离不开后二句，但绝不仅仅是后二句。前二句的深情委婉配上后二句对在强大自然主宰力映照下一身渺渺不得自主的感慨,隐约而又分明地告诉我们,作此诗时的王安石起身赴京,大任将降其身(次年任参知政事,推行变法,再次年即宰相位),意气不能说没有一些风发,但他清楚地知道他的前面是地雷阵和万丈深渊,他去了,带着的是多么复杂难言的情绪!总之,只会欣赏诗中的那个"绿"字,未免像对着一桌子的美味佳肴只知道尝鼎一脔,太不懂得享受了。

慧心读诗

除知人论世外,还得用一种慧心来读诗,因为诗是一种艺术,艺术是情感的结晶,也是智慧的产儿。不妨探究,但不能学究。

什么是慧心?就是审美的眼光与能力,对艺术规律的了解与把握,很难一言以蔽之,那么我们就来看看什么不是慧心吧。

王之涣的《凉州词》:

> 黄河远上白云间,一片孤城万仞山。
> 羌笛何须怨杨柳,春风不度玉门关。

此诗一题作《听玉门关吹笛》,也有学者认为王之涣可能到过玉门关(见傅璇琮先生《靳能所作王之涣墓志铭跋》),加之诗中末句又提及玉门关,就有人认为玉门关与黄河距离甚遥,在玉门关无法看见黄河,首句不合情理,应该依南宋计有功《唐诗纪事》卷二六作"黄沙直上白云间"。

这是不是有道理呢?没有。

一是没有艺术感受的能力，不知这样改动后诗的意境远不如改动前那样的雄浑阔远、情景相融，不够美了。恰如程千帆先生《论唐人边塞诗中地名的方位、距离及其类似问题》所说："这首诗中的地名，彼此的距离的确是非常辽远的，而当时祖国西北边塞荒寒之景，征戍战士怀乡之情，却正是由于这种壮阔无垠的艺术部署，才充分地被揭示出来。"二是不懂得艺术创作的特点。艺术创作不是作地理志。西晋人陆机《文赋》早说过："精骛八极，心游万仞"，"观古今于须臾，抚四海于一瞬"。德人歌德《歌德谈话录》也说过："在许多情况中，作家为了使他所要描写的现象更鲜明突出，甚至可以违反生活事件的原有次序，借以加强作品的普遍的真实性，获取更大的感动力。"鲁迅谈小说创作体会也说："人物的模特儿也一样，没有专用过一个人，往往嘴在浙江，脸在北京，衣服在山西，是一个拼凑起来的角色。"(《我怎样做起小说来》)三是即使从版本讲，同为盛唐而稍后一点的芮挺章《国秀集》卷下、薛用弱《集异记》都作"黄河"。

再举苏轼《惠崇春江晚景》：

竹外桃花三两枝，春江水暖鸭先知。
蒌蒿满地芦芽短，正是河豚欲上时。

诗作以想象赋予画面以生机，大化流行、各有条贯、万物一体、生生不息的和谐天趣与哲理情思非刻意道出，而是自然流露，实在妙不可言。

台北故宫博物院藏传惠崇《秋浦双鸳图》

孰料奇事惊人。清初一位大学者毛奇龄任清代翰林院检讨，是《明史》的纂修官，学识渊博，著述宏富，有《西河合集》400余卷，可不是一个小学者了。王士禛《居易录》卷二却记载了他的一件糗事，说他素不喜苏东坡诗，有一位朋友在旁边举出这首，心想这首总不能说不好了吧。您猜怎么着？"毛愤然曰：'鹅也先知，怎只说鸭？'"苏东坡要是听到他的这个酷评，一定会大呼"给跪了"！

想给跪了的岂止苏东坡一人，北宋的宋祁恐怕也得算一个。宋祁有一首名词《玉楼春》：

东城渐觉风光好。縠皱波纹迎客棹。绿杨烟外晓寒轻，红杏枝头春意闹。　　浮生长恨欢娱少。肯爱千金轻一笑。为君持酒劝斜阳，且向花间留晚照。

清初的大文人李渔于词中的"闹"字有自己的见解:"若红杏之在枝头,忽然加一闹字,此语殊难着解。争斗有声之谓闹,桃李争春则有之,红杏闹春,予实未之见也。闹字可用,则吵字、斗字、打字,皆可用矣……予谓闹字极粗极俗,且听不入耳,非但不可加于此句,并不当见之诗词。"(《窥词管见》)我们当然无意用这一例来将李渔的艺术水平全盘扫倒,但如果对照着王国维《人间词话》的评价:"红杏枝头春意闹,着一'闹'字而境界全出。"不免感慨,人跟人的差距怎么这么大呢?

白居易是另一个直接给跪了的人。他的《花非花》:

花非花,雾非雾。
夜半来,天明去。
来如春梦不多时,
去似朝云无觅处。

有人称之为较早的朦胧诗。好诗而朦胧的很多,很正常,朦胧一定是说不清道不明,也不必说清道明的。诗不会只因朦胧就好,但朦胧诗一定不会因明白而好。偏有人宣称,揭秘了,是谜语,谜底是——"霜"!

细心读诗

慧心之外,还有细心。为什么要细心?因为古人作诗常常是很用心也很细心的。《文心雕龙·隐秀》说:"呕心吐胆,不足语穷。煅岁炼年,奚能谕苦。"唐代贾岛作诗"二句三年得,一吟双泪流",为僧"推"月下门还是"敲"月下门踌躇不已。"吟安一个字,捻断数茎须。"(卢延让《苦吟》)不仅苦吟家,非苦吟家亦然。苏门四学士的张耒曾"见白公(白居易)诗草数纸,点窜涂之,及其成篇,殆与初作不侔"(《苕溪渔隐丛话》前集卷八)。不仅小家,大家亦然。杜甫就宣称"为人性僻耽佳句,语不惊人死不休"(《江上值水如海势聊短述》)。怎么才能语不惊人呢?改!所以他有诗句说:"颇学阴何苦用心","新诗改罢自长吟"(《解闷》十二首之七)。

因此之故,我们读诗,有时也要细读,得求甚解,不能囫囵吞枣,否则诗的好处不易尽显,辜负了古人投入在诗歌创作中的无限心血。

这里着重从关注异文的角度讲一下细心读诗的问题。

首先要强调,出现异文的情况复杂,有后世的误抄或误刻,也有作者本人生前的修改和选择。有人说,弄清作者用的到底是哪一个,或最早的版本用的是哪一个就行了。其实没这么简单。关于文本的历史还原问题难度很大,何况最早的不一定就是最可靠的,不要说宋本未必就可靠,就是作者的手迹,也难讲就一定是最可信的依据。更重要的是,最早的甚至手迹也未必就是最好的。

比如苏轼《前赤壁赋》那段充满哲理情思的漂亮的话的前几句:

> 客亦知夫水与月乎?逝者如斯,而未尝往也;盈虚者如彼,而卒莫消长也。

"盈虚者如彼",朱熹《朱子语类》卷一三〇中说曾见东坡手写本,"彼"作"代"。是的,"代"可当"更叠"

讲，于文意未必不通。但我以为"代"不如"彼"。"彼"与"斯"相对，前后的排比整饬而自然。朱熹看见的墨迹我们看不见了，难得真有一本墨迹留存下来，就在台北故宫博物院，上面用的可是"彼"，不作"代"。这说明什么？说明苏东坡两个字都用过。著作权是属于作者的，作者本来想怎么改就怎么改，想改多少次就改多少次。既然不能明确取舍，作为异文并存，就可以讨论哪个更好。利用异文，可以捕捉不少容易忽略的细微信息，是感受、理解诗文艺术的一条好渠道。

我们看贾岛的《剑客》：

十年磨一剑，霜刃未曾试。
今日把示君，谁为不平事？

末一句中的"为"字有一个版本作"有"，"谁有不平事"。哪个好呢？我们不妨潜心思索。

我个人很同意清人冯班的见解，以"为"字为优。冯班说："谁为不平，便须杀却，此方见侠烈之概。若作谁有不平，与人报仇，直卖身奴耳。"（卢文弨《题贾长江诗集后》引）真可谓一字之异，高下立判。就算"有"字是贾岛所用，"为"字是他人擅改，我也要说，改的人真足为贾岛的一字师。

再举前面举过的王安石的《泊船瓜洲》，上面说了，"春风又绿江南岸"一句，人们都津津乐道于"绿"字的出彩，却忽略了其中的一个异文，即"又"字又作"自"，而且都是见于宋本或宋人的记载，就是说宋时已两存。

那么哪个更好呢？吴小如先生《读书丛札》中说，作

"又"不过表达时光易逝,如此而已;而作"自"更耐人寻味。春风本应有情而偏无情,自绿江南岸,而不管诗人思归不得。春天回归有时,人的去留却不由自主,故发末句之叹。吴先生往往于细致入微的解诗中体现自己深湛的艺术眼识,这样的人当今不多了。

当然,细心的问题同时也是慧心的问题,慧心的问题未必不牵涉有情的问题,有情与有意又不是水火不容而是相互补充的问题。总之,诗词、诗文的欣赏说易好像不难,说难却真不容易。深者得其深,浅者得其浅,根本说来取决于欣赏者的性情襟抱、学识涵养。要想增强欣赏的能力,提升审美的眼光,又远远不是听一次所谓的讲座、了解几种"类型"就能办到的!

(《人民政协报》2014 年 4 月 21 日)

古典文学与精神史研究

文学是艺术的重要形式，是意识形态中的一种，是意识的产物，精神的活动。哲学上所讲的意识，既指一种精神的现象，也指精神生活的过程。马克思主义哲学告诉我们，意识这种精神现象的产生和这种精神生活过程的出现，是客观存在的主观反映，是对社会存在的反映。因此，我们过去侧重从与社会关系的角度去理解文学和研究文学，并没有可以厚非之处。但作为文学活动反映的对象的社会存在，其范围至为广阔，其内容至为丰富。它包括了人类所有的活动行为，活动主体——人自身的思想、精神和心理活动也就自然不在其外。因此，我们过去忽略从与作为文学创作主体的人的精神史的关系的角度去理解文学和研究文学，就有值得反省之处。

比如我们常讲杜诗是诗史，如果承认这个说法，它为历史学家提供的安史之乱前后的史料，却怎么也比不过《安禄事事迹》、新旧《唐书》、《资治通鉴》等。它作为史的价值不妨说正在于提供了那一时代知识分子的心路历程，它是一部安史之乱前后文人的精神史，其中贯穿的是情感的沉浮和心灵的震荡。如果从这个角度去研究，就会有不同的发现。

文学是意识的产物。从意识的拥有者来讲，又可分为个体意识和群体意识。个体意识是个人精神生活的反映，社会意识则是社会精神生活的反映。它们之间的关系是，个体意识通常具有特殊性、单一性，群体意识具有常规性、统一性；无数个体意识组成了社会群体意识，社会群体意识又影响乃至支配个体意识，以至于个体意识中往往体现、贯穿、渗透着那个时代乃至那个时代之前的时代留下的群体意识。

因此，古典文学与精神史研究可以考虑这几方面的问题。

首先，文学是个性化极强的一种精神活动，有必要从具体的个案入手，清理创作者个人的文学活动与其精神活动的关系。二者的基本关系是：作家精神活动的内涵大于广于他的文学活动，作家的文学活动受制约于他的精神活动，同时又成为他精神活动的重要组成部分。在个案研究中强调大作家、名作家的研究与中小作家组成的作家群研究的并重，并在这种个案研究中贯穿比较的意识，在比较中显示不同作家不同的精神活动影响其文学活动的不同结果，以及从不同作家不同的文学活动中体现出的不同的精神活动。

这里值得重视的是作家文学活动中创作与创作理论的关系。这种关系有时一致，有时矛盾，但不论一致还是矛盾，都可以成为窥探其精神活动的一个窗口。理论有时可以更直接地表现其精神活动的状况，但有时情况恰恰相反，容易掩盖这种状况。当然，掩盖也是一种暴露，只要我们不被它的掩盖所掩盖。

其次，中国古典文学史上既普遍地存在个性化极强的精神活动，又普遍存在"文变染乎世情"的历史规律。因此有必要从这个角度着手，进行两方面的探索。

一是一个时段/朝代/世纪/整个中国古典文学史上体现出来的民族精神史的总体探索。当然也有必要反过来，从民族精神史的角度总体研究一个时段/朝代/世纪/整个古典文学史。这种双向的研究既适用于个案研究，也适用于总体研究。

二是个人化的文学—精神活动与集体无意识—民族精神史

之间关系的探索。这种探索的复杂性体现在：

1. 有没有大体一致以至可以抽象归纳出的后者？是什么影响、支配、决定着它的形成？

2. 其中有没有个人的作用？什么样的个人在其中起什么样的作用？个人文学活动的成分又在其中占多少，居怎样的地位？

3. 常说"一代有一代之文学"，是不是与前者服从于后者有关，而"一代有一代文学之盛"，又与前者对后者的疏离有关（疏离导致差异，差异导致丰富，丰富导致"盛"）？那么是哪些人服从，哪些人疏离；如何服从，怎样疏离，服从与疏离的表现或者说结果是什么？

再次，与同样作为意识形态的其他门类如政治、法律、哲学、宗教相比，艺术是最直接作用于人感官的一个门类，那么感官的刺激与人类精神活动之间的关系如何？与作用于人的理智、思想的其他门类有何不同？文学是以语言文字为媒介的艺术，是艺术的一个重要分支，有什么特殊性？它不同于视觉艺术、听觉艺术，却似乎兼有二者之长，有为二者所不及的地方——钱锺书的《读拉奥孔》对这些地方有丰富的论述。那么这些不同的地方即特殊性是不是导致了它与其他艺术门类乃至其他意识形态门类在与民族精神史相联系的过程中的种种不同表现？是什么样的不同表现？

文学史与精神史的研究是一个大题目，需要更多史料的全面掌握，需要中外文学与文化理论的基础，需要多学科知识的综合运用，这里不过提出一个粗浅的想法而已。

(《湖南社会科学》2001 年第 4 期)

大数据时代的古典文学研究

一

20世纪60年代，电脑就被西方国家运用于人文学科研究，称为"人文计算"。美、英、法、德等国利用大数据技术研究文学开展早、影响大，相继成立了国家级项目组或研究中心，致力于《圣经》、莎士比亚戏剧、法国中世纪诗歌等多语种文学经典的内容分析，产生了一批引人注目的理论著述与应用成果。

进入新世纪，一些研究机构以及企业开始对书籍进行大规模数据化。谷歌与哈佛大学共同研发的数据库可对1600年至2000年间出版的500多万册书籍的单词和短语的使用频率进行统计，通过语料库中关键词使用频率的变化，可从崭新的视角揭示500年来人类文化发展史的总体趋势。伴随人工智能技术的进步，机器的深度学习在经典文本分析方面展现了惊人效率。《布谷鸟的呼唤》原是《哈利·波特》的作者J. K.罗琳于2013年匿名发表的小说。牛津大学的Peter Millican和杜肯大学的Patrick Juola运用法律语言学的分析方法对比分析，推测它很可能是罗琳的新作，最后，罗琳承认这部小说确出己手。

国内在20世纪80年代也出现了"人文计算应用"的概念，一些学者开始致力于运用电脑技术研究人文课题。早期对古典文学尤其诗词的研究多为计算机或统计专业的学者。1987年，复旦大学统计学教授李贤平结合计算机科学领域的模式识别方法和统计学领域的探索性数据分析方法，否定了自胡适以来红学界流行的对《红楼梦》成书的论断，在国内外红学界引起了较大反响。厦门大学周昌乐教授课题组针对宋词风格"豪放与婉约"的分类问题，研创了基于字和词为特征的风格分类模型、基于频繁共现字的诗歌风格判定方法以及基于词和语义为特征的风格分类模型。首都师范大学尹小林教授最早研发了"《全唐诗》检索系统"，北京大学李铎教授也研发了"《全宋诗》分析系统""《全唐诗》分析系统""《资治通鉴》分析系统"等。北京大学杜晓勤教授研发的"中国古典诗文声律分析系统"首次实现对中国古典诗歌及有关韵文进行批量四声自动标注和八病标识、数据统计功能，不仅有助于研究永明体诗歌的声病情况，还可考察永明诗律向近体诗律演变的环节和过程。中南民族大学王兆鹏教授是较早采用量化分析研究古代文学经典的专家，他先后主持了"中国古代诗歌史的计量分析""20世纪唐五代文学研究论著目录检索系统与定量分析"等多个项目，尤其唐宋诗词名篇的定量分析（排行榜）及国家社科基金重大项目"唐宋文学编年系地信息平台"引发了社会的普遍关注。

郑永晓先生数年前已经呼吁古典文学研究从数字化向数据化的转变。基于大数据技术对古代文学经典文本进行高效和深度分析，可将文学研究纳入到一个更宏观的视野，提高研究结论的精准性、稳定性及可验证性，促生新的研究理念、方法与范式。但总体来看，古典文学研究领域目前还基本处在古籍数字化、数字化检索和少数专题数据平台建设阶段。

二

现阶段数字人文研究的主要技术方法，包括机器学习与人工智能、数据库建设、计算语言学、社会网络与地理信息系统、数据与文本挖掘等几方面。这些技术方法可分别用于古典诗歌分析系统的尝试、作家生平事迹研究、古典小说研究、文本与人物研究、文体与文论研究，涵盖了古典文学研究的主要方面。

基于这样的理解，我们拟以先秦至明清品类纷繁的古代文学经典文本为中心，利用计算机、统计学、信息科学等学科的新兴技术手段，形成如下图所示的研究结构：

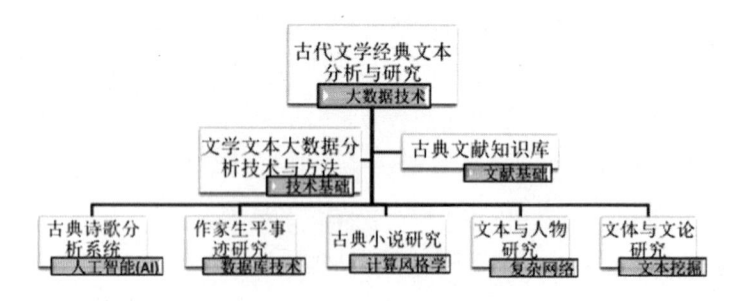

```
            古代文学经典文本
              分析与研究
                大数据技术
                    │
      ┌─────────────┴─────────────┐
  文学文本大数据分           古典文献知识库
   析技术与方法              文献基础
     技术基础
        │
  ┌─────┬─────┬─────┬─────┐
古典诗歌分  作家生平事  古典小说研究  文本与人物  文体与文论
析系统      迹研究                   研究        研究
人工智能(AI) 数据库技术  计算风格学   复杂网络    文本挖掘
```

研究的流程是文学专家提出问题—技术专家设计算法模型—借助知识库或数据库等平台进行文本分析—文学专家对分析结果进行解析和研究。数据库建设、技术创新运用与文本研究三位一体。数据库是基础，文本分析技术是关键，最终要落实到发掘依靠阅读经验难以发现的文本组织特征及相互关系，通过定量统计、定性分析，解决古典文学研究领域长期存在的疑而难决的作品归属、作品辨伪、异文辨析、修辞特色、风格生成、题材变迁、因革影响等方面的问题，期望在以下诸方向有所推进：

1. 重新验证已有成说的经典史论问题。比如，提出"文必秦汉，诗必盛唐"的明代前后七子为代表的文人群体，其诗文创作是否落实和如何落实其文学创作的主张？利用共词分析、语义分析、人物事件交杂等技术思路，尝试全新分析和解决诸如文体形式、社团流派、人物关系、情节演进、阶段特征、历史影响等问题。

2. 解决人力难以彻底解决的疑难问题，为作品归属、重出异文、改编续写、风格流派、文类划分等提供新的证据、思路与方法。如唐宋诗"体格性分之殊"的判断、诗词曲三种相近文类格律、用韵、题材、语词、典故、句法、意象、风格的穷尽性统计，为定性分析提供数据支撑，提高研究结论的精确性、稳定性及可验证性。

3. 超越主观感受与印象分析层面，科学梳理文学史长时段中存在的特征、规律、关联性问题。比如陆游诗近万首，词自中唐产生而历经各代，他或它们的题材、修辞、风格变化轨迹究竟如何，数者之间的关系怎样？通过对一个作家或一类作品的"深度学习"（计算机科学技术术语），发挥其文本比对、关联分析等技术优势，追踪挖掘以往不曾注意到的迹象或线索，以期提高文学经典研究的可靠性与科学性。

三

利用大数据技术研究中国古代文学，对于学术发展和学科建设的意义是明显的，特别体现在研究范式与思维方式的革新。

傅斯年认为，"凡一种学问能扩张他所研究的材料便进步，不能的便退步"。大数据技术可以实现相关研究史料的全覆盖，是对以往研究资料的极大扩充。目前研究中普遍存在的检索依赖会造成史料的类型遮蔽，特别是反证材料的遮蔽。检索依赖也会导致对史料的解读脱离历史语境，无数孤零零的没有历史气息的材料断片的组合，无法反映真实的历史场域中的问题。文学研究者接受的信息如果是非全息的，文史研究的科学性和有效性必然是值得怀疑的。全数据分析模式抛弃了随机性的样本研究模式，让研究者具有"上帝视角"，重视对事情整体系统的感知，又强调基于全数据的细节化，提高认知的精确度，是一种理想的学术研究模式。

传统的文献材料彼此间基本上呈现出相对明显的线性关系，可以找得到前因后果，进而形成相对完整和自洽的因果链。大数据时代面对的只是具有相关性的海量数据，几乎不可能找到每个数据的微观因果链，如果坚持因果路径，将陷入无穷无尽的因果关系之中而茫然无措。因此，大数据时代不必非得知道现象背后的原因，而是让数据自己发声。对思想、情感和艺术为主体的古典文学学科而言，强调差异性、变异性和独特性的相关性分析方法比因果性分析方法可能具有更强的裁断力。

大数据技术的兴起，使数据采集、存储和处理极大地智能化、自动化。我们可以使用海量数据来实现复杂现象的数据刻画和说明。"全数据模式"将与问题相关的数据一网打尽，最大程度地摆脱客观条件局限造成的以局部论全部，问题可以得到更系统、更全面、更整体的刻画，从而得到更精确、更彻底的解决。这是一种数据化带来的严格意义上的整体论，将使思维方式从还原性思维走向整体性思维。

历史与逻辑、事实与价值的统一是人文社科研究的基本方法，大数据时代的研究尊重全体材料、重视量化分析和兼顾所有关系，这将有助于促进人文学科的研究由"解释性"向"求是性"转向。随着人的思想、情感、心理的数据化，人文学科的研究对象也能够实现数据化，可以通过数据挖掘、数据分析和数据建模来进行研究，这样人文学科也就由以往被认作非科学的学科跻身于科学成员的大家庭中，进而发展出人文科学。

总之，大数据思维为人文社科研究的变革与创新带来了千载难逢的历史机遇，正如美国康奈尔大学通信与信息科学专业教授杰弗里·汉考克（Jeffrey T. Hancock）所说："这是社科研究的一个全新时代，就好比显微镜的诞生对化学科学发展所起到的促进作用。"（《纽约时报》2014年8月13日）

需要指出的是，古典文学研究中新技术手段的应用需要充分依靠计算机科学和统计学的专业技术，在古典文学领域尚缺乏此类专业技术力量的今天，必然会促进学术研究人力资源的整合，倒逼跨学科合作研究的开展。但文学性问题的提出和分析处理不可能完全交给机器，也就不可能完全交给技术专家。相反，从问题的设置到语料的选取再到分析结果的解读、意义的阐释、体系的建构等，都将由古代文学和文献学相关领域高水平的专家学者完成。

（《光明日报》2018年10月15日）

陆游的书法

一

"六十年间万首诗"(《小饮梅花下作》),"四海诗名老放翁"(宋楼钥《谢陆伯业通判淮西小稿》)。独享高寿的陆游,诗作既多,声名复著。他一生成就的其他方面,如散文、史学、书法等,其光芒便或多或少地被遮掩住了。

关于陆游的书法,清人赵翼就表达过这样的观点:

> 放翁不以书名,而草书实横绝一时。其《自题醉中所作草书》云:"酒为旗鼓笔刀槊,势从天落银河倾。"《醉中作草书》云:"醉草今年颇入微,卷翻狂墨瘦蛟飞。"《睡起作帖数行》云:"古来翰墨事,著意更可鄙。跌宕三十年,一日造此理。不知笔在手,而况字落纸!三叫投纱巾,作歌志吾喜。"……是放翁于草书,工力几于出神入化。惜今不传,且无有能知其善书者,盖为诗名所掩也。(《瓯北诗话》卷六)

诚如赵翼所说,陆游草书横绝一时。其集中自咏作草书的诗作不一而足,其作书时的环境气氛、神态意绪乃至行为动作,毕现于笔底,如"纸欲穷时瘦蛟举,已看雷雨跨苍茫"(《杂兴十首》之六)、"纵酒长鲸渴吞海,草书瘦蔓饱经霜"(《夜饮示坐中》)、"手挹冻醪秋露重,卷翻狂墨瘦蛟飞"(《醉中草书因戏作此诗》)之类,足可证其对草书艺术的深刻感受。其诗中还有"小儿劝我当自珍,勿为门生书棐几"(《草书歌》)、

"一朝此翁死，千金求不得"（《四日夜鸡未鸣起作》）的诗句，又可从中探知陆游及其家人对其书法的自重。

赵翼说陆放翁书名"盖为诗名所掩"，也十分正确。陆游《学书》有云："九月十九柿叶红，闭门学书人笑翁。世间谁许一钱直，窗底自用十年功……即今讥评何足道，后五百年言自公。"透露出在其生前，世人对其书法即存在不同看法的消息。直到今日，仍有"放翁书法，实非至工"之论（钱锺书语，见《谈艺录》第35节）。当然，推许其书法成就的人，自其同时起也络绎不绝。如朱熹称："务观别纸，笔札精妙，意致高远。"（《跋周元翁帖》）宋末董更则以"书迹飘逸，可以传玩"（《书录》卷下）八字赞其书。清末民初的大学者和大书家沈曾植，将陆游书法与范成大、朱熹和张即之并列为"南宋四家"，称其为"有宗法，有变化，可以继往开来者"（见《海日楼札丛》卷八"淳熙书家"条），评价更不可谓不高。

不过，赵翼说放翁草书"惜今不传"，并不准确。虽然今存陆游书法作品中较多的是其"斜行小草密复疏，墨君秀润瘦不枯"（《成都行》）的"小草"或曰行草，如《清秋帖》《野处帖》《怀成都诗卷》等，亦不乏精美绝伦的狂草作品。中国国家博物馆藏宋拓《姑孰帖》中即收有陆游的《纸阁帖》狂草一件，醉墨挥洒，笔迹顿挫，显示其乘兴弄翰而回旋有度的创作风貌。有人评价此书"矜持有余而狂态不足，稍一颠放亦不免怪诞失势"（曹宝麟《中国书法史·宋辽金卷》第七章第一节），是区区所不敢苟同的。

陆游今存书法作品的代表作，首推其墨迹长卷《自书诗》。其书体介于行、草之间，更能反映陆游书法的至高成就,下面即主要就此作品略陈管见。

二

宋钦宗靖康元年(1126),建国不过十年的金朝军队攻陷北宋首都开封,父亲带着降生仅一岁多的陆游和全家仓皇南奔故乡山阴(今浙江绍兴)。数年之间,又辗转他处以避寇乱。"我生学步逢丧乱"(《三山杜门作歌》),"儿时万死避胡兵"(《戏遣老怀五首》之三),这段少年经历对陆游一生的影响至为重要,不仅终生不渝的"扫胡尘""清旧京"的抱负植根于这个时期,其刚毅豪纵性格的养成与这段经历也未尝没有关系。

"一身报国有万死,双鬓向人无再青。"(《夜泊水村》)陆游作有许多抒发雪耻救国的决心和壮志难酬的愤懑的诗篇,大声鞺鞳、勃郁沉雄,最为激荡人心。但他的诗集中远不限于这类作品。"六十年间万首诗"(《小饮梅花下作》),在陆游的眼里"处处有诗材"(《舟中作》),"一草一木,一鱼一鸟,无不裁剪入诗"(赵翼《瓯北诗话》卷六),因而其诗作的内容和艺术风格均极丰富多彩。

宋宁宗嘉泰三年(1203)秋冬之季,陆游在家乡山阴写下不少反映村居生活的诗歌,其中八篇,分别题为《记东村父老言》《访隐者不遇》《游近村》《癸亥初冬作》《美睡》《渡头》《杂书》(二首)。这时的陆游已是79岁的耄耋老人,虽然壮怀犹在,素志不渝,但远离朝政,年光将尽,内心的情感渐臻平淡,作品的内容也更加生活化和多样化。

诗中感叹"开岁忽八十,古来应更稀。我存人尽死,今是昨皆非",对"走遍世间无着处,闭门锄菜伴园丁"的生活隐然不满，但"老来胸次扫峥嵘"，虽然"布衾如铁冷"，也可"鼻息自雷鸣"，甘愿或不甘愿地过着放生和施药之类寻常人的生活。他"身杂老农间"（《晚秋农家》其五），与乡亲交往日频，感情愈浓，欣然给他们讲授《孝经》；他独自携杖往寻镜湖稽山的隐士，期望能与其"小住共一樽"；他身体依然强健，出游附近村庄，"度堑穿林脚愈轻，凭高望远眼犹明"；他描绘渡口的美好景色："苍桧丹枫古渡头，小桥横处系孤舟。范宽只恐今犹在，写出山阴一片秋。"将家乡的风景指名道姓地比成某一名画家的画作，比常言泛谓的"江山如画"更饶趣味。

宋人罗大经称陆游诗作"晚年和平粹美，有中原承平时气象"（《鹤林玉露》卷四），明末清初孙承泽称这八首"诗句冲淡，全无烟火色相"（《庚子销夏记》卷一），尚只看到了一面，而忽略了其中的芒角一露。清人梁清远所谓"村居景况，一一写尽"，"但时有抑郁不平之气"（《藤亭漫抄》，《雕丘杂录》卷二），才是对此类作品更准确的把握。

三

书法是陆游诗歌之外的另一个艺术世界。陆游一生钟爱书法，笔不停挥，直到去世前一年，还在"数行晋帖闲临"（《感事六言八首》之六）。他在书法诸体中尤喜行、草，传世作品亦以二体为最多和最出色。他书法创作的动机，在诗中有很好的自述，那就是"醉帖淋漓寄豪举"（《醉中作行草数纸》），"平生江湖心，聊寄笔砚中"（《暇日弄笔戏书》其二），这与他诗歌创作的寄情抒慨是初无二致的。他的诗集中有十几首咏及醉后作草的诗歌。他交代自己书法创作的取径是:"草书学张颠（唐人张旭），行书学杨风（五代人杨凝式）。"（《暇日弄笔戏书》其二）但观其存世墨迹可知，他于羲、献父子及怀素、苏轼、黄庭坚等前贤书法，无不博观约取，而又出以己意，成就一家书风。

宋宁宗嘉泰四年（1204）正月间，陆游用友人所赠猩猩毛笔，乘兴挥毫，将前述八篇诗作一气写出，付与五七郎。杨仁恺《国宝沉浮录》第五章谓："五七郎究为何人，不得而知。"孔凡礼谓为陆游第七子子遹（见《陆游集》后附《陆游佚著辑存》）。这就是书法史上的煊赫名迹《自书诗卷》。

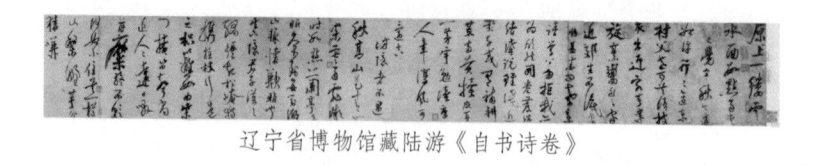

辽宁省博物馆藏陆游《自书诗卷》

《自书诗卷》纸本长卷，行草书，纵31厘米，横701.5厘米，连款识共95行，460余字。卷中钤孙承泽"北海孙氏珍藏书画印"、王揆"太原王揆藻儒父章"、许安国"拙修堂"等印，及乾隆、嘉庆、宣统内府鉴藏印，卷后有元郭天锡、俞庸、程郁，明陈琏、沈周等跋尾，从中大略可知其流传过程。此卷曾为明末清初鉴藏名家孙承泽所有，并著录于所著《庚子销夏记》卷一。后归入清内府，著录于《石渠宝笈》卷二十九。20世纪20年代随溥仪出宫。今辗转归辽宁省博物馆收藏。

陆游内充浩然之气，外具强健的体魄。81岁时作诗道：

"已迫九龄身愈健,熟观万卷眼犹明。"(《戏遣老怀五首》之三)82岁作诗道:"老子山行肯遽回,直穿荦确上崔嵬。未夸脚力如平昔,且喜眉头得暂开。"(《自九里平水至云门陶山历龙瑞禹祠而归凡四日八首》之四)最终以86岁的高龄弃世。因此此卷虽为其年届八十时所书,却能够精气沛然,贯注首尾,略无衰飒之象,用前人的评语来说,就是"时年八十矣,书法劲逸,老年不衰如此"(清孙承泽《庚子销夏记》卷一)。

此卷书写的内容虽不属"豪举",其书体亦不能归于"狂草"一类,从艺术风格看却大笔濡染,"醉帖淋漓",与"豪举"的精神实质息息相通。陆游《题醉中所作草书卷后》诗曰:"胸中磊落藏五兵,欲试无路空峥嵘。酒为旗鼓笔刀槊,势从天落银河倾。"《醉中作行草数纸》又有"堂堂笔阵从天下"之语。陆游早年曾读兵书、练剑术,48岁时还亲在抗金前线南郑(今陕西汉中)一带身着戎装、拥马横戈。从作书到用兵,以笔阵为兵阵,他完全将书法当成抒发恢复中原、建功立业的"豪举"的另一载体。而这卷《自书诗》长卷,则正可看作其"酒为旗鼓笔刀槊"的一个范本。

全篇点画遒劲,结体欹侧,章法腾挪,笔势飞动,确如陆游对自己草书的形容:"老蔓缠松饱霜雪"(《学书》),"大舸破浪驰风樯"(《醉后草书歌诗戏作》)。静观墨迹,作者"今朝醉眼烂岩电,提笔四顾天地窄。忽然挥扫不自知,风云入怀天借力"(《草书歌》)的风采宛在目前,其干霄之志、盘郁之气,跃然纸上。清人姚范曾评陆诗云:"兴会飙举,词气踔厉,使人读之,发扬矜奋,起痿兴痹矣。"(《援鹑堂笔记》卷四十)今观此卷,亦正使人产生相同的感受。

清人刘熙载在《艺概·书概》中提出著名的"书如其人"说："书，如也，如其学，如其才，如其志，总之曰，如其人而已。"学指学识，才指才气，志兼指志向与性情。今观陆游书法，益信其言之不谬。

四

由于艺术性与实用性的天然结合，书法理所当然地成为中国艺术中参与人数最多的一门艺术。只是因为保存条件和传播方式的局限，古代作品流传至今的不过九牛一毛。即便如此，由于欣赏视野和研究格局的狭隘，还有大量书家和他们的作品未能为人熟知。陆游的一些作品，如这卷《自书诗》，早在20世纪60年代初就有影印本问世，但他的书法迄今并未得到足够的重视，前引钱锺书语即可为一例。清乾嘉间赵翼、清末民初叶昌炽等人都说陆游的书名是为诗名所掩（分见《瓯北诗话》卷六、《语石》卷七）。陆游的诗名固然太盛，但其书名之不彰，又怎么能够尽诿过于其诗名呢？

通常认为，晋书尚韵，唐书尚法，宋书尚意。在尚意的宋代书法形成过程中，陆游应该是占有一席地位的。希望关注文学的人们能关注陆游的书法，关注书法的人们更能深入研究陆游书法的艺术理论与创作成就。

(《文史知识》2005年11期）

赵孟頫书法

中国的书法艺术,到南宋形成了一个相对低落的时期,经过这一短暂的低落时期,紧接着在元代便出现了重新高涨的趋势。这一高涨趋势的出现,与一位书法巨匠的崛起有着密切的关系。这位书法巨匠就是赵孟頫。

赵孟頫(1254—1322),字子昂,号松雪道人,祖籍浙江湖州。他是宋太祖赵匡胤的后代,宋亡后,进入元朝做了大官,因此受到许多人的非议。其实,他做官期间,能够为人民着想,不怕权贵的恐吓,敢于当面向皇帝提意见,可以说是保持了一位正直书生的本色的。史书上记载他从小就非常聪明,读书过目成诵,写文章也是提笔便成。还说他因为才气横溢,神采英发,曾被元世祖忽必烈誉为"神仙中人",他不但精于书法和绘画,还长于作诗词、写文章,对音乐也很精通。当然,他的书法和绘画是最为著名的,在书法艺术上,他领导了当时书法振兴的潮流,从元至今七百年的书坛上,他的影响很大,地位是不可低估的。

赵孟頫的成就是建立在广泛学习前人的基础上的。他竭力主张以复古开新,有差不多十年的时间,足不出户,一心苦练,不论真书、草书、行书,还是隶书、篆书,凡是前代优秀的书家,几乎无所不学。他的篆书是学的《石鼓文》,隶书学三国时代的钟繇和梁鹄,行草书师法"二王"(王羲之和儿子王献之),对唐代名家如徐浩、陆柬之、颜真卿等,他也很推崇。年轻时,他还临过宋高宗赵构的字以及隋代智永的《千字文》。在这些人当中,他最倾心和最致力的是二王这一系统。对二王的字,他下的功夫最深,受到的影响也最大。他以晋唐为自己书法的渊源,博学众家,为自己打下了书法艺术的深厚功底。但是赵孟頫的贡献还不在这里,宋代大书法家黄庭坚曾说:"随人学人成旧人,自成一家始逼真。"(《论写字法》)一位书法家成就的标志,不在他临学前人的多少,而在于他能否创立自己独行鲜明的风格。赵孟頫之所以称得上一代艺术巨匠,就是因为他能拓展众家,创立了与众不同的"赵字",为我国书艺宝库添加了一颗灿烂的明珠。

赵字的风格特征是什么呢?我们知道,书法不外乎结体和用笔这两方面。书法风格特征主要就是结体和用笔的特征。在结体方面,晋人是用理,唐人是用法。用理是指随心所欲而不越规矩,用法是遵守一定的法度格式。而赵孟頫则是用唐人的法,加上晋人的理,再参入自己的意趣,使得其字结构谨严,丰伟秀拔,点画荡漾,回互成趣。在用笔方面,赵字的特点是圆润匀净,而圆中有方;骨肉停匀,而肉中带骨;流美疾速,而疾中有涩。方圆、疾涩、骨肉的分寸都掌握得非常得体,他的作品,有的体势紧密如草书《烟江叠嶂诗》,有的冲融大雅如楷书《妙严寺记》,有的体高气逸如行书《洛神赋》,有的精致妍丽如小楷《过秦论》,还有《纨扇赋》的潇洒隽永等,风格是丰富多样的,但不论何体,都给人一种翩翩饶韵、飘飘欲仙的感觉。欣赏着这些佳作,就像欣赏着娴静天真的青春少女,在阳光明媚的春天里拈花斗草那样轻盈,那样舒畅,那样令人神往。

天津博物馆藏赵孟頫行书《洛神赋》

赵字的总体特色是中庸疏澹，平和自然。它的疏澹是精能之至，而反归于疏澹；它的自然是用心之极，而重新达到自然。"既雕既琢，复归于朴"，没有极高的艺术造诣，是很难办到的。同时，这也与他的艺术审美趣味有关。他的绘画，安闲深着，练达开阔；他的诗文，飘飘出尘，清逸奇逸，与他书法的风格是相容的，统一的。这就不仅是技法的问题，而是有比技法更为重要的艺术修养和审美旨趣的原因。

当然，赵孟頫的书法也并非没有不足之处。他的字，潇洒有余而沉雄不足，使人觉着缺乏气势，熟而不生，便难以让人寻味无穷。不过，赵字中这样的毛病毕竟瑕不掩瑜。

正如苏东坡所说："诗不求工字不奇，天真烂漫是吾师。"（董其昌《画禅师随笔》卷四引）初学书法，重要的是规规矩矩，踏踏实实，不求险怪，方是正道。而赵字在这方面为我们树立了绝好的榜样。赵字谨于结构、严于法度，又平易近人，易于学习。不过应该注意，既然赵字是融汇了前代众家后的创新，我们学赵，就不能把眼光局限在一家身上，而要学习他所效法的各家书体，尤其是二王的书法，这样才有可能发展、创新。

（《书法教与学》1986年7月）

徐无闻先生临《书谱》

我国书法史上理论、创作双臻一流的书法家并不算少，但初唐时期的孙过庭是相当特殊的一位。孤篇传世，既是理论名著同时也是煊赫名帖，如果说在书法史上绝无仅有，恐怕不为过分。需要说明的是，现存的文字其实只是孙过庭拟作的《书谱》的序，只是长期以来人们已经习惯省掉这个"序"字了。

虽然只是一篇序，《书谱》探究书法艺术美学，阐述各种书体特点，品评不同书家书法，总结书法创作方法，论多精宏，器识卓越。比如提出"盖有学而不能者，未有不学而能者""凛之以风神，温之以妍润，鼓之以枯劲，和之以闲雅""初学分布，但求平正，既知平正，务追险绝""心不厌精，手不忘熟""篆尚婉而通，隶欲精而密，草贵流而畅，章务检而便"以及"五合""五乖"等理论和方法，均极精妙。文章用骈文写成，一些段落，像"观夫悬针垂露之异，奔雷坠石之奇，鸿飞兽骇之资，鸾舞蛇惊之态，绝岸颓峰之势，临危据槁之形。或重若崩云，或轻如蝉翼。导之则泉注，顿之则山安"，文采斐然，久为人所传诵。

《书谱》的书法艺术，从唐代开始就受到高度关注。后世普遍认为孙过庭书宗二王，凡唐草得二王法者，无出其右。虽然存世墨迹可靠者只有今藏台北故宫博物院的此件，所幸是一件"潇洒流落，翰逸神飞"的铭心绝品，集中了此前草书艺术的所有精华，我们可以从用笔、结构、章法、精神气韵多个层面综合观之。

徐无闻先生是当代书艺最为全面的书法家，学涉多科，书工各体，尤以风华绝代的徐氏玉箸和中山王称雄于世。他的行、楷和隶书，或流丽，或清新，或飘逸，都具有显著的个人风格，深得时人喜爱。他的草书同样极具功力，较其他诸体所作虽略少，然每作必为精品。他曾自治"行云流水"一印专用于所作草书，可见他对草书的偏爱。

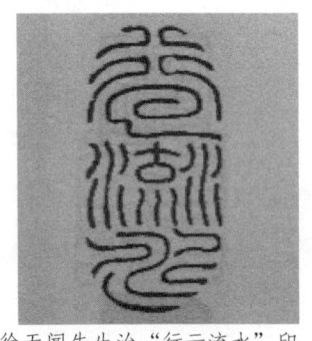

徐无闻先生治"行云流水"印　　徐无闻先生治"挹羲献之前规"印

徐先生对《书谱》素所喜好，曾撰文介绍当代著名画家冯建吴先生的书画，篇名"通会之际，人书俱老"即取自《书谱》。他所治之印亦多有出自《书谱》者，如"古不乖时，今不同弊""人书俱老""有乖入木之术""挹羲献之前规"等。"挹羲献之前规"，正可借以说明徐先生草书之取法，上溯二王，下及宗法二王的孙过庭。他于《书谱》反复研究，多所临写，今次所印出者，即是其一。

孙过庭反对鼓努为力、过于乖张，但又重视情动形言、取会风骚，故其书虽不失不激不厉、风规自远的古典美，却更具跌宕欹侧、神采焕发的抒情性。徐先生的临本充分领会了原

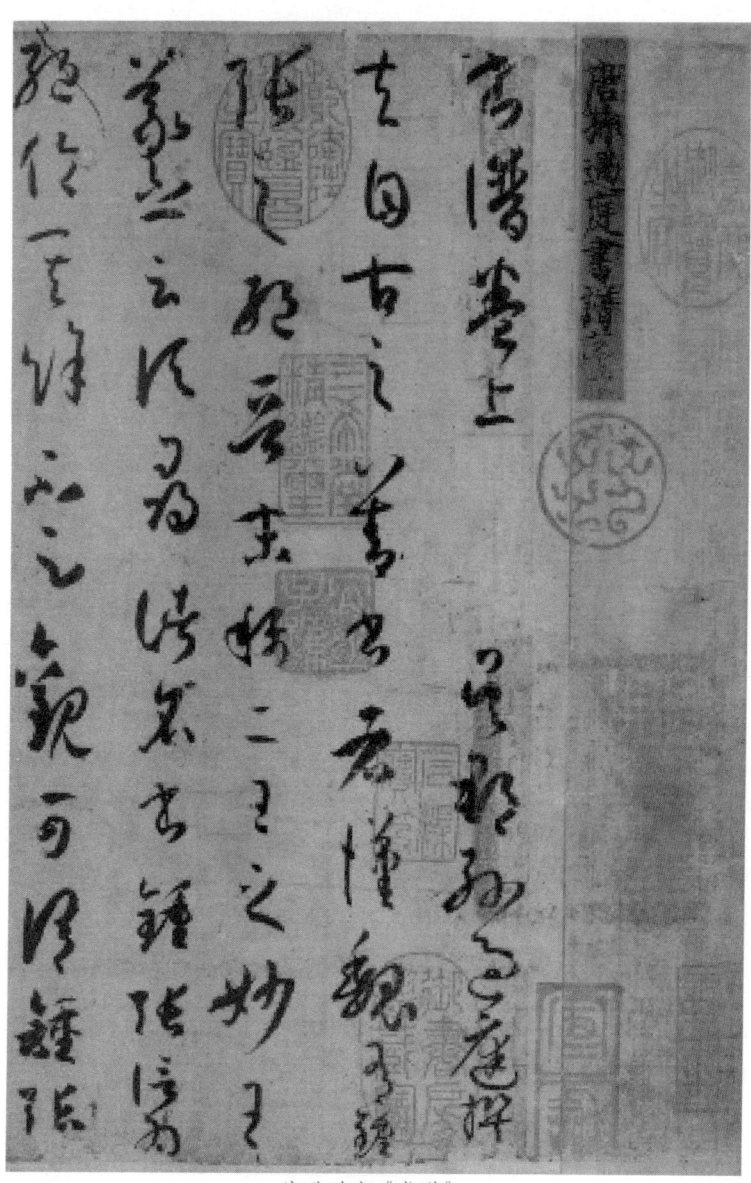

唐孙过庭《书谱》

徐无闻先生临《书谱》

作的书写旨趣,将临本与原作对照,二者恰如唐临晋本,明翻宋刻,气息十分接近,知临者不仅对原作结构特征和运笔方式烂熟于心,而且对原作的精神气质有精准把握。但仔细比勘,临本又不斤斤计较于点画结构的充分相似,一定程度上笔随势落,自然天成,这就大大消弭了临帖所易具有的太似则拘、不似则欺的矛盾。

决定书法面貌的基础是一字之结构和全篇之章法,基础深牢则楼得高立,然而书法高楼的美饰却多凭笔法。笔法分一笔之运和多笔之运,一笔之运称使,多笔之运称转。二者在运用过程中当然是合为一体,随时转换,密不可分,故有"使转"

一语。孙过庭在这方面可称知行双修、心手相应的顶尖高手。《书谱》中特别强调草书的使转，提出"草以点画为情性，使转为形质。草乖使转，不能成字"的见解和"带燥方润，将浓遂枯""乍显乍晦，若行若藏""纵横牵掣""钩镮盘纡"等技法，均——反映在其《书谱》的书写实践当中。他是二王之后，张旭、怀素的新体草书产生之前，最善运用"使转"的一位书家，相较于二王和后来高手，皆不遑多让。

徐无闻先生本是具有一流水平的书法大家，对《书谱》的理解和把握又相当深透，因此临本充分传达了原作使转的关捩，而又适度加强了"迟留"和"劲速"关系的处理，在行笔的转折呼应上交代得更加清晰。临本用沉静与振荡之笔的交替运用把控节奏，突出了原作书写过程中情绪随文意变化的特征，提示中国书法技法的运用和风格的研成，与书写内容之间存在着相当程度的关联性。

对于名家而言，临帖既是一生勤学不懈的证明，又是一种特殊的书法创作。此件临本，是我们学习徐无闻先生临帖艺术和草书艺术的珍贵资料，也是我们进入孙过庭《书谱》原作、赏会其奥窔的一道津梁。

徐无闻先生临《书谱》是四川美术出版社即将出版的《跟大家学书法——徐无闻临帖》十种中的一种，我们有理由相信，这套丛书的出版，将给书法研习者带来许多收获。

（《中华读书报》2020年9月9日）

说"弖"字

日前得见《中国书法》2002 年第 1 期，拜读刘正成先生《海外新出苏轼墨迹二种考辨》，很受教益。唯文中释康南海跋方干诗一段，"此囗写方干诗"一句，空字谛视墨迹乃"弖"字，"弖"亦写作"弓"，即"卷"字也。

海外藏康有为跋传苏轼书唐人方干诗

此字不常用，素号难识。早有北宋末黄伯思云：

> 小宋《太一宫诗》："瑞木千寻竦，仙图几弔开。"注云："真诰谓一卷为'一弔'。"殊不知《真诰》所谓"弖"即"卷"字，盖从省文，《真诰》音亦尔，非"弔"字也。碧虚子陈景元据《真诰》，以此字即"篇"字，盖亦误云。（《东观余论》卷上《论弖字》）

黄伯思于己书中偶用此字，如卷下《跋何水曹集后》：

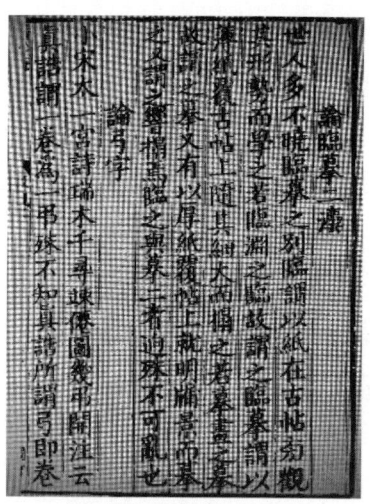

宋刻黄伯思《东观余论》

《隋经籍志》《唐艺文志》，逊（何逊，南朝齐梁间诗人，曾任水曹行参军）集皆八弓。晋天福本但有诗两弓，今世传本是也。独春明宋氏有旧本八弓，特完，因借传之。

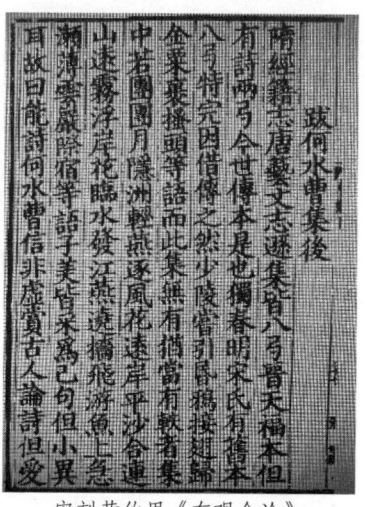

宋刻黄伯思《东观余论》

此后南宋孙奕《履斋示儿编》卷二十一"字说·集字一"中具引上述黄氏语。另如元末明初陶宗仪《南村辍耕录》卷二:"'弓'即'卷'字,《真诰》中谓一卷为'一弓'。或以为'吊'字及'篇'字者,皆非。"清钱大昕《十驾斋养新录》卷四"䨿"条:"道书以一卷为'一弓'。"章学诚《文史通义·内篇·篇卷》:"道书称'弓',即'卷'之别名也。"以上观点,似皆本黄氏之说耳。

然此字固非仅见道书。北魏《郑羲下碑》:"遂乘闲述作,注诸经论,撰《话林》数弓。"陶宗仪所编《说郛》宛委山堂本,皇皇一百二十卷,均以"弓"字标目。又曹雪芹祖父曹寅《和同人东村招饮见怀》之一:"久别字成弓,一分春到家。"(《楝亭诗钞》卷七)等等,均其用例,仓促间难以尽搜耳。

清拓郑羲下碑

"卷"字何以写作"弓""弓",颇不易索解。钱大昕上引书谓:

《说文》"𥄎"读为书卷之卷,道书以一卷为"一弓",盖即草书"𥄎"字。凡草书横目多作"フ",文有两目,故以"二"代之。非从"弓"从"二"也。杨用修以为"纠"字之讹,此臆说,不足信。

意谓"𥄎"眔𡙇借为"卷",而"弓"即"𥄎"草书之形也。然检《说文》"䀠"部:"𥄎,目围也(段玉裁注:"'围'当作'回'。回,转也。")。从𥄎、䀠,读若书卷之卷。""读若",乃谓"フ"字与"卷"同音,非指"フ"假借为"卷"。且两目故以"二"代之作"弓",作"弓"岂非一目耶?与"フ"又不合矣。杨慎以此字为"纠"字之讹,诚为臆说(杨慎著作寒斋插架仅《丹铅杂录》《丹铅续录》两种,翻阅一过,未见,容异日再查他书),钱大昕之说似亦难餍人心。

然钱氏大学者也,其说岂可轻议哉?姑记中心所疑于此,以质高明。

(《中国书法》2002年第3期)

扯不清的古书标点

翻过年代久远点的线装书的人,都知道那上面是没有标点的。古书不加标点,这是古代出版业长期存在的一种习惯,三言两语很难说清这一习惯形成的原因。有人说是"为了省事",又有人以为是"句读人多视以为浅近"(杨树达《古书句读释例》),是否如此,好像也未必就这么简单,不能使人信服。

古书不加标点断句,这实在不是一件好事。不仅加深了语言发生巨大变化的今天的人们读懂它们的难度,即使在古代也常有因文不加点而不解或误解的事情发生。很有名的,要算《韩非子·外储说左下》中的一个例子:

> 哀公问于孔子曰:"吾闻夔一足,信乎?"曰:"夔,人也。何故一足?彼其无他异,而独通于声。尧曰:'夔,一而足矣,使为乐正。'故君子曰:'夔有一,足。'非一足也。"

译成白话就是,鲁哀公问孔子夔是否只有一条腿。孔子说,夔也是人,为什么只有一条腿?夔与常人没有其他不同,就是特别精通音乐。所以尧说,像夔这样的人才,有一个也就够了,让他去当乐官吧。不是说夔只有一条腿。

想一想,如果鲁哀公看到的书上不是笼而统之的"夔一足",而是意义分明的"夔一,足",他又何至于闹出这样的笑话呢?

古书虽然没有标点，古代却并非没有这方面的讲求。只要读书，就必得句句分开，才能读得下来，明白意思。正因为标点断句直接影响到古书的阅读理解，汉代开始便出现了包括分章断句在内的传注章句之学。《说文》中也收录了当时断句的记号。标点断句，古人通常以"句读"一词称之，作用与今天的句号逗号大致相仿。韩愈那篇有名的《师说》中写道："彼童子师，授之书而习其句读。"可见那时的学龄儿童便是从学习标点断句开始的。

然而话说回来，读书讲标点断句，不正因为刻书不加标点断句？"五四"新文化运动之后，随着历史进入现代社会，古代文言已逐步退出历史舞台。把古书标点了排印出来，以便于人们的阅读，便成了紧迫的现实需要。直到今天，标点古书仍然是古籍整理的重要内容。

可是，标点古书，看似不过是加上一些今天的小学生都能认识的标点符号，实际却是以正确理解文意为前提。正确理解文意，要碰到许多关卡。有古代语言关，有历史事实关，有古代文化常识关，要过好这些关，谈何容易？鲁迅先生在《题未定草》中说："标点古文，不但使应试的学生为难，也往往害得有名的学者出丑。"这话一点不假。已故国学大师黄侃先生自己承认："侃所点书，句读颇有误处。"（《黄侃手批白文十三经·前言》）今天古籍整理中连篇累牍的标点错误，更是早已为世人所诟病的了。试举随手发现的一例来看。

中华书局标点本《苏轼诗集》第757页有这么几句话：

> 赵飞燕姊妹得幸班婕妤，失宠，作《怨歌行》。

班婕妤原为汉成帝宠妃,后因成帝转宠赵飞燕姊妹而失宠,退处深宫,作赋自伤。这并不是多么冷僻的史实。而照这样标法,失宠和作赋的变成赵氏姊妹不说,更使人感到滑稽的是,赵氏姊妹既非皇帝,又是女性,怎么可能"得幸"班婕妤呢?所以这几句应重新标点为:

  赵飞燕姊妹得幸,班婕妤失宠,作《怨歌行》。

  古书不加标点,造成的最大损害还不在于使为它们补加标点的后人由于种种局限而常常误标,因为这类误标尚有办法加以纠正。更麻烦的是有些文句,由于当时未加标点,现在简直就没有可能准确地弄清它们的原意。南朝宋范晔《后汉书·张奂传》、羊欣《采古来能书人名》等书和文章都记载了东汉大书法家张芝信札中结尾常写的一句话:"匆匆不暇草书。"看来非常简单,但什么意思,古来就有两种截然相反的意见。一种是,应标作"匆匆,不暇草书"。也就是说,因为信写得匆忙,没有时间用草书来书写。另一种是,应标作"匆匆不暇,草书"。草书的实用价值在于写得快,时间紧迫,所以才用草书书写,哪儿有反不能写草书的道理呢?前一种意见则又反驳,草书虽然快速,但从书法的角度说,较之别的书体,艺术要求更高,运筹安排花的时间也更多。张芝又是以草书名家,非处心积虑,思考成熟,不肯下笔。所以一旦时间匆忙,就不写草书了。两派观点,都说得通。但不用说,张芝说这话时要表达的只可能是其中的一种,不可能同时兼备自相矛盾的两种意思。如果记载这句话的书籍里早加上标点,后人也就用不着这么没完没了地打笔仗了。

《论语·乡党》篇记录了孔子的一则小故事：

> 厩焚，子退朝，曰："伤人乎？"不问马。

说的是孔子马棚失了火，孔子从朝廷回来只问伤人没有，不问马怎样了。《论语》记下这件事是想表现孔子关心他人生命甚于自己的牲畜。真不知这有什么好表现的。如果连这一起码的人道主义都做不到，又怎么配做爱人的仁者呢？果然后来就有人戏用万物有情的佛理批评孔子，说他只关心人的安危，不顾马的死活，未若我佛慈悲，泛爱众生也。这时，古书的没有句读便帮了为孔夫子辩解者的大忙。谁说孔子不爱众生？他明明是先问"伤人乎不"——伤人了没有呀？然后再"问马"的。既问了马，又注意了先后主次，得体合理。这里，这些人似乎忽略了一点，他们是否觉得"伤人乎不"不太合乎古汉语的表达习惯？也许维护孔圣人的荣誉事大，语法什么的就顾不上那许多了。

（《光明日报》1991年10月26日）

思误字转得一适，读好书胜赢千金

近来校勘唐人张彦远的《法书要录》，这是一部部头不算大却非常有用的书，收集了从东汉到唐中期以前重要的书学著述近四十篇，还汇集了王羲之、王献之父子的书札四百多通。如果没有这本书，许多文章或许就传不下来，许多重要的书人与书事就可能无从得知。可惜的是这本书的版本系统虽然不复杂，但用傅增湘先生的话讲，古来即无善本，要想对它做较好的整理，不充分依靠相关的史料和前人的校勘成果，光靠不同版本的对校是不够的。要想做到这一点，不花费更多的时间和精力也是不行的。新中国成立后出过几种整理本，但都不甚理想，原因大概正在这里。

校勘这种传统的古籍整理方式，也是一种古籍研究方式，在今天被不少人视为能者不为的枯燥活，其实里面有无限的乐趣在。我们都知道，过去有校异同不校是非的做法，就是说凡不同的版本上不同的文字统统给它校出来就可以了，这叫死校，简单得多。现在通行的校勘原则是，底本误的要改后出校，无法判断正误的不改但要出校，底本不误而校本误的不出校当然更不改。这一原则落实起来还真不容易，底本误不误，虽然有一望可知的，但更多也更麻烦的是要经过多少研究才能够确知的。所以对于那些粗看无法判断对错的异文，就要倍加细心。举两个例子吧。

我用来作底本的是津逮秘书本，唐人徐浩《古迹记》"特进、尚书左仆射、申国公臣士廉"一句，用来作参校的《书苑菁华》中"左仆射"作"右仆射"。"左仆射""右仆射"当然都讲得通,但一个人不可能同时任两种官吧,可不可能通过史料确定这个人当时做的是哪一种呢?我们看本文上段明确说此为唐太宗贞观十三年事,那就查查《旧唐书·太宗纪》和同书的《高士廉传》,很高兴在两书中都发现了高士廉拜尚书右仆射的记载,而且还知道了当时做左仆射的是房玄龄,也就是编纂《晋书》的那位。《法书要录》收录的另一篇文章,唐人卢元卿的《法书录》又正有"特进、尚书右仆射、申国公臣士廉"一句,这样,基本上就可以判断底本上的"左"为"右"字之误了。

书中汇辑王羲之及献之书札甚多,可惜其中脱误也不少。其中少量亦见于《十七帖》《淳化阁帖》等帖而有异文。虽然刻帖时代在《法书要录》成书的中唐之后,又经辗转摹刻,不免错漏,不能尽据之改《法书要录》,但其所据者毕竟为墨迹,可信据者亦复不少。如王羲之《龙保帖》中"卿舅可早至为简隔也"九字,有的本子"早"作"耳",看起来皆可通,只需标出"一作'耳'"也算完成任务了。但一查宋本《十七帖》有这条,而且"早"字亦作"耳",选择的天平就向"耳"字这边倾斜了。一字之异,标点亦当随之而变,从"卿舅可早至,为简隔也"改作"卿舅可耳,至为简隔也",文意自然也就有所不同。王国维提倡二重证据法,虽然刻帖仍属传世文献而非出土文献,但毕竟与传世刻本文献性质有异,能够起到二重证据的效果。遇到这种时候,是颇能让人开心的。

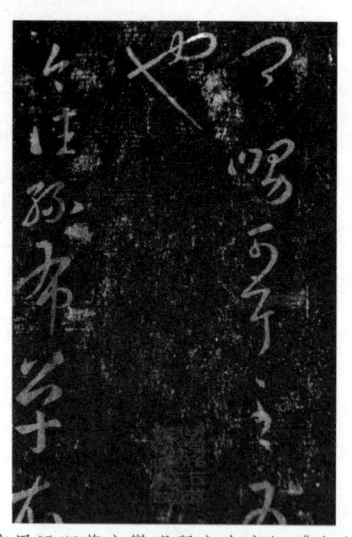

美国安思远旧藏文徵明释文本宋拓《十七帖》

让人开心的当然不止于此。校勘过程也是阅读文本的过程，书中文章除具有丰富的历史文献价值外，所载内容亦不乏文化意趣，或让人嗟叹，或启人遐思，或二者兼而有之。比如张怀瓘《书断》记载，南齐高帝与名书家王僧虔赌书，书毕问谁为第一，王僧虔回答："臣书臣中第一，陛下书帝中第一。"高帝笑道："算你会说话！"不过到了高帝子武帝又欲擅书名的时候，意识形态似乎较前更严峻了，僧虔只能改用"拙笔"即秃笔写字，以此免祸全身。这不免让人想起落马不久的前广州市委万书记连年参加国际龙舟邀请赛屡获第一的故事，这就只有齐武帝好比，连齐高帝都比不了了。又卷二虞龢《论书表》记载谢安问王羲之的儿子王献之："你和你爸谁的字好？"献之回答："当然我的好。"谢安说："社会上的人不是这样看的哦！"献之说："他们懂什么！"这种目无尊亲、不拘形迹的魏晋风神，今人中大概只有钱锺书瞧不起他老父钱基博学问的故事可以相当。还有我们经常看到书家书写联语"右军书法晚乃善，庾信文章老更成"，知道下联是杜甫现成的诗句，而不知上联的根据在哪儿。直到看到《论书表》"羲之书在始未有奇，殊不胜庾翼、郄愔，迨其末年，乃造其极"这几句才算明白，也更明白了当年陈寅恪为什么要出对对子的试题来考清华大学的考生。对子里面拧出来的可全都是中国文化的汁水啊！

有些文字的漂亮不是一般的，我特别喜欢《书断》中的这样两段：

叔夜善书，妙于草制。观其体势，得之自然，意不在乎笔墨。若高逸之士，虽在布衣，有傲然之色。故知临不测之水，使人神清；登万仞之岩，自然意远。

谢朓字玄晖，陈郡人，官至吏部郎中。风华黼藻，当时独步。草书甚有声，草殊流美，如薄暮川上，余霞照人；春晚林中，飞花满目。《诗》云："有美一人，清扬婉兮。邂逅相遇，适我愿兮。"是之谓矣！

想到嵇康、谢朓他们那么萧散出尘的书法，竟也难逃历史雾霾藏埋的命运，怃然之余，不禁庆幸有《法书要录》之类的典籍中这些弥足珍贵的记载，使昔贤的心血和成就不至于全然雁过无声、风过无痕。迩来友人索要拙书，我爱摘取其中一段应之，也算是寄托我的惆怅与向往之情吧。

(《中华读书报》2014年10月29日)

读什么音听谁的

拜读徐晋如先生《谁才是够格的老师》(《中华读书报》"家园"版 2002 年 12 月 4 日)，文中提到《大学》里"大学之道，在明明德，在亲民，在止于至善"中的"亲民"，应读"新民"而不是"亲近民众"；《渔父》里"众人皆醉我独醒"的"醒"字，不读上声而读平声。从北师大的博导到小学里的读本都弄错了，他独得而纠之，并且说"我是大学的老师，我告诉你们的才是正确的"。不佞却期期以为不然。

"亲民"的"亲"该念什么，主要不是字的问题，而是对文义理解的问题，查朱熹《四书章句集解·大学章句》，果然朱子既引程子："亲，当作新。"又亲加解释说："新者，革其旧之谓也。"但徐先生且慢得意。《礼记正义》卷六十唐人孔颖达疏此二字，就明明白白不凑趣地写道："'在亲民'者，言大学之道在于亲爱于民。"可见对这句的文义古来就有不同的理解。至于"众人皆醉我独醒"的"醒"字该读第几声，这就得多说上几句了。

我查了有关《楚辞》的多部著述，涉及此句中此字读音的，唯清代音韵大家江有诰《楚辞韵读》(嘉庆己卯刊本)一种。那是专注楚辞韵部的一部书，所以字下注了"耕部"二字，表示它和"举世皆浊我独清"的"清"字押韵，属上古韵部的耕部。后人构拟的上古韵部是不按四声分类的(和后来的《广韵》不同)，表明上古存在四声通押的情况，所以，说某字属某部并不涉及读什么调。而自东汉至今天的注家，如王逸、裴骃、李善、洪兴祖、朱熹、蒋骥以及向宗鲁、蒋天枢、聂石樵等先生,于"醒"字之读音均未置一词。按注释的惯例推断,这些人并未认为该字必须变着调读,否则就应当出注。当然,据李珍华、周长辑《汉字古今音表》的拟音,"醒"字在上古确有阴平一读(同时也读上声)。这就牵涉到一个问题:念古诗时如何处理字音?

按古诗总是有韵的,由于古今语音的变化,照今音读就可能失去了韵。韵者顺也,失去韵读起来就不顺了。所以有时人们对某些字变着调去读。如"看"字本是去声,但它常用作近体诗的韵字,与其他平声字一块押,说明唐宋时也作平声读。因此我们读的时候就可以甚至也应当将它读成平声(阴平)。如杜甫的《月夜》:"今夜鄜州月,闺中只独看。遥怜小儿女,未解忆长安。"不过这多半是在中古音系内说的。而且即使对格律谨严的唐宋诗词来说,适用性也很有限。比如,如何去诵读押入声韵的诗词?方言中念不出入声的人固然无法可想,即使方言中有入声的同样不好办:如果通篇念古音,谁也不能办到(这个想法本来就不对,什么年代的古?什么地方的古?);如果通篇用家乡话念,既不符合"请说普通话"的国家政策,诵读的效果也成演"地方剧"了;如果非韵脚字都用普通话去念,唯韵脚改用入声,不说念的人自己别扭,听的人也一定觉得滑稽。不信,就试着念念字数最少、字面最简单的柳宗元的《江雪》吧。

如果涉及的是上古音,问题就更复杂些。且不说对上古音韵部的分类,明清以来的音韵学家说各不同,就是对上古声调的研究也同样言人人殊。有的说上古四声俱备,有的说上古四声一贯（实则谓不分四声），有的说上古没有上去只有平入，又有的说上古音调多达五声。所以专门的音韵学家不妨去拟音、去研究，要我们今天欣赏诗、诵读诗的人一定去读他们所拟的哪一种音，就未必科学了。就举徐先生举到的《楚辞》的例子，《离骚》开篇：

　　帝高阳之苗裔兮，朕皇考曰伯庸。摄提贞于孟陬兮，唯庚寅吾以降。

江有诰注"降"字"胡冬反"，王力将之归在冬部。我以前的老师也说这里应读"洪"音。这应该没错。但《广韵》中就已说它是"古巷切"了，至少唐人就已经读今音了，难道今天非得读成"胡冬反"不可吗？如果循此例，"朝饮木兰之坠露兮，夕餐秋菊之落英。苟余情其信姱以练要兮，长顑颔亦何伤"，江有诰在"英"下注"音央"，"伤"下注"阳部"，意谓"英""伤"同押阳部韵；"高余冠之岌岌兮，长余佩之陆离。芳与泽其杂糅兮，唯昭质其犹未亏"，江有诰又注"离"音"罗"，"亏"音"柯"，谓其同属"歌"部。还有，"莽"音"姥"（音母），"舍"音"恕"，"化"音"歌"，"索"音"素"，如此之类，不计其数。我们都照此去读了，不说别人，自己能明白自己是在念什么咒吗？

　　明人陈第说："盖时有古今，地有南北，字有更革，音有转移，亦势所必至。故以今之音读古之作，不免乖剌而不入。"（《毛诗古音考自序》）前几句说得好，末二句说得对。在适度的范围内，用恰当的方式去减少这种变化带来的副作用当然是可以的，但必须防止饮鸩止渴般的极端做法。诗是古的，念的人却是今的，按照现代汉语的规范读音去读，这无疑是今天的人们诵读古诗的基本原则。

在我查阅的那么多家关于《楚辞》的著述中，唯有陈子展先生的《楚辞直解》将江有诰所标的韵部全部纳入自己的书中。但陈先生只是为了提示读者注意原诗的押韵，并不是要求大家去念什么古音。他在这个问题上态度是非常鲜明的，所谓"音有古今、方域之不同，非有必要，不必深求也。……识字认真未为不可。倘若出于炫古矜奇，卖弄音学，而昧于约定俗成谓之宜，是则可哂也矣！"（《楚辞直解·凡例》）这话岂止适用于诵读古诗，也不啻为所有的治学者下一针砭。

我们说读古诗应该按现代汉语的规范读音去读。什么是现代汉语的规范读音呢？字读什么音到底听谁的呢？这是要说的另一个问题。

我的回答是听《现代汉语词典》的。这个词典哪来那么大的法力？因为它是政府职能部门国家语委审音委员会审定的，是字形、字义的规范字典，当然也是读音的规范字典。不仅每个字的音它都注明了，需要变声调的也分别列出了。比如"风"是"讽"的古字，作讽讲时须读上声；"数数"这个词，前者是动词念上声，后者是量词念去声；"旋转"的"转"读去声，"转身"的"转"读上声。如此之类。如果《现代汉语词典》没有标注，我们就不仅有权利不读，更有义务不去读。什么义务？遵守现代汉语规范、维护现代汉语的纯洁这个义务（字典本身当然不会完美无缺。事实上它也在不断修订，但这不妨碍它作为规范的地位。作为国家大法的宪法不也一样吗）！

比如说，"春风风人，秋雨雨人"的后一个"风"字和"雨"字不能读去声，"兵车行"中间的"车"字不能读"居"音（否则就成了横冲直撞的那粒象棋子了），"众人皆醉我独醒"的"醒"字嘛，抱歉，也只能老老实实地去读上声。实在想读？那当然也没辙，刑法都有人犯呢，何况"读法"？不过总不能反过来说不读的人就是错了，尤其是由此就见微知著地浩叹天下都没有"合格的老师"了吧。

我这么说，其实也是为徐先生好。如果说某字旧有某读，今天就一定得跟着读，那徐先生也难免成了"不合格的老师"。他在文中两次提到"《大学》"，却不特别教导我们"大"之读音，想来也就是读成大小之大了。可不仅唐人陆德明的《经典释文》明明写着："大，旧音太。"（《礼记正义》卷六十）《现代汉语词典》上也明明写着"古又同'太''泰'"呢。以子之矛，攻子之盾，何如？

徐先生在文章中有感于连坐巴士的小学生都敢不信他的教导，送了我们一段幽默：

> 前人笔记里面载过这样一个笑话：有塾师授论语，"郁郁乎文哉"念成了"都都平丈我"，后来新塾师念"郁郁乎文哉"，学生都骇散。时人为诗嘲曰："都都平丈我，学生满堂坐。郁郁乎文哉，学生都不来。"

我这里也有一段幽默，算是回他的礼吧。宋人费衮《梁谿漫志》卷十记载，有个读书人遭人冤枉，上堂叫屈。郡守感到显摆自己的机会来了，说，我出个对子你对："投水屈原真是屈？"读书人应声答道："杀人曾子又何曾？"郡守说，我的这句有二屈字，你虽有两曾字，读音却不同。读书人说你那二屈字也一样，委屈的"屈"念平声，作姓的"屈"是入声，长官是不是不怎么有学问啊？把郡守弄了个大红脸。

陈子展先生说炫矜卖弄为可哂，如果炫卖而又不幸炫卖错了呢？像这位自以为有学问的郡守，岂不更招人哂上加哂吗？

最后可以昭告徐先生的是，我也是"大学的老师"，你的同行。不过没听说"满招损，谦受益"这句古话吗？我还惦记着受益呢，所以不说"我告诉你们的才是正确的"。正不正确，还是您说吧。

补记：本文承张美兰博士审读，并惠示唐作藩先生《唐诗"乡音无改鬓毛衰"的"衰"字读音》一文。唐先生在文中明确说："无论念课文（包括古今散文）、朗读古代诗歌都应该用普通话。凡遇有韵而读来不相押的地方，可以告诉学生：这是古今音的不同。"

(《中华读书报》2003年3月12日)

说对联

对联这种艺术的独立使用一般认为是从五代开始的,但若论对联最重要的形式因素即对偶则起源甚早,《诗经》中的"山有扶苏,隰有荷花"、《周易》中的"满招损,谦受益"之类皆是。汉字单音独体的特性、古典文化的深厚基础、中国人的审美心理决定了对联的产生,也决定着它的发展。千百载而下,有才华的文人无不爱在这种艺术形式中跌宕腾挪,施展身手,有关对联的讲究渐多,中国文化丰富的信息在此门艺术中的积累愈显,于是乎成为解读中华文化的重要渠道,亦成为考察中华文化知识涵养的有效途径。八十年前陈寅恪先生为清华大学出国文入学试题,作文一篇之外,就是对对子若干,随后还连续发表《"对对子"意义》等文章阐释自己的"对联观",时至今日,仍可以不刊之论视之。

诗有诗话,词有词话,文有文话,有关对联的联话,或由清乾隆间梁章钜的《楹联丛话》开其端。手头又有近人张伯驹《素月楼联语》,又承王翼奇先生赠《绿痕庐诗话》,中亦多涉联事,读之亹亹不厌。日前又见梁羽生《名联观止》两厚册增订再版,始知武侠作家而兼工楹联如此!

自书所撰"碧海""青山"联

古往今来形形色色的对联,但凡佳者都让人喜欢,以其能启人思索、益人神智故。今人梁启超集宋词联多而且好,如曾得胡适激赏的"蝴蝶儿,晚春时,又是一般闲暇;梧桐树,三更雨,不知多少秋声",他自己也极得意的赠徐志摩联"临流可奈清癯,第四桥边,呼棹过环碧;此意平生飞动,海棠影下,吹笛到天明"之类。清代嘉道以下盛行集钟鼎、石鼓、碑帖等字联,后又加上集甲骨,《兰亭叙》文人墨客尤所钟情,集字为联,乐此不疲。徐无闻先生曾着意搜集,竟达两三千联,待谋出版而遽然弃世,此已是20世纪90年代之初的事了。徐先生本人更为集中山王器字为联并以其字体入书的第一人,有"赏竹能同与可,看山有会渊明""勤旧学不懈夙夜,辟新知时有见闻"等作品传世，其渊穆醇雅的联语和瑰丽飘逸的书迹珠联璧合，能事毕矣。

自书所撰"以山""览九"联

今人所撰对联包括诗中联语，曾寓目而印象深者，还有聂绀弩的"青眼高歌望吾子，红心大干管他妈"、杨宪益的"久无金屋藏娇念，幸有银翘解毒丸"、佚名的"一钱不值非公论，万寿无疆是谎言"，范用以"三陪诗书画"征联，启功先生对以"一扫毒赌黄"。我友钟振振教授应邀为清华大学撰百年赋数百字，自恃高才而以通篇对偶入韵的骈赋体为之，中有"尊五四二先生，曰德曰赛；践八六三计划，惟新惟高"之语,因"五四二先生"和"八六三计划"语意结构不同而受质疑,遂改为"惟新惟高,待实现八六三计划;不屈不挠,要弘扬一二九精神",其实字面对与结构不对之间的差异正为耐讽诵处。

(《中国书画报》2011年1月22日)

星落云散的古代书仪：从戴姜福先生的一件手札谈起

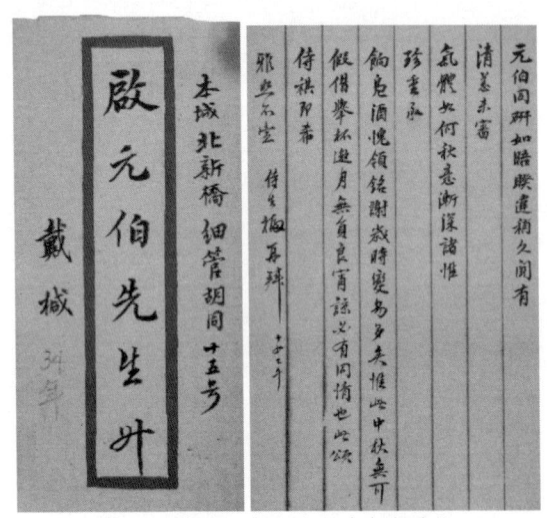

图一　戴姜福先生致启功先生手札

这件手札（图一）2020年5月间得于嘉德"浮光掠影——启功先生旧藏友朋书札"专场。作者戴姜福先生的声名可能不算显赫，但它却让我想起许多难忘的往事。

1988年冬天的一个黄昏，只有两人的浮光掠影楼里光线暗淡，使得这间难得少客的屋子更显幽静。我拿着在废报纸上临写的《兰亭序》去向启功先生请教，记不清借由何种话头，启先生对刚入学不久的我谈起了早年往事。他的一段话给我留下了不可磨灭的印象："现在日子好过了，养育我的母亲和姑姑却不在了，跟着我吃了一辈子苦的妻子不在了，培育和提携我的老师也都不在了。所以现在有人要我去哪儿玩,有人要请我去吃饭,我都不敢去。看见好看的风景,看见好吃的东西,我心里都不得劲。"屋里虽然幽暗,仍能看见老先生眼里闪着的亮光。

后来读到《夫子循循然善诱人》《记我的几位恩师》等文章,又读到启先生晚年的回忆录《启功口述历史》,更多了解启先生的平生遭际,也就更多明白他那段感人肺腑的话语里饱含的辛酸和沧桑。而他那段仓皇岁月里的一位重要人物,就是戴姜福先生。

戴先生是启先生曾祖父溥良任江苏学政时的拔贡,入京后考中举人,在北洋政府下设的"评政院"任职,后转而去教家馆,同时教东单赵家的赵守俨和礼士胡同曹家的曹岳峻两位,启先生其时十六岁,到曹家随戴先生学习文史辞章,算是"附学"。

为什么只是"附学",而不专请戴先生来家设馆从学呢?原因很简单,家境不许可。

启先生是雍正皇帝的九世孙,他的八世祖弘昼比哥哥弘历也就是后来的乾隆皇帝晚一个时辰出生,没能登上皇位。到了曾祖父爵位累降,只封了个奉国将军,俸禄低到难以养家糊口,于是辞去封爵,下科场求功名,一举登第。启先生的曾祖父曾作江苏学政,戴先生就是他在任上时选出的拔贡。祖父毓隆走的也是同样的道路。

学官本属清水衙门,曾祖和祖父素又廉洁奉公,要想维持生活就必须有人继续做官。可是父亲恒同还不到二十岁,在启先生一周岁时就因肺病去世了,家中无异于失去了顶梁柱。十岁那年,包括曾祖、祖父在内的五位亲人又接连去世,这使幼小的启先生真正体会到什么叫"呼啦啦如大厦倾"。母亲和发誓不嫁的姑姑一起担负起抚养这支独苗的重任,她们变卖家产用来发丧,偿还债务,又幸得祖父的学生及时伸出援手,生活才算勉强维持。

这么一种情形之下,自然谈不上请戴先生来家设专馆教书了。

启先生从小受姑姑和祖父的启蒙,也读过一段私塾,入汇文中学读书,因为古文写得好,还被推选出来代表全年级写级史,但毕竟没有受过系统的训练。遇到戴先生可就不一样了,戴先生不仅经史和文学修养极高,而且极善因材施教,针对启先生的具体情况,制定了特别的培养方案。《记我的几位恩师》中深情地写道:

> 回忆自我二十二岁到中学教书以来直到今日,中间也卖过画(那只是"副业"),主要都在教古典文学,从一个字到一首诗、一篇文,哪个又不是从戴老师栽培的土壤中生出的幼芽呢?我这小小的一间房屋基础,又哪一筐土不是经过戴老师用夯夯过的呢?

明白了上面的背景,我们再回到戴姜福先生的这通手札,就容易掂出它沉甸甸的分量了。

> 元白同研如晤:睽违稍久,闻有清恙,未审气体如何。秋意渐深,诸惟珍重。承饷兔酒,愧领铭谢。岁时变易多矣,惟此中秋无可假借,举杯邀月,无负良宵,谅必

有同情也。此颂侍祺,即希雅照不宣。侍生福再拜,十四下午。

信只短短几行,但仍有几处可以稍作解释。

一是同研。研通砚,共用砚台,即同学的意思。

二是凫酒。鸭和酒的联称。古书中有鸡酒、鹅酒、羊酒,也都是同样的构词。史籍中凫酒一词用得似乎不多,不知是启先生真送了戴先生鸭和酒,还只是戴先生用它来代称酒菜——熟稔前清和民国掌故的中华书局老编审刘宗汉先生告诉我,当年人送礼少有单送酒的,都是酒菜一起送。

三是假借。给予、借出去的意思,引申为忽略、忽视。此亦刘宗汉先生所释。

四是不宣。古人书札结尾时的套语,与不一一、不尽意思差不多。

五是侍祺。写此信时,启先生已在辅仁美术专修科任教,承担着侍奉母亲和姑姑的重任,故有是语,就仿佛对从政者称勋祺,对学者称著祺。这是我的理解。

六是侍生。这是一个专有名词,对我们来说可能比较陌生,这里引权威辞书《辞源》的解释:

> 侍生,明清时晚辈对前辈的自称。明时翰林旧规,入馆后七科者称晚生,后三科者称侍生。清代翰林入馆后一科即称侍生或馆侍。对同辈行的妇女,也称侍生。又地方官拜乡绅,名帖上一般写侍生,表示尊重对方。

这下问题来了。戴先生不是启先生的恩师吗,为什么信末自署侍生？还有人问，称启先生同研，二人岂不成了同学？此信严格遵守了逢涉对方即提行另起以表尊重的平阙格式，老师对学生也需要这么做吗？

得手札后不数日，朋友因事聚聊。看来余热未消，大家谈到了这场拍卖，谈到了这件手札。话题集中在上述诸疑点上，偏偏手札结尾仅署一福字，信封仅署一戴字，所以有人推测它属于另一位姓戴名福或名某福的启先生的同学，是后人误归在戴先生名下了。他们还说知道不少人都在关注这件拍品，因此疑故未出手。听得我一身冷汗——它差点就不属于我了！

是戴先生的手札，其实这是无可怀疑的，因为《启功口述历史》中配有插图，而书是在先生生前出版的！而且，一月后的第二场专拍中又出现了一件具戴先生全名的诗札，笔迹全同！

那么如何解释上述诸疑呢？其实上述诸疑也实可无疑！要讲清这一点，就得多说几句关于书仪的问题。

古人书札在结构、行款、称谓等方面都有一定的格式，这种格式旧时称为书仪。结构指书札的各组成部分，如称谓及提称语、启禀语、颂词、本事、结束、祝语、署押及日期等。行款主要指所谓的"平阙"，即道及对方或自己有意示敬的对象时要提行顶格（称作"平出"）另起，或空一字至几字书写（称作"谨阙"）。极尊者还可以提行高抬（高出行端一字，称"单抬"，也有高出二至四字的"双抬"至"四抬"）；又比如自称要小一号字靠右书写，所谓谦侧小书，等等；称谓，称对方用敬语，自指则用谦称，所谓外敬内谦。

但原则是笼统的，运用是灵活的，同一时代书仪的运用原有相当的复杂性，时代不同，随时变化的书仪对后人来说就更不容易理解。比如古时受信人名衔尊称在末行,授信人名姓和致敬语在首行,今天正好颠倒过来。古人谨守的"平阙"式,今天早不用了。古人的称谓与今天的差别同样很大。今人用"你""我"指彼此双方,用个"您"字就算有礼貌了。但古来书信很少用第一、第二人称代词,用了就显得简慢或无文。自称可视不同的情况,用不佞、仆、鄙人、在下、不才、贱躯等,称对方可用我公、我兄、台从、台驾、高明、方家、阁下、足下等。还有针对受信人身份的各类充满艺术性的名词,比如台湾大学汪中教授手札中的"文斾"(图二)。如果用第二人称"尔""汝"等字,不是写给子侄辈、情人就是在写檄文了。还有一类更麻烦,就是看起来好明白,用起来却易错。比如"老兄""仁兄"等尊称、"愚""仆"等谦称,都要用在比自己晚个一辈半辈的人身上,至少得是平辈,对长辈使用,本想恭敬,反成失礼。

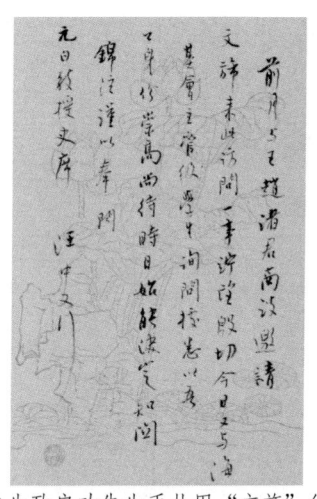

图二　汪中先生致启功先生手札用"文斾"代第二人称,
"文斾""公""锦注"三处单抬

这种书信格式上的讲究，不仅后人不容易明白，当时人文化涵养不够的也容易犯糊涂。因此为了便于使用，历代都有人在编《书仪》。虽然失传的不少，也有留存下来的，如唐人郑余庆《大唐新定吉凶书仪》、宋人司马光《书仪》等。它们是研究历史的重要材料，但书仪多变，可能还没等改朝换代就不具实用价值了，更不要说到了今天。我们举"足下"这一常用的提称语（称谓后表尊敬的缀语）来看。

二十余年前，蒙吴小如先生惠赠一巨册香港版大著《读书丛札》，扉页正中行书一行"刘石足下惠存"（图三）。我一看就叹服老辈学者用语果然妥帖，因为"足下"正是长对幼、尊对卑、上对下的客气用语，谦虚中透着尊长的派头。但后来跟一位同样很钦佩吴先生的朋友提起，他却认为古代下称上或同辈相称都可用足下。这是不错的，清人梁章钜《称谓录》卷三十二就这么说，并举过不少先秦至六朝的书证。到了宋代的司马光，在《书仪》卷一中还说给尊官上书的起首语，"稍尊则云阁下，平交则云谨致书某位足下"。

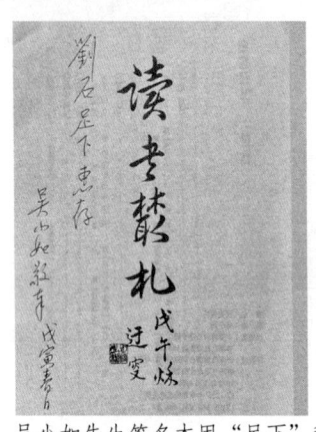

图三　吴小如先生签名本用"足下"称笔者

吴先生 1922 年生人，长笔者四十岁有余，岂不是用错了提称语？可是熟悉吴先生的人都知道，他既很讲师尊威仪，又极具文史修养。因为具修养，所以不会错；因为讲威仪，所以不能错。何况，他还特别撰有《披书三叹》一文，公开批评过今人书信用语诸如"敬启""愚夫妇"之类的误用！

明人陈第《毛诗古音考自序》中有一段讨论古今音变的名言："时有古今，地有南北，字有更革，音有转移，亦势所必然。"音有转移，词义何尝不转移！比如"朕"字，在先秦是普通人的自称，秦始皇以后就成为皇帝的专属了。不能因为屈原使过，我们就跟着使。"骯髒"一词，至少汉时有正直的意思，现在谁敢轻易拿它来送人？西晋左思《悼离》诗称自己的妹妹"峨峨令妹"，后来"令"字只能用在对方家人的身上。那么，"足下"一词，先秦、秦汉到至少宋代是用于下对上和平交，后来却转移成上对下了，事情就这么简单！有没有人不知而用，或知而故用旧用法的呢？当然会有，但也只能说他们是用错了！

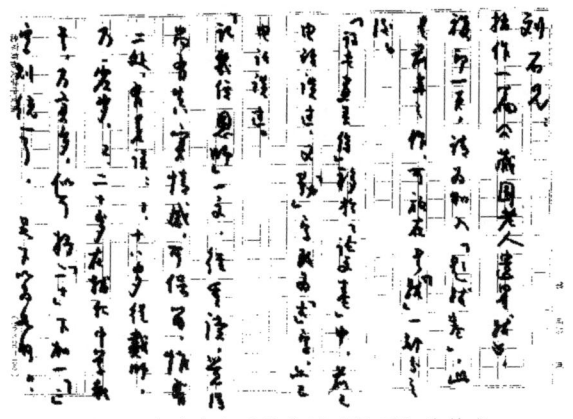

图四 启功先生手札亦用"足下"称笔者

这种变化较集中地发生在什么时代，一时不能回答，现在电子检索便捷，要解决这一问题或许不太难。倒是有一个问题需要回答，既然一个词不同时代有不同的含义，我们今天取哪一个时代的哪一种词义呢？

　　将这问题限制在所讨论的书仪范围，我向刘宗汉先生请教。刘先生说，明清之际书仪变化甚大，近现代以来以旧式书仪作书者，遵循的多为有清以降的书仪，不得以有清以前的用法来质疑有清以后所用，也不得沿用有清之前的书仪。比如，明人书札的祝颂语有用"千古"的，今天怎么用？

　　吴小如先生上举文中也表达过类似的意见，但他是把明清放在一块儿说的，认为"这种礼节性语言，愈到明清以后讲究愈多，比古代用法更为严格"。现在看来不仅是用法严格的问题，还要注意词义的变化。如今明清名贤书札影印出版者甚多，有心者可以去印证二位先生说法的准确性，这将极有助于我们正确阅读前人的书札。拿书札常用结束语"不宣"来说，唐人杜友晋《新定书仪镜》"通例第二"明云："凡下情不具、不宣、伏惟、伏愿珍重等语，通施尊长。"前引司马光《书仪》同条也说"不宣某顿首再拜"用于尊官。戴老先生却施用于学生，是这位"学问非常全面"（《启功口述历史》语）的老拔贡和老翰林用错了吗？或者说是老先生把学生当成老师来看待了吗？都不是！只能说晚近以来，这个词儿的施用对象转移了！

　　古人的确很讲礼仪，但同时也很讲身份，讲礼仪而不失身份，那礼仪就得讲得合规而得体。这些礼仪对当时的学问人来说是一种常识，不待死记硬背。记入《书仪》的不过是礼仪中最刚性最显性的部分，还有许多柔性、隐性的想记也记不全，时过境迁的我们想要了解这些，只能靠多读古人留下来的书札，观其实例，细细体味。比如，我们会发现尊长给晚辈写信，多将对方抬高一辈（或者说是将自己降低一辈），戴先生手札的"同研"之称即为一例。尊长称晚辈为兄而自署称弟（图五），这是常格，完全不能由此推导出诸如尊长有求于晚辈，或对晚辈特别器重之类的结论。如果尊长自称兄，称晚辈为弟，不是年龄悬殊，就是因关系非常密切而减少了一些客套（图六）。同样，平交而自矮一辈署押也极常见，并不出格。启

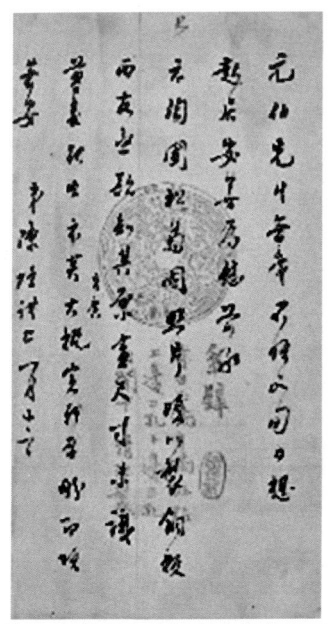

图五　陈垣先生致启功先生手札款署"弟"字

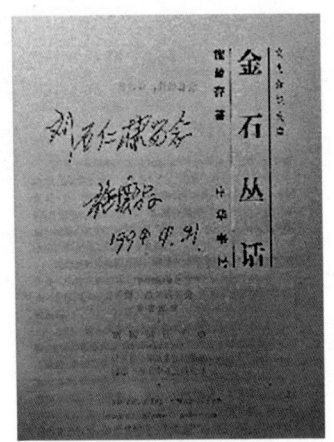

图六　施蛰存先生致笔者手札提称语用"仁棣",北山老人长笔者58岁

功先生少钟敬文先生仅九岁,实为同事、好友和前后楼的近邻,为其书写寿联时却自署"后学启功"。黄苗子少启先生仅一岁,却称启先生为"吾师"(图七)。所以,戴先生给学生启元白写信自亦可遵平阙之书仪,很合仪轨(图八)。

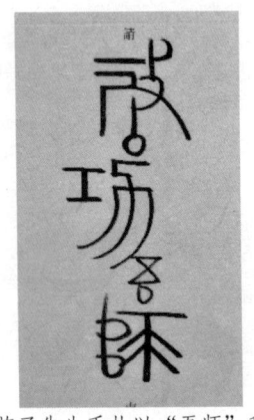

图七　黄苗子先生手札以"吾师"称启功先生

某日我在姚华研究专家杜鹏飞教授处看到一张人物画旧裱

立轴，

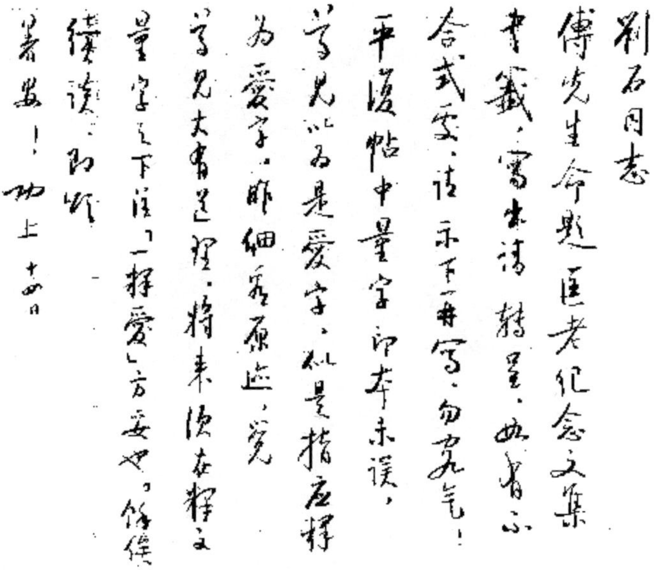
刘石同志
傅先生命题匡老纪念文集
书签，写出请转呈，如有不
合式处，请示下再写，勿客气！
平復帖中量字印本未误，
尊兄以为是爱字，似是指启释
为爱字。非细看原迹，觉
尊兄大有道理，将来须在释文
量字之下注「一作爱」方妥也。余俟
续谈，即頌
著安！　功上　十四日

图八　启功先生致笔者手札亦全遵平阙式

他从多个角度判断是民国间高仿，我深以为然之余，补充了一个新的推测，就是画上题识有“予笔墨恶劣乞莫以画论”语（图九），这就谦虚得过头了，不可谓得体。古来有涵养者往往谦抑冲虚，但不会像相声演员似的以自我贬损娱宾。

现在可以回到“侍生”这个问题了。戴姜福先生自署“侍生”，如同吴小如先生呼笔者“足下”，不可能是误用，也不会是过谦，也不大会像有的朋友推测的那样，是戴先生以启先生曾祖门生的身份而用，或戴先生是以前朝遗老的身份称作为宗室的启先生。既然戴先生用了，我们就敢断言，《辞源》中“晚辈对前辈的自称”的释义至少不完整。另一种权威辞书

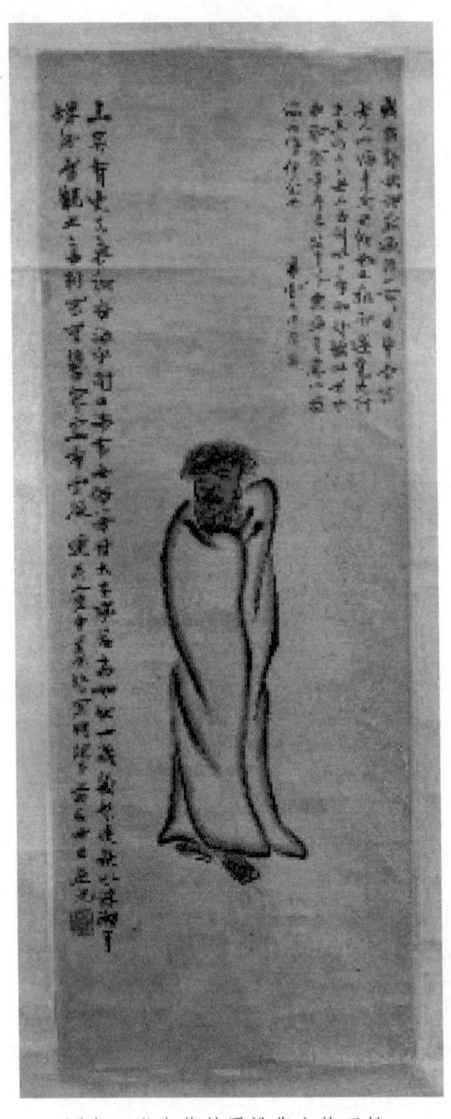

图九　私人藏款署姚华人物画轴

《汉语大词典》中补充的一句"平辈之间亦有谦称侍生的",就非常重要,根据这句话,再根据我们上面说的平交而自矮一辈谦称,这个问题似乎就可以解决了。

约定俗成的行款格式、语言词汇和表达方式,会被一定时段内的人们共同遵守,但既成套式,其原有的称扬、祝颂、思念、自谦功能就不知不觉地弱化了。比如人们一般不会自称"笔墨恶劣",却可以随便地说出"涂鸦""覆瓿",因为这已经成为谦辞套语。谁都知道这是谦辞套语,说者听者都不会拿它当真;"久疏音候,时怀渴想",保不定多少年没有想起过;"蒙惠宏著,获益殊深",很可能连塑料封膜都没有拆除,也没打算拆除。作书者自称"弟"或"后学",受信者决不会就此认定自己是兄和前辈。

但如果对套语性质、书仪功能理解未能深透,情况可能就不一样了。我曾以俚句夸赞一位院士的诗,其中有"反观我所为,直堪糊窗牖"两句,院士坚持要我删去这两句。有些讲旧礼的老辈学人,有信必复,每复必赞,甚至通篇皆赞,其实不妨看作通篇都是套语,却有一些人不明就里,到处炫示,洋洋自得,徒增笑柄。还有的人临纸而书,过于矜持,惜用敬语和谦辞,不知不觉间失了礼节……这些现象的存在,说明了在今天这个时代去细究一下星落云散的古代书仪,还不是一件过于无聊的事。

戴姜福先生这件尺牍写在朱丝栏八行笺上,内容是叙睽违、问疾病、谢惠物、叹流光,这正是魏晋以降历代士人尺牍的雅格。其书法为典型的文人馆阁体,结构平正,用笔省净,用尖笔写方阔字,上追欧阳修、曾巩之体,旁近王国维、傅增湘之风，书卷气足，风规高远。启先生曾言夫子之书是学问之书，自己的书法不及夫子之万一。这固然是启先生对恩师的情感流露，也未必不可以说明戴先生书法的不同流俗。

（《文汇报》2020 年 9 月 13 日）

与罗宗强先生关于文献问题的通信

罗先生：

您好！

向您及全家拜新年！

节前几天，意外地收到您的来信。晚上又接到傅璇琮先生的电话。傅先生告诉我，您给他打了电话，提到我的这篇拙文，表达了与信上相同的意思。

本来早就要复您信的，是姐姐带着她的孩子从合肥来我这儿过寒假，上小学的孩子已到了玩游戏的年龄，整天占着我的电脑。人有贪图方便的本能，习惯了用电脑写东西，就不愿退回笔耕的时代，哪怕是写一封信也不行。接着就是过年，这封信就拖到了现在。这是首先要请您谅解的。

这篇拙文是我的师兄周裕锴命我作的，当然，他只是说谈谈文献与学术研究的话题，没有规定非得持什么观点。我所以会有如此偏激的观点，倒不是为文而造情，而是在表达一种积蓄已久的真实情绪。如拙文中提到，我不止一次亲身感受到轻视文献的观念的存在。真的听不止一人以不屑的口吻提到王利器先生，偏偏我对老先生很佩服。当年我们做博士生时被告知不得以古籍整理的形式提交文章参加答辩，偏偏我们的专业不是别的，是文献学。偏偏这不光是过去的事，这样的事今天仍在延续。很凑巧，接您信的头一天徐俊打电话（您知道他刚从中华书局调入社科院文学所）聊到一件事：社科院最近为学术著作颁奖，获奖的书奖金五万元，文章只有五千元（以书和文章划分等级高低，这种惯常的做法典型地体现着现而今学术评估的种种荒唐。但这是另一个问题，此处无法细陈鄙见）。陈铁民先生的获奖著作《王维集校注》可是厚厚的四本书啊，却只得了五千元。原因是，古籍整理类的著作一律与单篇文章"等值"！如此之类的事情酿造了我这样的情绪。这次得到这么一个命题作文的机会，就自然将之痛快地倾泻出来了。

您信上提到社会科学研究立论的分寸感问题，我不敢说别人完全没有过类似的观点，但使用"分寸感"一词，作为一个问题正面提出来，您之前我还未见到。我觉得这是一个新鲜的话题，也是一个有意义的和重要的问题。很盼望您有专文谈谈这个问题，以提醒为学者从思想上加以重视（也许您已有了，是我孤陋寡闻）。不过我觉得，一、要杜绝爱走极端的毛病恐怕不容易。爱走极端也许与文化传统有关，也许不是，而根本就是人类共有的自然属性。古今中外，做任何事，概莫能外。就写文章而言，表达一种想法往往就是表达一种情绪，情绪往往与倾向相连，倾向离极端往往就是咫尺之遥。二、分寸感是一个很复杂的东西。"分寸感"也有个分寸的问题。如何掌握分寸感的分寸，实难有一客观标准。以治病为喻，休息调养是一种方式，以毒攻毒也是一种方式。用哪一种方式，宜视病的情况而定。针对特定的问题，也许极端就是一种适合的分寸呢？三、所以，我私心以为，极端有时也不完全是个消极的行为。孔子曰"过犹不及"，孟子曰"矫枉过正"。过犹不及固然不好，矫枉过正却有必要。鲁迅先生说过，想搬动桌子，得先假装要掀翻屋顶。极端容易使自己的立场鲜明。极端也许有助于达到目的。

可能出于第三点所谈认识的缘故，也可能由于个性的差异，我的确常有走极端的毛病。但具体说到这篇拙文，平心而论，中心虽然在强调文献的重要和轻视文献的不正确，却实无唯文献独尊的意思。文中明言："我的观点是，如果说未进入学者视野的文献不是学术，但文献考据就是学术，与义理研究也是学术一样。而不同的学术形式，地位和价值是平等的，考据与义理没有高低之分。我们可以不选择抱着文献去啃，不同的人，心性不同，才情不同，尽可以选择自己喜欢的和适合自己的道路，却不必对异己者妄加轩轾。"我只是觉得现在的问题如上所说，是文献考据而不是义理仍然在受到歧视，所以才将重心侧在文献考据这一边而已。这样才有接下来说的那一段话："我讲考据与义理没有高低之分，但如果硬要在二者之间分高低，那我就认为高者是考据而不是义理"云云，下面举出了自己的一些理由。这固是我一时的真实想法，现在看来确实有情绪的作用，未尝没有意气之争的成分，可能正是这情绪导致的意气之争导致了您所说的"分寸感"的缺失吧。

您在信中说："以考据、义理二者论学术价值之高低，命题本身就不能成立。因为此二者并非在同一层面上。研究目的不同，是无法比较高低的……比较二者的高低，不唯没有意义，且易造成不必要的混乱。"我十分赞同这一灼见。"以考据、义理论学术价值之高低"的观念、意识真的是存在的，且可谓屡见不鲜，像我信的开头提到的那种种事例。从这一点说，您的警示的确有重要的现实意义，值得人们认真反思。

信中又提到"学术之整体发展，未必全取决于考据"，您的这一观点我同样赞成。但您举出的魏晋玄学和宋明理学，依我也许错误的理解，觉得更多似是哲学思想，而不是学术问题。哲学与学术，哲学家、思想家与学问家、学术家有时不好截然分开，有时也许集于一人，但本身似乎确为两途。常见一些研究哲学史或哲学问题的大学者被称作哲学家，其实准确说应该叫作哲学史家或哲学研究家。如果说哲学家更多靠思辨的能力、更多显现思想的魅力，学问家就是更多依赖运用文献的能力、更多显现学问的魅力了（为避极端之弊，应该声明，这只是说的大体之别，当然不是说前者可以完全脱离文献，而后者就没有思想）。此所以钱锺书不愿在干校待，因为那里没有书；而邓小平局促在江西南昌那座小楼中，那个小院子内，也不妨碍他思考中国未来的路怎么走——这是玩笑话。

如上所说，本文的中心在强调文献的重要性。要使这个观点具有说服力，必须拉大旗来作虎皮。就是出于这样的动机，我才举了您谈《二十四诗品》的例子。事隔五六年，我已不记得您托吴在玉君宣读您关于《二十四诗品》的看法的事。寒斋插架上有大著《隋唐五代文学思想史》，可惜又没有注意到后记中的那段话。我只有您说过因为陈尚君提出这个观点，使您考虑如何修改大著《隋唐五代文学思想史》的印象（其时似在南开，您正在修改大著，准备交中华重版）。读了您的信，再取出大著后记，才知道我的印象与事实不符，这会引起读者误解您对《二十四诗品》作者问题的真正看法，这是需要向您郑重致歉的。也因如此，我冒昧地建议可否将您的来信交《新国学》发表，以纠正由我造成的这一问题？

罗先生，由于身处异地，向您请益的机会不算很多。但您治学的严谨、为人的谦和一直是我深所敬佩的。您在这封信中体现出来的思维的严密、论述的周详，一如以前读到的您的文章。您在信中提出的许多观点，如"要在学术上出现大的突破，有赖于新的学术思想的出现""考据可以解决真伪和训读的部分问题，理解主要是靠义理的素养""创造性与分寸感是社会科学研究者应该具备的很重要的两个品质"等等，不唯可以补救我在这篇拙文中一味强调文献考据的偏颇，如果发表出来，相信也会给学术界以很多启发。

令人惊诧的是您带给我吴在玉君的噩耗。吴君是一个很豪爽的人，那次在新昌，大家在一起喝了不少酒。我回京后还应命写一条幅寄他，记得内容是"顾长康从会稽还，人问山川之美，顾云：千岩竞秀，万壑争流，草木蒙笼其上，若云兴霞蔚"。不意竟以英年早逝，岂真佛家所谓"是身如泡，不得久立"者耶，思之令人神伤。

专此奉复，敬颂

大安！

后学　刘石顿首

2000 年 2 月 28 日

附：罗宗强先生来信

刘石兄：

今天收到四川大学项楚、周裕锴二位先生编的《新国学》第二卷，读到大作《文献与学术》，觉得吾兄提出了一个十分重要的问题，就是对于文献应给予十分的重视（其实，兄谈的只是考据。文献并不等于考据）。前四十年，此一问题是被忽略了的,近十余年已得到重视。大致说来,一部分人十分地重视,极少数甚至强调得有些过头。一部分人仍然不重视。这种分化的现象,是正常的。一个正常的学术界必定是多元并存,告别一统天下的局面,是一个进步。

对于中国古代文学研究,或者扩而大之,对于中国古代文化研究来说,不管是从事义理研究,还是从事史的研究(二者有差别,但常被混淆了),文献都是基础。离开文献,一切都无从谈起。这一点,对于一位严肃的研究者来说,是不言而喻的问题。从这一点说,吾兄的见解无疑是十分正确的,不时提一提,亦警世之意。

但兄之见解,有的地方似有所不确。兄谓若要在义理与考据二者中分出高低,则以考据为高。此一点,不知兄从何种角度、何种尺度而论?学术价值?社会价值?对于文化发展、文化承传的价值?角度不同,衡估的标准当亦异。如从学术价值言,则某一专题、某一问题设或有考据之价值高于义理研究之价值者(此一点似越是古老的问题考据越是重要)。而从学术之整体发展言,则高于之说就未必能成立。学术之整体发展,未必全取决于考据。以魏晋、宋明为例都如此。玄学与理学,在我国学术史上占有的地位,恐怕是难以否定的吧!我至今似还未听说过那不是学术。而彼二者,所依赖者似非考据。或者说乾嘉学派对于我国学术史之贡献可以说明兄之论点。此说在一定意义之内可以成立。从史籍与史事之辨伪与训读,从而对于史实之更为准确的把握上,清人确实做出了非常大的贡献。但兄不应忘记,学术之范围包括至广。研究之成就、进展,绝非仅靠考据一家。有些古籍,光靠考据,不用说研究,即使解读也无法完成。1999年我在《文艺研究》上发表了一篇文章，谈论古文论的问题。在那篇文章的一个注里，我举了《庄子》为例，说俞樾解《庄》，许多地方解错了，就是因为他在义理素养上有所不足。像《老》《庄》《近思录》《传习录》这一类的典籍，考据可以解决真伪和训读的部分问题，但理解则主要的是靠义理的素养。在这些地方，就不易说考据的学术价值比义理研究高。

即使从史的研究上说，谓考据之价值比义理研究为高，此论也不易成立。对于史的研究而言，史料的整理当是研究的第一步，此时考据无疑处于极重要的地位。但史的研究不可能停留在史料学的层面上。在史料的基础上，还要对史实做出判断（更不用说还要论定是非了）。这时，史识的高低就显出来了。陈寅恪先生的《唐代政治史略稿》，引用的都是人所常见书，它的成就，主要的就在于他的史识。研究对象不同，考据与义理研究的价值高低，也就不能一概而论。

至于从推动整个社会学术、文化的发展而言，就更难说考据具有更高的价值了。近来我常常想一个问题：现代社会进步是如此之迅速，文化学术如何反映这种进步？究竟什么能够推动学术的发展？我们当然可以继续发扬乾嘉学风，在一些领域内做出扎扎实实的成绩，十年五十年不变。但是，如果要在学术上出现大的突破，则实在有赖于新的学术思想的出现。尽管我们现在可以从梁启超、胡适的著作里挑出许多的毛病，但是我们却无法否定他们曾经引领了一代学风。之所以如此，就在于他们在学术思想上不人云亦云，有新的突破。我们现在的学术界之所以未见大的进展，主要的恐怕就是在学术思想上尚缺乏引领一代学风的人物。

我说这点，不是要说义理比考据更重要，那也是荒唐的。其实，兄以考据、义理二者论学术价值之高低，命题本身就不能成立。因为此二者并非在同一层面上。研究目的不同，是无法比较高低的。一般说来，我们不能拿一个外科医生去与一个内科医生比水平的高低，不能拿男人的优点比女人的优点。考据解决的问题，义理解决不了；义理需要解决的问题，考据也无法解决。比较二者的高低，不惟没有意义，且易造成不必要的混乱。由此我又想到一个问题：学术环境问题。一个兼容的学术环境，对于学术的发展是至为重要的。各种各样的研究方法，都应该共存，不应有厚此薄彼之分。卖瓜说瓜甜当然是常情。但不应在说自己的瓜甜的同时，也说别人的瓜不甜。什么时候我们的学术界真正做到多元共存了，我们的学术环境也就正常了。

我再说一遍，兄提出考据重要，这是对的。考据是古代文学研究的基础，这是大家都会同意的吧。问题在于兄在论述时把它的重要性说得极端化了，没有把握好分寸。前不久，北大中文系的先生，不以我浅陋，要我去为研究生讲一次。我讲的就是社会科学研究立论的分寸感问题，一些问题，本来提得很好，常常因为分寸把握不好，结果走向反面。我以为，创造性与分寸感，是社会科学研究工作者应该具备的很重要的两个品质。爱极端化，似与文化传统的某些因素有关。这是一个很大的问题，在此无法详论。

附带说一下关于司空图《二十四诗品》的真伪问题。兄引我的话，说我因尚君先生此一问题的提出，从而感到不知如何去叙述从司空图到严羽、王士禛这一条诗歌理论的线索。兄由此说："搞考据的人一跺脚,搞义理的就得跟着晃,你说厉害不厉害!"兄此说不确。当时陈先生的《诗品》非司空图作说刚提出不久,我说,如果此说成立,那就不知如何叙述这条线。事实上,从一开始,我就对陈先生的说法持保留态度,当年在新昌开的唐代文学会,我曾托我的一位韩国博士生吴在玉(非常可惜的是,这位很有才华的青年,因患一种绝症,在前不久故去了)在大会上宣读我的几点看法。那几点看法,我至今未变,后来就写在我的《隋唐五代文学思想史》的再版后记中。就我所知,目前学术界对此一问题并非如兄所说"已成定论"。而是论实难定。直至前不久,李庆先生还在上海开的一个古文论会上提交了一篇论文,从文献的角度,论陈说之不能成立。去年九月,我在日本与兴膳宏先生谈及此一问题,提到汪涌豪先生曾撰文,谓司空图的论诗杂著与《二十四诗品》所表述的理论不同。兴膳先生同意我的看法,以为二者的理论是一致的,不存在不同的问题。我以为,至今为止,既没有充分的证据证明《二十四诗品》为司空图所作,也没有充分的证据证明非司空图所作。这是一个疑案,在新的证据出现以前,只能悬着。就我所知,持此观点的还真不少,而且似乎有越来越多的趋势,这并非如兄所说是由于"有些人感情上难过,思想上难通",而是由于持一种极为严肃的科学的态度。由此我又想到一个问题:不论是从事考据的,还是从事义理研究的,都应该有一种极为严谨的学风,否则学术是难以发展的。我们从事学术研究的人,应该抛开个人的得失,不去争谁说了算,而以学术为重,尊重事实,由事实说了算,在事实面前定是非。

拉杂直说，兄当不怪我吧！有机会望来南开畅叙。颂安！

弟 宗强上

2000.1.15

凛焉戒惕"诊痴符"

什么叫学问好，取决于对学问的理解。理解为专著出得多，评职称时就有人用收纳框扛来成果；理解为文章写得长，年终考核表上就会夸耀性地注明每篇文章的字数；理解为刊物级别高，名刊的编辑就分外吃香；理解为科研项目多，就有人整天拍脑袋想选题，睁大眼睛编计划，逢项目必报。

学问应该怎样去做，取决于对学问的理解。理解为为社会现实服务，不能古为今用的研究就被看成没价值；理解为解释历史和寻找规律，偏而窄的研究就成了小趣味和私人化；理解为思想、理论、体系、规律是研究的终极，点点滴滴的史料爬梳和史实考据就落了个"考证至上主义"的罪名，等着挨批。

有什么样的理解，就有什么样的研究；有什么样的研究，就出什么样的成果。能够逃离时代风气的人不是没有，但如"文革"时期的林昭和顾准毕竟是少数。今天的学术生产，时代风气的软导向之外还多了一层体制统摄的硬指挥，对于大多数人来说，可任由翱翔的空间是不太大的。

在有悠久历史的古典学术领域，硕学鸿儒太多，硕学鸿儒的学述也就太多。有以"远求海外珍藏本，快读平生未见书"相标榜的（旧联不知所出），就有以"读已见书"颜所居的（余嘉锡）；有以用"新材料"研究"新问题"为"入时代学术之新潮流"（陈寅恪《敦煌劫余录序》）的，就有以要"建立自己的研究重心，不要跟风抢进"相号召的（严耕望《治史经验谈》）；有的说要像乾嘉学术"为'窄而深'的研究"，"见其'为学问而学问',使吾辈奋兴向学"(梁启超《清代学术概论》),有的反是,"所谓窄而深之研究,缺乏一种高瞻远瞩,总揽并包之识度与气魄"(钱穆《新亚学报发刊词》)。有泥古派,就有疑古派;有疑古派,就有走出疑古派;有的注重知识之探求,有的倾心价值之研索,缘此又有考史、释史、论史之不同……

这些观点你可以说它们不矛盾,很辩证,但怕不辩证,也怕太辩证;怕不全面,也怕太全面。所以,我们不妨有自己独立的见解,至少应该有认同或不认同某人某见解的意识与权利。

就区区而言,内心向往的是从文化角度入手的文献考据,或者说是对文献的文化关注。比如清人戴震,号称乾嘉考据学皖派的代表人物,但他何止是考据学家。他的《孟子字义疏证》用训诂、考据的方式梳理"仁""义""理""智""性""道"等范畴,其意则在批判程朱儒学"理具于心"和陆王"心即理",故人以考据学家兼思想家称之,诚不谬也。

又比如陈寅恪,他在西南联大讲过一个题目,是杨玉环入宫前是否处女,有人说这岂不无聊到迹近猥琐了,其实不然!牟润孙先生正确地理解了其中的蕴义,说这是关系到杨玉环是否先嫁过李隆基的儿子李瑁,李隆基是否霸占儿媳这一违反中国伦理道德的问题,是关涉到李唐王室的血统、习俗以及华夷之辨的文化问题(《陈寅恪与钱锺书》)。人多谓陈氏学术尤重种族和文化,可见其所重者非托之空言,而是以考辨为途径,经由考辨臻于义理之阐发。

但考据和义理合二为一是一个很高的标杆,不是人人都能跨越；陈寅恪《王静安先生遗书序》所总结的王国维治学三特色也是很高的标杆，非不世出的大家不能跨越。就说陈寅恪先生自己吧，他推举王国维的"取地下之实物与纸上之遗文互相释证"，又要求"取用新材料研求新问题"，但认真追究，与其说他是用了多少地下的新材料研究了多少新问题，毋宁说是用旧材料得出了新结论。然则，用陈寅恪都不能全然做到的来要求他人，现实吗？

同理，有学者提出文学、文献、文化的打通与综创，动机当然不差，但问题同样出在陈义过高，恐不能尽切实际。什么是文献？文献是扎实的功底，是坐冷板凳的毅力和奉献学术的精神。就算你愿意有这种功底，你的环境会鼓励你去发挥这种毅力和体现这种精神吗？什么是文化？文化是一种视野，一种理论的素养，一种思辨的能力。今天五六十岁的一代学者，成长于破除"四旧"之际，求学于闭关锁国之时，先天不足，后天失调，欲求文化，奢谈而已！什么是文学？最不容易的就是文学，那是一种优雅的涵养，一种美的结晶。感受美的能力养自后天，更发自天性，那是会心人才能干的事，而会心要建立在素心上，素心要建立在闲心上。已经有多久了，我们忙着赶着去报项目，写文章，被考评，再报项目，再写文章，再被考评，循环往复，以至无穷，连读文章的时间都没有了，何况读文学！没有优游容与的闲心，没有非功利的素心，没有对于美的会心，如何能去亲近文学！急功近利、追名逐利本质上是与美相对立的，所以我们或许能去考辨去研究，但没法去审美，我们在文学面前懵然不知，全然无觉，良有以也！常有人批评文学研究者离文学越来越远，那实在不是因为瞧不起文学，不妨看成衮衮诸公们多少还有些自知之明,避难就易,三十六计走为上了!

理解决定心态,心态影响行为。个人以为,学问这一行是组成三千大千世界的一元,与其他三百五十九行一样,具有独立自足的意义,不比别的行业低贱,也不比别的行业高贵,不必将目标悬得过高,跟自己找过不去。乾隆时期的卢文弨说:"人之力固有所不能兼,抑亦关乎性情,审其近而从事焉,将终身以之,而后可发名成业,其能有所兼者,尤足贵也。"(《书杨武屏先生杂诗后》)心性不同,才情不同,志趣不同,能力不同,尽可以也应该选择自己喜欢的和适合自己的道路,却不必对异己者妄加轩轾。无论考还是论,文化还是文学,窄还是宽,打通还是固守,只要踏踏实实,兢兢业业,有大所得尽可自慰,有点滴之得亦可自慰,没有所得也不必焦虑。古代的士大夫今天叫读书人,用张之洞的话来说,"好学者即是佳士"(《輶轩语·语学·为学忌分门户》),又何必非得"发名成业"而后可呢!

现而今的问题不是"发名成业"的问题,而是有多少"佳士"的问题。读一本书恨不得写三本书,好读书不求甚解变成了不读书好求甚解,你能期望这样的学者写出什么样的东西来呢?信笔至此,记起了程千帆先生说过的一段话:"前辈基础扎实,刘弘度先生一生对《庄子》下过很深功夫,但不写东西,我曾经问过他,他说:'你以为读了书一定要让人知道吗?'"(《书绅录》)是的,在包括程千帆先生本人在内的前辈学者中,这实在是一种稀松平常的情形,现而今,几乎无可再见此风景了。

现而今提倡文化产业化，学术如果也算文化，那么生于提倡文化产业化的时代真是它的大不幸。产业的特点有二，模式化和规模化，即在规定时间内按规定模式完成规定数量，这就决定了学术生产的圈养方式。而学术实在是不能被圈养的东西，它需要的是散养，散养的含义是，首先要有足够的自由，选题的自由，路数的自由，观点的自由，个性的自由，然后要有足够的兴趣和足够的专业修养，再然后要有一种"能事不受相促迫"的客观环境和主观心态。有一个现成的好例子，那就是《宋诗选注》。

《宋诗选注》是怎么做出来的呢？别的不说，单看选目吧。杨绛先生说："选宋诗，没有现成的《全宋诗》供选择。锺书是遍读宋诗，独自一人选的。那么大量的宋诗，他全部读遍，连可选的几位小诗人也选出来了。他这两年里工作量之大，不知有几人曾与理会到。"（《我们仨》）事实是，钱先生的宋诗阅读工作又岂止是"这两年"，在1956年完成《宋诗选注》之前的30年间，他就大量地检阅各种宋人的别集、总集，单在《容安馆札记》中明确提及的就有近300家！我们没有钱锺书的聪明是不用说的，有没有钱锺书的勤奋呢？屑不屑下了几十年的功夫之后，再来做那么薄薄的一册"选注"呢？

不能也不必刻意去追求包括文学研究在内的基础文科的社会功用，狭隘的功利主义常常是要坏事的，评法批儒评水浒和梁效班子都是不远的殷鉴。但有些事情也真是匪夷所思，青灯黄卷的书斋生涯，有时也能在浑然不觉间担当为国争光的大任。比如业师、敦煌学家项楚教授就曾经对我说，当年独自一人埋头于王梵志诗歌的校注时，何曾知道有一个在六十年代就撰文批评过中国学者的日本学者,又准备撰文批评此前出版的一部同类著作了;何曾想到过自己的著作将为中国挽回一次必将丢掉的"面子";何曾立志要将"敦煌学在日本"的局面改为"敦煌学在世界"呢?但这一切竟然就发生了!

回到开头,什么是好学问呢?这当然是一个言人人殊的问题。私见以为,智慧、灵性、识见、个性、读书之广、用力之勤,这些要素至少得占一样,占的样数越多,好学问的可能性就越大。如果一样不占,写了争如不写。几年前的首届高校学术期刊发展论坛上,经济史学家李伯重教授指斥中国大学文科学报多数都是学术垃圾的生产场。批评得太直率了,很有些让人挂不住脸。但我们想想北朝时期的颜之推是怎么说的吧:"吾见世人,至无才思,自谓清华,流布丑拙,亦以众矣,江南号为'詅痴符'。"(《颜氏家训·文章》)"詅"者,叫卖也。对于爬格子(如今得说"敲键盘"了)的人来说,还有比这更酷——"残酷"——的"酷评"吗?自号为学者者,岂能不凛焉戒惕!

最后还想向学术行政者进一言。现在时兴的是量化考评机制,学术管理部门最喜欢的就是这种方式,因为它省事易行,最主要的是几乎不需要任何智力。但一个学者,单位时间里所写越多,摊在每篇文章上的时间和精力就越少,其质量就越难保证,这本是一个浅显易懂的道理,也未必不是导致如今学术质量不断下滑的重要因素。所以我想,可不可以试试这种思路,别担心,仍然是量化管理,仍然用不着智力,只不过反过来,不是求量之多,而是求量之少,规定一定的时间段比如一年、三年内,每人不得发表多于多少篇的文章,否则扣其工分,降其职称,就像一些高校干过和正在干的那样(当然不用说这些高校是因少而扣而降了)。也许过个十年八年,我们能够发现,并不需要刻意倡导什么方法,鼓励什么创新,学术的水准还真有所不同了。

(《文学遗产》2013年第6期)

试论学术规范

规范是从事某一职业时应该遵守的行为准则。这些准则不是"我辈数人,定则定矣"的,是由本行业从业人员在长期工作实践中自然形成的。对于学术研究这么一种精神活动来说,其所应有的规范形态当然要复杂一些,我将它划作三个层面。

第一是机械层面。这一层面的规范基本是人为的硬性规定。比如要有关键词、摘要,注释的格式如何,还有书后是不是得搞个索引,如此之类。但它有个方便读者的原则,与车辆靠左行还是靠右驶并不完全一样。而且这些硬性的规范套一句时兴话说,也是与时俱进的。像摘要的出现,就与这个时代知识信息密集的状况相关。但如海外讲求细注出处,尤其每引必注,窃以为目前还不宜全盘照搬。如果都这样做了,本能容纳二十篇文章的刊物恐怕得割爱掉三五篇,一本二十万字的书,也得涨到二十五万字。在国民生产总值还位居世界第 N 位的时候,在还得靠少得可怜的一点儿科研经费去资助出版的时候,我看还是好钢用在刀刃上比较妥当。当然你有钱,硬要不厌其烦地详注出处,自会有出版社在那儿偷着乐;你自信,硬要不写摘要,相信人们都愿意去细读你那喋喋不休的长文,那你就不写吧。

第二是道德层面。西方严肃的学术著作多遵守一种格式,开头综述一下本课题的研究状况,再说明自己的研究与他人有什么不同,然后开始具体的论述。这不是单纯的形式问题,体现出来的是对他人劳动的尊重,同时也是对学术的尊重。我们的文章往往不太注重这一点,洋洋洒洒地一路说过去,通篇不提一句他人的研究成果,仿佛这个问题是自我作故,无所宪章。其实哪有这等事!更严重的是从报纸杂志上我们得知,有那么多文抄公在那里腾挪跳掷,光天化日之下干着鸡鸣狗盗的事,被人指出后竟然还能毫无愧怍,说我砖头厚的书中你不只发现了这几页吗?正如有人指出的那样,有一天你逮着一个小偷,他说你的钱包归你,可你怎么证明我身上的眼镜、衬衫、领带、皮鞋……不是我的?套一句旧话说,这等人可算是不知天下有羞耻二字了。

我们现在强调学术"规范",在以上两个层面谈论得较多。其实还有第三个层面,姑名之曰理念层面,那是由研究者对学术研究目的、价值的理解所构成的。虽然不属于可供实践的条条杠杠,但如果我们同意"规范"的实质是行业行为的一种准则,无疑是它更接近"行为准则"的本义,所以更应包括在所谓"规范"的含义中。

学术研究的目的是什么,价值体现在什么地方?这么一个很学术的问题,不可能在一篇非学术的短文中详说,所以打算换一个方式表述,就是不说是什么,而说不是什么。比如,学术研究的目的不是为博金,不是为评职称。比如,学术研究的价值不一定与其和政治、经济亲密接触的程度成正比;同时还有相关联的一点,学术研究的水平不体现在发表了多少文章,发在什么样的刊物,收入什么检索机构。这些道理基本浅显易懂,所以不用详加解释。问题恰恰在于,当今学术的"失范"最严重的就是表现在这些地方。

记得两三年前,一位现在已是知名学者的朋友对我长舒一口气说,终于评上职称了,以后就可以少写些没意思的文章了。言者无心,听者有意,我从中至少获得这么几重信息。他是为评职称而写文章,此其一;他评上了职称,是因为写足了所需数量的文章,此其二;他为评职称写的文章并非自己想写的,因为(或因而)它们没意思,也就是不具有学术价值,此其三;他并非不知道什么样的文章有意思,只是无奈得评职称,所以不能不先委屈一下学术,此其四;职称的问题终于解决了,他从此要改写有意思的文章了,此其五……孰料奇事惊人,不久前他老兄又说整天忙着应付短文,原来是新的工效挂钩方案下来了。权威核心(我才知道世上还存在没有权威的核心)刊物一篇文章奖现钞若干,重点核心(敢情还有不是重点的核心)若干,一般核心若干,如此这般。至于为什么写短文嘛,因为一篇文章三千字起算,低于三千的没钱,超出三千的部分,岂不等于白写!他还告诉我,有的学校出手更狠,每年须发文章若干篇,须获课题若干项,须电视露脸若干回,完不成就不仅是拿钱来说事的事,还将遭到名誉上的毁灭性打击:降你的级,撤你的岗。

举这个例子我看可以说明我的观点了。学术研究的真谛扭曲了,学术研究的目的淆乱了,学术研究的乐趣也跟着泯灭了,在这样的氛围下做研究,哪怕文章表面打磨得再"规范",再跟世界接轨,也白搭。可以预见的短期内本已不少的文抄公很可能还会翻倍地增加,长此以往的结果则必然是:提高非学术数量,促退学术发展。这不是明摆的事吗?

说到和世界接轨,现在老嚷嚷这个,我倒觉得也许我们和世界的轨脱得本不算太远。唐德刚《胡适杂忆》(华文出版社 1990 年版）中说："在这个'不出版，就殒灭'（publish or perish），以学问为商品的社会里，读三本书就应该写五本书。祸枣灾梨，那是果树遭殃，与学人何干？所以在美国的科举里，与果树为敌，才是加薪晋级、名重士林的不二法门！"这本书的写作距今总有二十来年，也不知近来美国的轨有否新的变化，直到那天遇见一个刚从那边回来的华籍美人，杏眼圆睁道，publish or perish，你也知道这句话？我才相信了，就像我上面说的，我们的轨和世界脱得并不远。

我们跟美国都一样了，大家伙儿还嚷嚷个什么劲；人家美国都这样了，我还嚷嚷个什么劲。就这么走下去吧。

（《中华读书报》2002 年 4 月 17 日）

分类与排序

天下事鲜有易为者,分类及排序即是其中之一。分类和排序的难度在于标准的确立和原则的制定,而藏在标准和原则背后的则是思想与理念。

举个简单的例子吧,爱买书的读书人或许都有这样的经验,那就是书籍越积越多,对书籍分类并排序的要求就越来越迫切。没有合理的分类和排序,面对四壁图书简直无法寻拣,就跟没有图书没两样。但按什么标准来分类,按什么原则来排序,的确是一个煞费周章的事。按四部分类法?按中图分类法?按眼下正使用和暂时不使用?按签名和非签名?按开本大小?每种看来都有道理,每种似乎都不尽合理。所以不必论书柜中藏书的品种,观察藏书的分类与排序,即可一窥藏书者的思想乃至性情。比如我的一个朋友是按精装与否分类,依开本大小排序,平装书一律隐身后排,以其不好看故也。四壁书柜金光闪闪,俨成一道华丽风景,而其家主人非读书人,已经不问可知矣。

藏书的分类和排序不易,学科的分类和排序更难!近期,清华大学将存在了二十多年的"人文社会科学学院"拆分成独立的"人文学院"和"社会科学学院",理由那是相当充分的。人文科学和社会科学性质迥不相同,研究对象、目的、手段和评价标准诸方面差异甚大,二者独立,便于同一类型不同学科间的真正交融,利于人才专业化与贯通化相结合培养模式的真正施行,因而受到了大家伙儿的广泛支持。这固然是清华文科恢复尤其是近十多年来相关学科快速发展的必然结果，也体现了校方对人文与社科两大学科群不同特性的认识与理解，体现的是尊重不同学科自身规律的办学思想与管理理念。

在强大工科背景下的文科发展，执事者必须经常将"重视文科"的承诺挂在嘴边，不如此就不能给文科师生以信心（想想看，我们从来听不见"重视工科"一词）。"重视"的内涵可谓多矣，比如师资数额的配给，科研经费的支持，办公空间的调剂，等等，但窃以为最要紧的"重视"是"尊重"，尊重人才培养的规律，尊重文科研究的特点，尊重教师的自由与个性。以同类学科群为单位进行的拆分和合并，有利于该学科群中各学科的发展及各学科间的交融促进，自然就是最基本的也是最重要的重视了。

但如果分类只有一种是合理的，而且一次就能将脉把准，它就称不上是多么困难的工作。事实是，只要换一种观念，另一种分类可能马上就会浮现，并且也很合理，甚至，更合理。

比如，两年前美国哥伦比亚大学比较文学系和东亚系教授刘禾带我在她的校园里观赏西洋景的时候，就指着一栋建筑说是文理学院，里面汇集了人文类的文史哲和理科类的数理化等学科，这些被汇聚起来的学科有一个共同点，都是基础学科。我当时听了心里陡然一亮，将文史哲和数理化打通为一个学院，这是此前我的想象中未曾出现过的，但其中的道理是那么地显而易见，不说也能明白。

接着就有一个顺理成章的问题摆在了面前：这个学院在大学中的地位如何？刘禾的回答浅显易懂，说看见这栋大楼了吗？不仅高大、结实、漂亮，而且也位于学校最中心的位置，正象征着这些基础学科在全校学科格局中的地位。

这时旁边的另一位观光客,曾经也在美国多所名校执教多年的钱颖一教授插话了,而且说得更令人心惊肉跳。他说,美国最优秀的本科生都是优先选择文理学院,研究生时再进入各应用学科,而国内最热门的首选却是经管、法学和新闻学院。他接着说,我看着我们学院的本科生那真叫着急,他们都是分数最高的学生,本科阶段不应该到我们学院来!

说到这儿或许应该交代一句,钱颖一当时和现在的职务都是清华经管学院教授,兼任院长。

显然,这里就牵涉到分类之外的另一桩事了:排序。排序是日常生活中屡见不鲜的事,谁知道人的一生要排或被排多少次序?评三好学生要排序,填高考志愿要排序,申报职称要排序,分房子要排序,涨工资要排序,提干要排序,上主席台谁在前谁在后要排序——要命的是,需要排序的事,多半是怎么也排不好序的事,世界上可能没有哪桩事像排序那样容易惹人非议。北方一所名校的百年庆典,不就被指责说是排序体现了官本位吗?南方的一所名校马上学乖,提出"序长不序爵",果然引来一片叫好声。问题是,谁能说哪一种排序就一定正确呢?官是不能本位,长为什么就一定本位呢?古人是有尊老的传统,但古人不也有"老而不死是为贼"的说法吗?再说了,官本位不也是古人留给我们的"传统文化"吗?好吧,长也不能本位,学就一定能本位吗?在中国,谁说得清学是什么?是院士?是几级教授?是社科院自娱自乐式的学部委员?是各级部门的奖?是项目经费的多少?是出版物的数量?一句话,学由谁说了算,依据什么说了算,这又是一个不好回答的问题。

但好不好回答是一回事，类总得分，序总得排，我不敢说我转述刘禾教授的介绍一定准确，不敢说钱颖一教授的见解完全正确，更不敢说美国的学科建制和教研体系都比我们可取，但"他山之石，可以为错"，这句话一定是不为错的。我真的不是眼红清华东门处经管、法学、公管建筑楼群的鳞次栉比、气象非凡，而是说，如果按照刘禾的理论，楼的大小与位置真具有象征意义，那么它们与人文社科楼的鲜明对比（原"人文社会科学院"因没有一处可容全身，只得分在八个高低大小参差不齐的楼内，自美其名曰"八大处"），正好也暗示了这些学科与人文社会学科排序之不同、地位之差异。而且，在一定程度上，这也是我们国家高校学科分类尤其是排序现状的一种折射。我们不是老讨论"为什么我们的大学总培养不出杰出人才"这一钱学森之问吗？这个问题太复杂无比了，不愧为"世纪之问"。但我怎么都觉得，我们的人文与科学经过多年发展，尚远未尽符国人之期许、社会之需要，多多少少跟这个分类和排序有关系。当然还是那句话，排序的后面是思想和理念，也就是说，跟我们的办学思想和教育理念有关系，这才是我心有所不安的原因。

当然我也知道，存在的总是多少有些合理性的甚至必然性的，不存在的也许只是火候不到。在这个日新月异的时代，一切都处在变动不居之中，清华人文与社科的拆分不就是一例吗？那么，谁敢说明天这世界上的分类与排序不会更合理和更有序呢？

（《中华读书报》2012年11月7日）

研究身边的大家

刚刚过去的 7 月,对书画和文史爱好者来说称得上是"元伯月"。13、22、25、26 日,中央文史馆、北师大、中国文联等分别在人民大会堂、北师大、国家博物馆等地举行"纪念启功先生诞辰百年座谈会""百年启功:中国文化传承创新""第四届启功书法学国际研讨会"和"启功遗墨展"。在此前后,北师大出版社、中华书局、商务印书馆陆续出版《启功全集》20 巨册、《启功日记》、《启功作品海外藏珍选集》等多种;北京匡时、华辰拍卖公司同时举办"坚净无尘""百年启功"书画专场拍卖会,成交率和成交价均创新高。

中国文化自古崇尚博通,《史记》评孔子有"通人达才"之语,启功先生正是当代通人达才的典型。多年照料启功先生起居的章景怀先生曾说:"启老的博学和博爱留给我的印象最深。"借由这句朴素的话语,我们可以理解到启功先生的博通,不仅是学术文化各门类间的博通,也是学术文化与心性品节间的博通。博通之外,又有典雅,合称博雅,汉语中常以置诸"君子"之前。启功先生谈吐属词、法书法绘,一举手一投足,无一不透出典雅、儒雅、雅洁、高雅,又足称当代博雅君子的典型。然则"元白月"何以出现,人们关注启功先生的什么,虽然这是一个没有标准答案的提问,在我的理解,反映的正是社会对一种文化,一种由深湛的国学修养和高尚的人格精神共同培植而成的博雅文化的认同和缅怀。

近年来,有学者调整自己的学术重心,倾力于"启功研究",成果引人瞩目。如柴剑虹编审著有《我的老师启功先生》,近又出版《高山仰止——论启功》;陆昕教授著有《笔走龙蛇笑古今》《静谧的河流》,近又出版《启功:诗书继世》;赵仁珪教授著有《论书绝句》注释本、《启功韵语集》注释本、《启功研究丛稿》,近又出版《启功诗文选赏析》。另外散见于各报刊的文章也有相当的数量。这些论著多出自与启功先生素有交往甚至过从甚密的学者和书家之手,故多能提供独家特有的珍密信息,纠正沿袭已久的不确传闻。

比如相传启功先生曾经手书"大熊猫病了"的字条,贴在门上以挡来客,漫画家丁聪还据此画过一幅漫画。但我总觉得自称国宝,实在不类卑以自牧的谦谦君子之举。近读陆宗达先生哲孙陆昕君所惠新著《启功:诗书继世》,始证所传确属子虚,积年疑惑,始得冰释!又比如我们都知道诗文创作用古典易知,言今典难晓,非解人、近人(接近作者之人),如释《哀江南赋》之陈寅恪、注《涉江词》之程千帆,实不易为。赵仁珪教授陪侍启功先生杖履达廿余年,故其所作《启功诗文选赏析》能时涉今典,且有直接来自启功先生者。如释《社课咏春柳》(如丝如线最关情)云:"启功先生曾特意对我说:这首诗是为感伤东北事变和溥仪潜逃到东北而作的。"并由此得出作者不主张用诗直写时事,但不等于他的诗不写时事的不刊之论。又释《秋水》(一寸横波最泥人):"启先生曾深情地对我说,这首诗是怀念他的初恋女友的。"世人皆知启功先生笃于夫妻之情,其《痛心篇》《赌赢歌》等诗作凄入肝脾,哀感顽艳,故当年读此诗,只觉其低回婉转有一唱三叹之音,绝不能也不敢想象它竟还有如此遥深的诗旨,而依此诗旨重读全篇，整个感觉又不一样了。

如此二例，从史料学的角度讲属于不能再往上追溯的原料（即第一手资料），对于了解启功先生诗词内容、艺术手法、创作观念以及性格特征和生平事迹，其意义岂在小哉！

赵仁珪先生是专治古典文学的教授，有人问他为何愿花这么多时间在启功研究上，他的回答真具有醍醐灌顶的力量："与其研究几百上千年前犄角旮旯里二流、三流乃至不入流的中家、小家，不如研究身边一流的大家！"启功先生必定将以文化巨擘的身份载入史册，人或将之比作赵孟頫、董其昌，赵、董之学与艺或可颉颃启功先生，然论人品则远逊。必欲衡诸先贤，则苏东坡庶几更近之乎？那么我们试想，研究苏东坡这样的人物是不是有意义？我们还可以试想，如果今天能新发现一篇苏东坡门生故旧或至爱亲朋谈论苏东坡的文章，对于研究苏东坡又该有多么大的意义？

一代胜似一代，总体来看是社会发展的必然规律，但就某些领域而言则未必，此无他，生长的土壤和环境不同了。忝为古典文学的教师，我在课堂上爱对学生说的一句话是："你们的一切都将强过我们，唯独一点例外，那就是你们的老师不如我们的老师。"这实在不是故作隽语，而是肺腑之言。我辈生不算早，但总还赶上了亲承大家音旨的幸运。那么研究身边的大家，就不只是学术方向上有意义的选择，也是一种情感、责任和义务吧。

（《中华读书报》2012年9月5日）

"编年事辑"的意义

2014年下半年先后得到二书，一是中华书局李天飞兄惠寄曹旅宁先生所编《黄永年先生编年事辑》，一是缪元朗先生惠寄所编《缪钺先生编年事辑》，书名及装帧均表明这是同一套书，是自然来稿还是中华书局有意组织，还有多少种等待面世，尚不得而知。但我深为这套书的编纂与出版而高兴。

缪钺先生、黄永年先生相差逾二十岁，但有一个共同特点，就是文史兼擅、艺文双修。二位先生治学堂庑广大，立身历史学，而皆兼治文学。要研究晚唐的杜牧和唐宋词，不能越过缪先生的《杜牧年谱》和《论词》，缪先生论词所坚守的当行本色观对少女叶嘉莹的影响早已成为学坛佳话。黄永年先生《西游证道书》《记元刻〈新编红白蜘蛛小说〉残页》，是研究白话小说的扛鼎之作，古籍收藏和版本目录学，则是其文史之外纵横捭阖的另一领域。二位先生又同擅书法，缪先生一手秀美雅洁的小行书，常令得观其书者低回不已。黄先生书法之外复擅铁笔，徐无闻先生曾对我说，黄永年先生欣赏他的篆刻，特请其治印，徐先生笑说："我这个永年哪儿比得上你这个永年哦。"徐无闻先生亦名永年，故有此谓。今于曹氏《编年事辑》页162所记，知上世纪七十年代方介堪先生为黄先生治鸟虫篆"永年经眼"，因邮寄缺损，黄先生请徐先生重为摹刻；又于页175知徐先生为黄先生抄配所藏明覆宋本《韦苏州集》缺页并作跋语。两位永年先生的交往想必不止这些，但已能部分印证两位永年先生的交谊，快何如之。

龚自珍说:"士大夫多瞻仰前辈一日,则胸中长一分丘壑;长一分丘壑,则去一分鄙陋。"予生也晚,但每读定庵先生此语,心中便不免滋生曾得瞻仰前辈风采的庆幸。当年在川大中文系读书,数次聆听历史系教授缪钺先生的词学讲座,尚记其用悦耳的普通话洛诵晏小山词句"从别后,忆相逢,几回魂梦与君同,今宵剩把银釭照,犹恐相逢是梦中",谓以嗡嗡声营造梦境,有助于词意之表达。黄永年先生,则是上世纪九十年代初在国务院古籍整理出版规划小组工作时曾有幸一面。那次他是专门来送关于古籍规划的意见,到办公室时已届中午,傅璇琮先生在中华书局门外小餐馆请饭,黄先生甫一落座便掏出几页纸念起来。菜肴陆续上桌,他还是目不旁视地念着,一桌子人静静地等着他。突然傅先生说,这样吧,我们先吃,黄先生你继续念。黄先生马上停下不念了,大伙儿一起笑了起来。

现在要说为什么特别看重这两本书的出版了。一代有一代之学术,缘于一代有一代之学者。缪钺先生、黄永年先生,无疑是体现当代最高学术成就的一代大学者中的两员。是这样的一批学者构成了一代学术的中坚,构成了一代学术史的主要内容。就目力所及,从上世纪八十年代初蒋天枢先生《陈寅恪先生编年事辑》算起就是这么一个传统,即当代学者的"编年事辑"(差不多就是"年谱"了,只是蒋先生谦逊,说"所知粗疏缺略,不敢名曰年谱,故题'编年事辑'")。"年谱""学记""学述"等,其编著者多是所记述对象的故旧、高徒或嗣孙,比如蒋先生是陈寅恪先生的高足,曹先生是黄永年先生的门生,缪先生是缪钺先生的哲孙。他们对所记述的对象既有真切的了解,更怀深厚的温情。深厚的温情是其撰著的动力,真切的了解是其著作质量的保障,那么对于今后研究这一时代学术史的人们而言,这类著述的作用之特殊和贡献之巨大,就是不言而喻的了。

清华大学艺术博物馆常务副馆长杜鹏飞教授斋号"崇华",初次见面,我问这位从本科到博士都就读于清华的"三清团":"是崇拜清华之意吗?"他回答:"不,我崇拜的是姚华。"姚华先生是清民之交的大学问家和大书画家,时人以刻铜圣手、经纶满腹称之,当年在北京的樱桃斜街举办画展,正在京城访问的泰戈尔亲临展场并发表演讲,其声名之煊赫,可见一斑。但姚氏谢世去今不过八十载,生平事迹已经模糊难辨。杨殿珣先生《中国年谱总录》未载其年谱,谢巍先生《中国历代人物年谱考录》中倒有一条,著录内容却只有"稿本,待访,姜亮夫先生见告"一行。杜教授潜心搜寻始获简谱一种,不过区区二千余字,实在难厌其意,遂发愤亲撰,然积数年之功,亦不过成五六万言而已。当年姚华先生的那些位门生故交,还有前往樱桃斜街亲为捧场的数百位姚迷,假设其中哪怕一两个人有心作"姚华先生编年事辑",则其必能较后人从事于兹者事半而功倍,那是可以无疑的。

职是之故,我希望有更多的"编年事辑"问世。这类著述之于当代学术史建构的价值不用说了,其中蕴含着的尊崇先贤、发扬师德的古士君子之高致美行,用今天的入时语来说,也绝对是一种满满的正能量,很值得表而出之。

(《光明日报》2014年12月29日)

尊重教授，尊重学术

我 1999 年年底从中华书局来到清华大学中文系任教，这十多年正是清华大学人文社会科学快速发展的十多年。作为一名参与清华中文系和清华学报建设的教师，在百年校庆到来的时候感想颇多，这里只拣最深的一点来谈谈吧。

如果不把前辈的光环套在自己的头上，清华的文科在十多年前几乎不为世人所知。而在十多年后的今天，谁也不会再把清华大学看成纯理工类的学校，谁也不会忽视清华大学强大的文科力量，谁也不会否认清华大学是一所文理工并重的综合性名校。

十多年对于人的一生来讲不算太短，对于人文社会学科的发展来讲，真是"曾不能以一瞬"。短短十多年的时间，清华大学的人文社会科学取得如此令学界瞩目的成就，根本的原因是学校将原先的定位于开设人文素质公选课、为理工科服务，到汇入主流、创一流办学方针的转变，以及由此而进行的学科布局、师资引进、学位建设、经费配比、生源分配等方面的人力物力的投入。但在这些显性的投入之外，还有一个隐性但却十分重要的管理理念的作用。这个管理理念，就是尊重教授，尊重学术。

这里举几个亲身经历的例子。

大约六七年前，学校有关职能部门拟订了关于清华文科老师工作量计算方案的草案，并邀约部分教授进行讨论。与会的大多数教授对这份工作量计算方案提出了整体的批评，核心的问题就是工分化背后体现的唯量是求的非学术性管理模式。大家的言辞相当激烈，有人甚至指着相关部门的负责人说，清华大学应当成为引领学术风尚的排头兵，不应当成为不良风气的追随者，如果这份与其他许多学校如出一辙的工作量考核方案敢于出台，那将成为清华大学历史上的丑闻！

本来我想，规章已经制定了，征求意见不过是走走程序，会上大家言辞之激烈既出乎我的意料，更出乎意料的，是这个还在孕育酝酿中的方案，竟然真的再不见提起，从此落花流水，胎死腹中了！

每年开会、答辩、评审等等，各地的同行总要碰在一起若干回。工作之余，大家总要聊起各自院校的状况，学校的学术管理制度是必然要互相攀比的内容之一。大家都在抱怨有违和有碍学术规律的工分化管理，抱怨对学术研究量的追求导致的对质的轻视，对学术刊物以行政级别划分学术等级，以学术等级代替对学术质量的衡定，对科研项目近乎宗教式的崇拜等等。当听到我介绍清华的一些情况，许多同行都表示不敢相信，非常向往。

多次听一位校领导在不同的场合说："'不待扬鞭自奋蹄'，我相信我们的教授。"这句话听起来好像很寻常，没什么了不起，但在狗咬人不是新闻，人咬狗才是新闻的时代，这普普通通的一句话竟然变得很令人感动。

我们看一些回忆民国时期高校的文章，常能读到对高校尤其是名校拥有高度自治权的推崇。在现有教育管理体制下，要想完全脱离行政的力量是不现实，不必要，也是不应该的。但我们能否突破某些成文或不成文的管理制度，以期获得多方面的效益,就成为衡量一所学校管理者勇气和能力的一把标尺。

近些年来国家鼓励高校施行一种做法,就是引进校外(主要是海外)名师来做兼职教授。这应当是促进我国高校与国际学术界交往、迅速增强我国高校师资力量的一种有效途径。但惜乎分身无术,兼职教授能在多大程度上发挥作用就是因人而异的事了。更有甚者,有些高校眼睛只盯在获取这一政策提供的优惠上,弄虚作假的事便时有耳闻。清华大学注重全职引进海外名师、真正发挥其学术领军作用的成功案例曾经报刊广泛报道,不是我想在这里再饶舌的事。我想说的是,学校还采取了一种做法,就是在一定程度上突破现有的人事制度,引进校外极具学术成就和学术声誉的已经退休的老先生。不是仅仅借用他们的名望,而是真正地全职引进,全面充分、具体切实地发挥他们的作用,提升学校的文科师资力量和发展水平。

几年前,我系系务会的几位同事想到,受制于学校文科的整体规模,我们既要努力争取较多地引进优秀的师资,同时是否可以延请少数德高望重的老先生——当初我们的想法挺保守,只是希望能来做兼职教授,上点课,做做讲座。但当向校领导介绍了一位老先生的情况,并提出这样的想法后,校领导马上说,我充分相信你们几位教授对老先生的介绍,其实我也了解一点这位先生的学术造诣和社会影响,我会向学校汇报,争取全职引进。当我们告知这位先生已经退休有年时,校领导简洁明了地说,人事制度是可以突破的。很快,学校就通过了全职引进老先生的决定,并专门为老先生建立了相应的研究机构,配备了工作室。研究机构成立大会上,校长还专门做了尊重文科发展规律、为文科发展创造良好环境的主题讲话,产生了积极的社会反响。

这位老先生也不负学校的期望，几年来不仅学术成果迭出，而且招收了两届博士生，带了一位博士后，还亲自为硕博生开设课程，校内外的学生都有来选修的。其实，这位老先生被称作学术界的"韩荆州"，古典文学界的许多学者都受到过他的指导、提拔和奖掖。他们对他原本十分尊敬，他们中的许多位现在都执教于各高校，不少也成为了卓有成就的学者。不止一个人在老先生退休后，也曾有过聘请他到学校执教的念头，但无奈都碍于学校人事制度，难以落实。所以他们在赞赏之余跟我说，清华大学做得出这样的事，做得到这样的事，清华大学也应该做这样的事。

其实，退休人员受聘他校在国外是很平常的事。不论从什么角度算什么账，这都是一种值得肯定的方式。文科尤其是基础文科，年纪不仅不是问题，反而是一种财富。现在基本实行一刀切的退休制度，自有其合理的因素，但客观上不利于发挥退休人员的作用，容易造成资源浪费。清华大学的这种做法，客观上为解决这一问题探索了道路。而其中体现出的，除了对学者、学术的尊重外，不也同样有对学术规律的尊重吗？

《清华大学学报》（哲社版）自上世纪80年代创刊，同清华新文科的历程一样，21世纪伊始进入迅速发展的时期。十年来，学校为加强文科学报的力量，多次调整和增加编辑力量。2010年4月，刊物入选教育部哲学社会科学名刊工程。名刊工程是教育部为加强高校学术期刊建设、繁荣高校哲学社会科学推行的一项重大举措。全国高校学报逾600家，入选的只有26家。我们深知，这是学术界对学报的鼓励，同时也是对学报尊重学者、尊重学术的回报。

近些年来，学报追踪学术前沿，与学者个人广交朋友，与学术界建立广泛联系，征文不避深窄，不限篇幅，一以学术为旨归，刊发了一批高水准的稿件，在学术界树立起了良好的口碑。应该提及的是，我兼职学报十年来，两任分管校领导和其他各级部门，没有哪一位塞过一篇关系稿、人情稿，没有一个人为一篇文章打过招呼。这对于任何一家刊物，尤其是对本身就处在各种关系网络中的高校学报来说，实在是不容易做到的。我宁愿将编辑部受到的尊重，同样看成是学者和学术受到的尊重。

现在社会上对高校管理去行政化问题的讨论方兴未艾。我不认为清华大学已经解决了这个问题，在这方面，清华大学与处在同一种社会文化背景下的全国其他高校一样，还有很长的路要走。但就现阶段而言，我以为清华大学做的可能是相对好一些的。百年清华所以成为名校，必有多种值得总结的经验，无论如何，尊重教授、尊重学术，一定是其中重要的一条。

（《清华大学文科的恢复与发展》，清华大学出版社2011年）

也谈"身份焦虑"与"编辑学者化"

《清华大学学报》2018 年第 2 期发表《如影随形:四十年来学术期刊编辑的身份焦虑》,《澳门理工学报》2018 年第 2 期同时发表《编辑学者化:何以讨论了三十年》一文,以"编辑身份焦虑"为考察轴心,对四十年来学术期刊尤其是高校学报的生存发展与演变状态进行了相当学术化的梳理,是朱剑教授多年来系列期刊研究的新力作。可以说,今后的人们回顾当代期刊研究史,一定不会绕过朱剑教授的研究成果,他的研究将会在相当长时期内给人们以启发。这里仅就"编辑身份焦虑""编辑学者化"以及二者之间的关系略抒己见。

文章中提到 2015 年肇庆学院学报编辑部董娟发表的《编辑学者化的历史语境考察》提出了主体性焦虑说,朱剑教授解释为身份焦虑,这种解释相信是符合"主体性焦虑"的原意的。朱剑教授进一步引用他人观点,认为编辑的职业化与编辑的身份焦虑之间存在因果关系,并分析认为,新中国成立前后编辑虽然不少,但大多不是职业编辑,而现在则相反,大多数编辑是职业编辑,编辑的职业化使得职业焦虑从而产生。

我理解,朱剑教授所谓"职业"的含义是"专职"。但编辑作为一门"专职",至少在现代报刊业和出版业形成的 19 世纪末 20 世纪初就应该开始了,即使专门就学术期刊业而言,是否如文章所说,在 1988 年新闻出版署《期刊管理暂行规定》出台,明确规定"有健全的编辑部、有符合本专业要求的专职主编及一定数量的专职编辑",学术期刊编辑才"告别了编研一体而正式走向职业化",就是说,编辑职业化的时间是否如此之晚,这样的判断有没有统计学上的依据,事实上好不好统计,都似乎值得再探讨。

更关键的问题是,提出编辑学者化的历史语境是不是编辑职业化带来的身份焦虑呢?还有,编辑这一职业有没有身份焦虑?如果有,是何时,是什么焦虑?

较早提出"编辑学者化"这一命题的,朱剑教授文中已经引及,是胡光清先生发表于1984年初的《试论编辑的专业化与学者化》一文。那么就算编辑职业化加剧是1988年以来三十多年的事吧,这三十年来的学术期刊编辑如果说有身份焦虑,又是以什么时间段为最甚呢。是胡文发表的上个世纪80年代前期吗?恐怕不是。

远的不说,新时期以来,年资稍长的编辑和学者可能都有体会,在相当长的时段里,相对于学术界人员数量和成果产能的充裕,出版界和期刊界的资源是相当匮乏的,出版社和期刊社的学术编辑不仅是与学术界最紧密的职业,也是学术界最倚重的对象。说他们被学术界视作天之骄子也不过分。犹记20世纪八九十年代,学术界私底下将参加学术会议的目标归纳为三条,所谓看风景(每次学术会议必安排旅游)、拉关系、谈生意。这后二条涉及的对象就是编辑,而且由于供需关系的严重不平衡,受宠的不仅是名刊的编辑,几乎惠及所有的编辑。在那个年代,身份带给编辑的不是焦虑,恰恰相反,是骄傲,甚至骄纵。

朱剑教授说,"越来越刚性化的学术期刊编辑职业化"造成的身份焦虑导致了"编辑学者化"的提出。其实任何一个稍微体面或正规一点的职业（更何况是编辑这个职业），很难想象其从业人员会集体因职业化而焦虑，所以我宁愿反过来，将"编辑学者化"看成是期刊界在推进自身职业化进程中的理论探索，是合乎历史逻辑的正面主张。

要明了这其中的历史逻辑性，不得不回顾一个不得讳言的事实，在相当长的一个时期内，高校学报，如同高校图书馆、出版社一样，成了高校领导们安置关系户（包括教师家属）的方便去处。相较于一线教研人员，学报编辑的学历和学力普遍较低是一个不争的事实。为了学报的正常发展，有必要在编辑自身学术水平上下功夫，这似乎才是"编辑学者化"主张出现的历史语境。虽然"编辑学者化"的主张最初非出高校编辑之口，但正如朱剑教授的梳理所指出，"在各界'学者化'讨论已渐趋冷的1988年，苏州大学学报编辑部王英志以《学报编辑学者化略论》为题，在学术期刊界也是高校学报界率先提起这一问题"。为什么由学报从业者再提起这一问题，深层的原因或许正在这里。

"编辑学者化"是编辑自身建设中的一个正面命题，它的提出亦确实体现着合理性，包含着必然性，这合理性和必然性也是它不胫而走、广播人口的根本原因。但"编辑学者化"的主张客观上对编辑的职业提升或者说"主体意识"的养成是否起的是积极作用，这恐怕是一个很难证实或证伪的事。不过，如果要给这一主张一个总体的评价，我的评价却是消极的。

假设我们承认学术刊物的编辑是一种职业身份，那么一种职业得以成为一种身份，里面得有多少职业的素养等着去讲求啊，比如对学术动向高屋建瓴的了解和敏感、对学术重点举重若轻的分析和把握、对学术发展未来的预测以至引导、得体的人际交往能力与广泛的学术人脉、学术文章写作技巧方面的高人一筹,等等。学术刊物的编辑当然离不开学术,一定的学术素质当然不可缺乏,专业的学术水准却非最重要的条件,更非唯一的条件。将之单独提溜出来加以强化,于绝大多数的编辑个体不见得切合实际,于编辑这门职业更可能不仅无补还会有害。有什么害呢?此前已经有不少研究者提到过了,如朱剑教授文章所引的,"导致职业角色错位","导致编辑意识削弱","导致编辑不安心于本职"等,一句话,这一命题的提出,很容易导致编辑"主体意识"的削弱。一种堂堂正正的职业,如此堂而皇之地提出要另一职业化,除编辑一家之外,似乎未见别家(别忘了连在中国最缺少职业内涵、人人可干的"行政管理"职业也不曾提出过什么化啊)。

但编辑不能提倡学者化,我还有另外的一种理由。学术刊物的编辑要具有一定的学术水准本是不言而喻的,但这与学者化不学者化不是一回事。学者化多半是专业化的,在今天的教育模式下养成的学者更是如此,所谓 to know everything about something,即"精微"是也;有人戏称博士的名称应改成专士,良有以也。而编辑应该是 to know something about everything,所谓"广大"是也。编辑某一专业的学术水准过高,必然是这一专业学者们的大不幸。钱锺书生前最听不得别人称他为比较文学学者,甚至不承认中国有比较文学,原因很简单,他根本瞧不起他那时的"比较文学"圈子。那么如果让他来做编辑,能入他法眼而侥幸见容的比较文学论文会有几篇?一个刊物聚集了几个钱锺书,这样的刊物还办得下去吗?

有人说一流的学者只能由二流乃至三流的学者来培养，同理，一流学者的文章恐怕也只能由具有二流乃至三流学术水准的编辑来编发。

如果说，"编辑学者化"的提出有其历史语境下的合理性，那么在今天，期刊界从业者的普遍学术水平并不低，至少在职业的起点上，他们的学历和学力是不输于同期起步的专业学者的。如果说在后来的发展中有所不同，那也是道不相同、术有专攻、自主选择的原因。因此，"编辑学者化"的提法逐渐失去了存在的价值，到如今几乎变而为一个编辑学史研究的题目了。

"编辑主体意识"说出自提出"编辑学者化"的同一人，朱剑教授的文章中业已提及，最早提出"编辑学者化"的胡光清先生，两年之后的1986年又提出了"编辑主体意识"说。假设说编辑学应当成为、可以成为、已经成为一个学科，那么在这个学科中，迄今为止包容性强、建设性意义大的命题之一，窃以为就是"编辑主体意识"说，因为它体现了最强烈的专业意识。而就较早提出这两个命题的胡光清而言，他对于这两个命题的逻辑关系是有清醒认识的，那就是他所说的"编辑以编书为天职，谈论学者化问题，似乎大言不惭"。正如朱剑教授所分析，"他是有着强烈的编辑与学者职业分野意识的，故从提出'编辑学者化'之始，就对此保持了足够的警惕"。胡先生是因为"考虑到自身素质与书稿质量、出版事业的发展息息相关，又不能不探讨这个问题"，这也是我自觉有充足理由将他提出的"编辑学者化"看成是他编辑专业化、学科化理论探索中的一个积极命题，而不是因自矮身份而欲去编辑化的所谓"身份焦虑"的表现。

可惜的是,"编辑主体化"与"编辑学者化"这两个逻辑层面、思想内涵、价值意义都迥不相同的命题,不知什么原因(不会是因为语法结构过于雷同吧),竟然在相当长的时间里,被后人相提并论甚且推重后者甚于前者了。

编辑主体意识的体现,我的理解也就是编辑专业性的体现,这种专业性,有人更通俗地称为编辑独具的特殊本领。朱剑教授文中便提到,早在1980年第2期的《出版工作》上,熊向东先生就发表过《编辑的本领》一文:"提起编辑,有人就想到抄抄写写,剪剪贴贴,因此讥之为'编书匠',这当然是一种误解。其实,编辑工作是一种特殊的本领,而学到这些本领是很不容易的。"那么,这些特殊的本领有哪些基本的方面,如何才能为编辑所掌握,自然是编辑学研究最重要的问题。可以说,编辑学专业性所体现之处,也就是编辑学值得研究的问题所聚集之处。朱剑教授文中提及编辑的身份建构问题,我理解身份建构的核心内容也就在这些地方。道理很简单,身份而需要建构,那就一定不是一个简单的外在符号,而是内具的有异于其他职业的特殊素质。既往的编辑学研究者在这方面已经取得了丰富的成果,对高校学报的功能职责、运行体制、管理模式等亦发表了很多建言,朱剑教授行文中既随加征引,他自己在包括这两篇文章在内的一系列研究文章中亦多有阐发,但兹事体大,仍需要在这一方向上继续深入研究。

最后再回到"身份焦虑"的话题。今天包括高校学报在内的学术期刊编辑的身份焦虑倒确实是存在的,这缘于学术期刊的生存困境,这种生存困境大约是近二十年的事。随着政府对高等教育日渐增大的投入，学者们的社会地位随经济地位日渐上扬，出版社和社会期刊界却越来越被赶上市场化的不归战车。出版社的市场化在近二十年前的改制后最为明显，出版物学术水准的要求相当程度上让位给了急迫的利润需求。而在作者这一方，则是财（不是才）愈大气愈粗。给钱出书，出版者与学者的关系变得有点像原始社会以物易物般"单纯"。编辑的地位渐趋下降，80年代以来持续多年的优越感明显稀释了。

高校学报的市场化压力表面看似乎好些，其实有更严重的问题在。在大部分高校，学报本来就是边缘化的机构，划归教辅系列，其归属随着永在路上的人事改革和机构变动而变动。职称评定、福利待遇等方面的状况与一线教研人员相比有或大或小的落差。这样，刊物收费或一刊两制（名人免费以撑门面、不知名的作者收取版面费）的现象就难免相当程度地存在。问题是经济上的些许补偿不见得能够减少多少身份落差带来的心理失衡，收费还加剧了刊物在学术界甚至业界的不良口碑，导致其良性发展的难度进一步加大。

更多属于编辑个人的身份焦虑之上，还有更为整体的期刊界的职业焦虑，那就是大环境下刊物的生存问题和发展前景问题。现如今高校对教师成果的考核方式是刊物分级制和量化考评制相结合，追求数量必然导致质量的下降，追求刊物等级必然导致大量不够等级的刊物优质稿源的减少。同时，这也必然催生了刊物升等晋级的迫切需求。如果说现在的学术是项目化，学者是名头化，学术刊物则是级别化。南大核心、北大核心、中科院核心、社科院核心、权威核心、重点核心，是不是核心，是哪一序列的核心，在相当程度上成为刊物生死存亡的关键。本来提升刊物品质的正确途径只有一条：质量为王。优质再优质的稿源，下载率、引用率、转载率、影响因子全应因它而产生。但优质稿源既不易得，非学术化行为甚至造假行为就不可避免地出现了。比如，刊物之间彼此约定的互引，比如为增加发文量（发文量与二次文献转载率成正比）而多发短文，又比如少发甚至拒发某些不易被转载的学科的文章。有一家省属大学学报的主编就曾公开对我说，为了转载率，一律不发表文献考据类文章。这些行为通常被称作不讲职业操守，其实换个角度看，不就是生存压力的体现？生存压力不就是最大的职业焦虑吗？这与个人的身份焦虑相关联，但更关乎整个编辑行业，焦虑和解决焦虑采取的措施带来的危害性，又比个体的身份焦虑大多了。

事情还不止于此。现而今的中国高校纷纷争创世界一流，那么与高校皮毛相依的高校学报还能坐得住吗？与学术痛痒相关的学术期刊还能坐得住吗？首先应声而动的是科技类期刊。据报载，中国科协已为此组织了"我们与世界一流期刊的距离还有多远"为主题的系列座谈会。可是在我看来，提出科技期刊的一流，比提出人文类期刊的一流还不靠谱。原因很简单，科技水平是有国际通用标准的，不像人文社科中的国别和地域差异性，还可以用"凡是民族的就是世界的"来搪塞。我们的科技水平在不断进步这是事实，但与世界一流之间的距离，通过近期的"中兴公司事件"，应当领会得十分清楚了。刊物是引水之渠，文章才是源头活水。源头没有活水，渠水何得清澈！

科技期刊如此，人文学报何独而不然！在2018年4月底澳门理工学报召开的"华文学术期刊转型暨《澳门理工学报》创刊二十周年研讨会"上，明明讨论期刊的问题，来自高校的多位教授却纷纷嗟叹高校学术管理制度的荒谬、学者学术道德的低下和学术水准的滑坡。这不是跑题，高明的国医不会止于头痛医头、脚痛医脚，他们综合辩证地看出了学术期刊的最大困境是水缺源，木无本。十多年前，李伯重教授的大学学报"学术垃圾生产地"说一出，舆论一时哗然。但大学学报沦落至此，是大学学报编辑不够学者化吗？不够学者化的难道不是垃圾生产者吗？就像有安全问题的食品端上了桌，你去怪厨师，讲道理吗？所以最重要的，是如何建立一种尽量杜绝垃圾源头的机制。将这种机制推后到垃圾产生后处理垃圾的学术刊物，为时未免已晚，再将责任归之于编辑的不够学者化，更是治病开错了药方。

对学术的理解和敬畏，是学术界和期刊界共同保持学术绿色生态的底线。失去了这条底线，一切将无从谈起。从这个角度讲，身份焦虑岂止是期刊界才该有的，期刊界所依托的学术界，更大有值得焦虑之处。学术界和期刊界更应由焦虑到质疑，质疑自身，也质疑自身所在的职业体制。不过，有一位一流大学的校长刚说了，焦虑和质疑并不能创造价值，因此，我看还是就这样吧。

（《澳门理工学报》2018年第3期）

微薄而真诚的祝愿：《古典文学知识》一百期

《古典文学知识》将满百期，这是古典文学界值得庆贺的一件喜事。

回忆刊物创刊时我还是20多岁的研究生，刚进入古典文学专业的学习不久。读到这份新刊物，感觉真不啻如遇甘霖。以后很长的时间内几乎期期不漏，很难说清有多少知识是它所赐予。后来我也大胆向刊物投稿，承蒙不弃，陆续发表，算来至今已有十几个年头。在投稿的过程中，与编辑朋友书信往还，有的还在会议或其他场合相识，逐渐建立了深厚的友谊。我也做过7年的刊物编辑，编辑这个在人们眼中也许十分平常的职业，对我而言有一种特殊的感情。因此，我就与这个刊物和刊物的编辑有了多重关系：读者，作者，朋友，同行。

刊物诞生于20世纪80年代中期的南京，直到今天，她一直是与古典文学界拥有唯一相同性质的专刊。她与稍早于她的北京的《文史知识》在普及与提高相融合这个大目标上遥相呼应，在专家写小文这个总要求上不约而同，但二者并不能互相代替。《文史知识》兼跨文、史、哲诸学科，近来又有向思想、文化、民俗、文物等扩展的趋势。《古典文学知识》却十数年来固守古典文学这块阵地，目标坚定明确，而又不故步自封，同样是与时俱进。她的装帧朴实无华，她的内容却云蒸霞蔚，每一披览，总有如行山阴道中，使人目不暇接之感。她不仅有益于古典文学的爱好者，同样有益于古典文学的研究者。凡是喜爱古典文学的人，少有不亲近她的；凡是研究古典文学的人，少有不关注她的。十几年的时间，在人不过是尚未成人的少年，在她却已经成为蜚声古典文学界的著名刊物。

　　古典文学的蕴藏无比丰厚，永远没有挖尽的一天；古典文学的欣赏者和研究者代不乏人，永远没有中断的一天。因此，我们的刊物也就任重道远，永远不应有也不会有歇息的一天。相信百期纪庆是刊物回顾历史、展望未来的良好契机；相信在下个百期到来的时候，刊物将以更辉煌的成绩证明她继续不断的努力和奋斗，证明她所保持的巨大活力和永恒的价值。

　　在刊物百期纪庆的时刻，我的心情也是多重的：一是对她满怀感激，一如无数受惠于她的读者；二是感到与有荣焉，一如为她的成长出过一份力的广大作者；三是心中充盈着喜悦，一如十数年来辛勤耕耘着的编辑朋友；四是深知今天的成就得来不易，一如凡是从事过编辑这个为他人作嫁衣的职业的同行。

　　那么，就让我作为一个忠实的读者，不称职的作者，昔日的同行和永远的朋友，献上一份虽然微薄却绝对真诚的祝愿吧。

（《古典文学知识》2002年第1期）

冷淡生涯与一本刊物：《文学评论》六十年

上苍待人总的来说是公平的，比如，煊赫一时、荣华尽享者未必没有触霉头心绪黯淡的时候，不如意事常十之八九的平头布衣，当检点平生，也难免有令其眼睛一亮的往事。何以知之？不才如我，久而难忘的事亦竟有三桩。虽然在大人物看来必为区区小焉者，然而我不这样看，既为一介细民，事大又能大到哪儿去？

此所谓三事，按时间顺序，第一事是1984年初，在四川大学本科快毕业时考本校硕士生，因为我是考生中唯一答对"湖上，闲望，雨潇潇"是温庭筠词句的，导师成善楷先生（入学一年后根据系里工作安排我被转到了项楚老师名下）坚谓可免复试，直接录取。当时内心里的那种侥幸感和荣耀感，实不亚于今日诗词大会的胜出者。

第三事发生在本世纪初，虽然已届不惑，还算年轻气盛，写了一篇商榷性的短文《读什么音听谁的》发表在《中华读书报》上，此实即大学者所说的豆腐干块，壮夫不为者。可是江海不择细流，没承想收到扬之水先生的一张明信片，上面几行钢笔小行楷鼓励的话，最后一句记得清楚，"当为君浮一大白"。此事又何以值得夸耀？因为天底下如果还剩一位不虚与委蛇的人，那就是女史，所以我拿她的话当真。

第二事，就要说到正题了。入研究生的第二年，邱俊鹏老师给我们授唐宋文学专题课，所讲均老师平日思考的各类问题。其中提到陈子昂，认为历史评价过高，可以再作审视。此恰与我之前所读印象相合,所谓心有戚戚焉,于是重读陈集,旁搜材料,仔细研判,分别是非,写成《关于陈子昂的重新思考》一文,觉得还有些新意,投到哪里去呢,管他,《文学评论》吧!

这真是初生牛犊不怕虎!那时远不像今天把刊物划作三六九等,再以刊物等级的马首是瞻,但从老师和师兄那里也早知道中国文学的学术期刊,最牛的大咖就是北京办的《文学评论》,最牛,说的不是等级,是口碑!而且进大学不久,我就读到过上面的一篇文章,钱锺书先生的《诗可以怨》,是这篇文章,让我从三十多年前开始就成了铁杆的"钱粉"。

满怀期待却又确出意料的事发生了,约莫过了两三个月的时间,我都快忘记(或者说不敢去想起)这事的时候,竟然收到了考虑刊用的来信,署名是《文学评论》编辑部。这真给

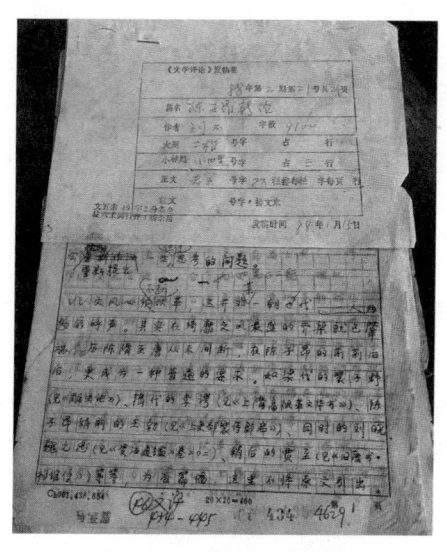

《文学评论》拙文发稿单

一个22岁初出茅庐的年轻人带来了王侯不易的喜悦！接下来却是差不多两个年头的音信全无，我倒也觉得正常，《文学评论》嘛！硕士毕业，留校工作，接着又上北京考博士，文章终于登了出来，是1988年第2期，题目改成《陈子昂新论》，文更简而意更显了。

过了几年，博士又毕业了，刚入职中华书局没多久，首届国际陈子昂研讨会准备召开，主办者记得《文学评论》上的那篇文章，也给我发了邀请，这样就让我进一步思考陈子昂历史地位形成缘由及今人如何辩证看待的问题。我与中华书局文学室副主任徐俊兄同入蜀中，拜谒射洪陈子昂墓，参观陈子昂读书台，那里的百姓对乡先贤的崇仰让人感动。我在会上简略报告了自己的看法，回京后敷衍成《文学价值与文学史价值的不平衡性》一文，寄给《文学遗产》副主编陶文鹏先生，不几天就得到他如风卷夏云般的大草信札，寥寥一二十个字就布满一页信纸，记得差不多就是两句话，角度、内容均有新意，用！快人快语的陶公写信也如此，这已经是后话了。

到北京念书后，在一次会上遇见陈祖美先生，得知我姓名后笑着说，当年那篇文章是我给你发的，我立刻有遇到失散多年的亲人的感觉。当时就想，做一个好编辑对小人物来说多有意义！后来我果真做了编辑，就不自觉地拿陈祖美先生当榜样，不废大名家，重视普通人，尽量认真地去阅读没有请托的自然来稿，一旦留用了，心里就揣摩着对方如何同我当年一样地偷着乐，然后自己也抿嘴笑了！

左起：《文学评论》编辑部王信、胡明、陈祖美

后来，《文学评论》又陆续刊出《试论尊词与轻词》（1995年第1期）、《实学研究与文化探索——傅璇琮先生的学术思想》（1996年第6期）、《关于胡适的两部中国文学史著作》（2003年第4期）、《中国古代的诗画优劣论》（2010年第5期）等几篇文章，主要是经胡明、张国星二位之手发表的。国星兄还告诉我，在讨论写傅先生这篇文章的时候，编辑部起意设立"当代学人研究"栏目，于是很荣幸地，拙文成了开栏之作。胡、张二先生处理稿件的认真和专业，给我留下了非常深刻的印象。

我不是一个高产的人，所以在《文学评论》上发的文章虽然不多，但就比例来说不算低了。《文学评论》对我而言起的是一种标杆的作用,每当动笔的时候就想,嗯,争取这篇写成拿得出手给《文学评论》的水平吧,于是写还是不写,自己就会踌躇;开始写了,就会认真再认真一些。在我心目中《文学评论》是什么样的呢?那就是有视野,有思想,有才情,而又不趋时,不虚浮,不酸腐。一个人哪来那么多的见解和才情呢,于是我的文章就只能损之又损,以几于无为。把最好的文章投给《文学评论》,我相信有这种想法和做法的学者多了去了。一个刊物办到这个份上,够了!

另外,我的文章中跟《文学评论》有点关系的还有一篇,是发表在《文学遗产》2003年第1期的《梁启超的词学研究》,获2003年度《文学评论》学术论文提名,名单刊于《文学评论》2004年第1期。假如这算得上一个荣誉,那真正只能算作小小不言级别的荣誉。什么叫小小不言呢?它不设奖金不说,还不颁奖状,是为小小;不颁奖状不说,连消息都懒得通知到本人(是别的朋友看见了转告我的),是为不言。可见连主办者都没拿它当回事。可我就是挺珍视这个提名的,没别的,就因为它是《文学评论》弄的。另外还有一个因素,它是不需要个人申报的。

现而今越来越多的人感觉到了,凡是需要申报的奖,申报过程中往往就容易发生不可言说的事,味道变了。所以,很难说是不是受《文学评论》的触发,若干年后的2010年,我为兼职的《清华大学学报》(哲社版)从马来西亚百盛基金会主席潘斯里陈秋霞女士那里谋到了一笔捐款,编辑部决定设立两年一届的"百盛-清华学报优秀论文奖",首先制定的一个原则就是不用个人申报,全交给可以信赖的同行专家来评选,评选完了才发通知给获奖者。结果是，北京大学的东方学专家、乡贤王邦维教授有一天打电话给我，说接到自称是清华学报编辑部的电话，告知获奖而且还有一大笔奖金。"现在哪有晓都不晓得就把奖都评上了，而且还有奖金的呢，不会是骗子吧！"哈哈！

上世纪末刚调入清华大学的时候，知网草创，想去翻翻杂志还只能上学校图书馆。我在学术期刊阅览室排查了好几遍也不见《文学评论》的踪影，心想这图书馆当年可是"祥云缭绕的地方"（语出宗璞回忆清华图书馆文章的题目），钱锺书一进清华就发誓横扫它的啊，虽然后来中道衰落，怎么说清华文科复建也有十来年了！心有不甘，转求管理员查阅电脑，果然发现了《文学评论》的芳踪，原来它被安放在文学期刊室，与《当代》《十月》等刊物比邻而居着呢。问为什么，答曰，它不是有"文学"二字吗？得！虽说这比打发顾客到五金店去找《管锥编》的书店店员靠谱些，我还是见微知著地感觉到，清华图书馆太缺乏文科出身的人才了。于是我在一些能说上话的场合呼吁图书馆多进文科毕业生，指名道姓地推荐应该购入的图书，反复强调方兴未艾的电子资源的重要性。也许不是我人微言轻的呼吁起了作用，但清华图书馆确实是一件件去做了的，我也一度被图书馆聘为学院联络人，还奖励了一张400元的馆内复印卡，到今天都没用完呢！

我与《文学评论》的故事，到这儿说得差不多了。"冷淡生涯别有天"（宋人郑清之句），谢谢王秀臣兄打来约稿电话，为我提供了翻腾一遍三十年冷淡生涯与一份杂志之关系的机会。更要谢谢《文学评论》杂志，是她让我的冷淡生涯平添了一抹玫瑰色的前尘梦影。在这里,我要祝贺《文学评论》的六十华诞,更祝福她有美好的明天!

(《中华读书报》2017年6月14日)

素以为绚的风景

前贤忆念

总有一些人使我们永远怀念：鲁利民先生

1978 至 1980 年，我在合肥一中度过了两年高中生活。毕业后考取四川大学，远离合肥。后来父母调回他们的故乡成都，回合肥的机会便不太多。随着时间的推移，学习、工作和生活的杂事逐渐缠身，母校的消息越来越少，有关母校的回忆便也越来越封存在脑海深处。有时甚至想，母校恐怕也把我们这些老学子们遗忘了。

当意外地收到母校寄来的百年校庆公告，这些旧日的时光猛然间从记忆的深处跳跃出来，才发觉它们依然那样清晰，那样新鲜生动，才知道深埋于心底的对母校的眷念从来不曾消失过，虽然屈指算来，转眼已经过去了二十多个春秋！

"母校"，是人生中为数不多的值得珍视的两个字眼，不仅因为每个人都在那里获得知识，获得友情，也因为它伴随、见证着我们每个人最可宝贵的好时光。每一所书声朗朗、草木青青的校园里，回荡过我们多少童年、少年和青年的笑声，弥漫过我们多少童年、少年和青年的梦想！

合肥一中，这伴随、见证了我两年青少年时光的母校，又怎能不让我魂牵梦绕，难舍难割！

两年的时光在人的一生中是很短暂的，但在合肥一中的两年，值得回忆的事情却很多很多。在这篇短文中，我却愿意抛舍掉许许多多值得回忆的往事，专门记述我们的班主任，一位永远令我怀念、感激和引为人生榜样的老师。

他的名字叫鲁利民。

我们这个班，是合肥一中历史上第一次实行文理分班后的文科班。当时还流行着已流行了几年的一种说法，叫"学好数理化，走遍天下都不怕"（这句话今天不再流行，是因为人人早已重视数理化了），所以学文科是被人瞧不起的。我们这个年级愿意学文科的确实也不多。全年级几个班总有好几百人吧，最后来到文科班的不过区区12名同学（后来又从外校转来了几名）。鲁老师接手这个班后，很严厉地鼓励我们认真学习，树立自信，不受那种世俗观点的影响，用行动为自己、为父母也为母校争光。

在一年多的时光中，在我们学习的每一阶段，从学习方法到学习计划，从心理素质到日常生活，鲁老师无不倾注了全部的心血，认真、细心、科学地加以指导。很多细节随着岁月的远去已经模糊了，但有些事情却一直难以忘怀。虽然学习十分紧张，但只要是他的课（鲁老师教我们历史），课间休息时必然要轰我们到教学楼后面的操场上去跳沙坑，谁都不许待在教室里。表面看这是重视一张一弛，劳逸结合，其深意更在锻炼我们的意志和培养我们的进取精神。

鲁老师对我们所有的学生有一种父亲般的殷切期望。他说，你们每个人都应该是最优秀的，不仅在学习成绩上，在思想品德和体育比赛上也要争先进。所以当全校举行体育运动会时，他对我们这个不足别的班一半人数的小班提出了很高的要求：跻身全年级的前列。因为人少，每个同学都被发动起来了。这样，就有了我一生中唯一的运动员经历。那次运动会借的是农学院的大操场，我和其他三位同学参加了四乘一百米的接力赛。我最弱，被分在跑第三棒。记得头天晚上紧张得大半夜不能入睡，怕拖了集体的后腿。比赛的结果是，我们夺得全校第三名，每人奖了一条毛巾，这小小的成绩成为我更加自信地备战迎考的一种莫大的激励。

　　黑色的七、八、九三天到了，我们在九中考试，天热得要命（至今不明白为什么高考年年非得安排在这样酷热的季节），每个考场里都用大盆堆满了冰块。每场考试，鲁老师都在校门口对我们做最后的叮嘱，然后将我们随身携带的书包收走。难忘这感人的场景，每次走出考场，首先看到的不是父母，而是鲁老师挎满各式书包的高而瘦弱的身躯。

　　直到我们考上大学，快要离开母校的时候，我们才知道，鲁老师是一个做过三分之二胃切除手术的人，难怪他是那样瘦削！

　　高考的分数下来了，录取的结果出来了。在我们12个学生中，有11位考上了大学，一位考上了大专。其中一人考上了北大哲学系，一人考上了复旦中文系，一人考上了武大中文系，我考上了川大中文系。这是非常优异的成绩！我们以这样的成绩报答了鲁老师的辛劳与期望，也证明了自己的努力和能力。这是令我们感到欣慰的，也一定是鲁老师最感欣慰的。还记得那次当我们急着去拿成绩的时候，鲁老师手捏着我们的成绩单跟我们卖起了关子，故意半天不拿出来。但我们从他脸上抑制不住的笑容中已经知道了大体的结果，悬着的心不觉放下了一多半。

2008年鲁利民老师（左）受聘为合肥一中督导组专家

那时不像现在，没有升学的硬性指标，更没有丰厚的物质奖励，甚至今天常见的学生家长给老师送点礼之类的事也没有时兴起来。那时的年轻人也不像今天这样灵活和懂人情。两年之中，我们虽然在内心里感激鲁老师，在私下里夸赞鲁老师，逢年过节却从来没有想过给老师送哪怕一束花和一张贺卡（那时恐怕也没处去买这些）。甚至，我们连口头感谢也没有一句，离开学校后竟然也很少再去看老师。

那时老师为学生做这一切也都是出于本心，那样自然，顺理成章。他们认为自己是老师，就该这么做，从来没有想到什么报答，不会责怪我们不谙世事。我们那时的其他老师，语文老师、数学老师等等，无不和鲁老师一样，全身心扑在工作上。鲁老师不过是这些老师中的一个突出代表。我至今不知道鲁老师是不是共产党员，当时我觉得像。不过这不重要。反正他是我一生中最为珍视的人，对我一生影响最大的人。如果我在后来的工作中也努力为他人做过一些什么，那无疑有他的影响在起作用。

他挎满书包的身影，将永远占据我的心田。

二十多年来，经过了多少事，又淡忘了多少事；结识了多少人，又淡忘了多少人。但人的一生中，总有一些事和一些人是不会淡忘的。也许应该补充一句，"母校"二字所以值得珍视，不仅因为每个人在那里获得知识，获得友情，不仅因为它伴随、见证着我们每个人最可宝贵的好时光，也因为母校中总有一些事使我们永远怀念，总有一些人让我们永远尊敬。

不是这样吗？

二十多年过去了，母校即将迎来百岁华诞，鲁老师也应该年逾七十了吧。在鲜花绽放的清华园，在五月凉爽的夜晚，我的心中涌起一股温情。我很怀念母校，我也很怀念鲁老师。我要将心中所有的祝愿献上，献给我们的母校，献给我们的鲁老师。

（2002 年 5 月 17 日夜，未刊稿）

百载公论自有期：徐无闻先生

艺术家生前的名声，往往与他的实际成就不完全相应。然而，历史的考验总是公正的。生前名过其实者，身后名声日渐降归原位；生前因种种原因而名不及实者，身后也会显露他自有的光辉。

上面这段话，见于徐无闻先生的遗作《余兴公的书画篆刻》一文（《美术之友》1994年第2期）。徐先生的这个意思，他生前在不同的场合，跟不同的人讲过。这是徐先生一贯持有的一种艺术观。

徐先生生前的艺术遭遇是幸运的。从二三十岁受到周菊吾、易钧室、沈尹默诸前辈的关怀印可起，数十年间不断精进，深蒙以沙孟海、方介堪、启功等为代表的老一代书家、篆刻家的称赏，在同辈及晚辈同道中更享有令名。但徐先生似乎坚信他的艺术受到最恰切的定评不在生前，而在身后。从这里，能看见徐先生对自己的艺术抱有的自信。

徐先生又是谦逊的。他向一切他认为是真好的艺术家学习，不管这个艺术家年长于自己，还是比自己年轻。他不赞成刻意追求创新，但不是反对真正的创新。他多次说，韩天衡的篆刻真正称得上有新东西。他曾将韩先生为他治的名章亲手钤在我新买书籍的扉页上，叮嘱好好揣摩。他在1983年任首届全国篆刻比赛的评委，那次评比中福建的石开获得头奖。徐先生说，我是投了票的，我要请他为我刻印。以后也多次向他人提到石开。发现人才的欣喜之情溢于言表。

徐先生从不以已有的成就为满足。去世前两年，六十周岁时，他应一家报纸之约写了一篇短文回顾自己的艺术道路，题目叫作"艺无止境"。许多人都听他常说这样的话："我的字过几年还会有进步。"这种不带一点骄矜的话语，而今是不容易在搞艺术的人口中听到的。我手头有两件作时相隔十年的玉箸小篆，均称精美。而作于逝世前一年的那一件，婉转流丽的风格依然，又平添了一层浑穆遒劲之气，艺术内涵更加沉厚。先生故去后，我常将两件作品比肩悬置壁间，凝神静观，心潮为之澎湃。

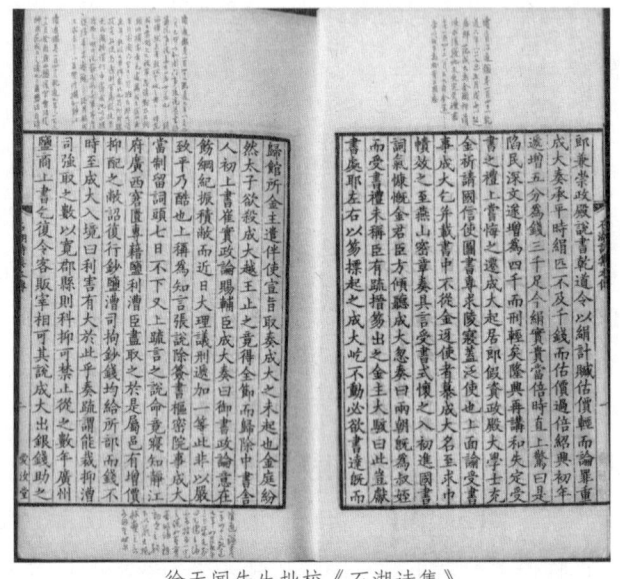

徐无闻先生批校《石湖诗集》

徐先生不会感到遗憾，因为他一生勤奋，一生追求，一生无愧。遗憾的也许应该是我们活着的人。这样一位真正的艺术家，生前没有机会办过一次个人展，没有出过一本作品集。这些现在对他已不重要了，重要的是他将千百件书法、信札、篆刻留在了人间，它们终将为他在中国书法篆刻史上的地位做证。

"雕虫岂易世都知，百载公论自有期。"这是齐白石老人题在友人画上的诗句。徐无闻先生身后的遭遇也是幸运的，不用等到"百载"，仅仅两年之后，他的预言就已开始成为现实。今天有这么多的学者和艺术家们纪念徐先生，证明徐先生的话没有错，"历史的考验总是公正的"，并且有理由相信，随着时间的推移，历史老人的公正品格将愈见分明。

（《光明日报》1995年6月20日）

启功先生介绍我入中华书局

　　启功先生享仁者之寿，加之天分充盈，兴趣广泛，学海艺苑，所涉甚多，因而三教九流，各界友朋，指不胜数。但若论同一个单位中，启功先生朋友最多的，北师大中文系之外，无疑首推中华书局。这自然与上世纪七十年代初他在书局点校《清史稿》的经历有关。在书局的那些年间，有机会发挥自己的专业之长，又能与同为博学鸿儒的同道们谈学论艺，使身处逆境的启功先生感到宁静充实。但我知道，书局人对知识的尊崇，对知识分子的爱戴，更使重情的启功先生终身感怀。因此当年我临近毕业，有意去书局工作时，启功先生非常支持。那时他的声名早隆，研究、教学和社会活动都已相当繁忙。在校三年间，他身边的学生多次向他索要法书，他总是满口应承，甚至还不止一次地问写什么内容，就是直到毕业离校，也很难兑现。但当我提出请他写一封推荐信时，他没有半点迟疑，立刻说你明天来拿。第二天去他家中，他取出装在信封中的推荐信，一句句念给我听。信的全文是这样的：

　　　　璇琮、逸民同志赐鉴：敬陈者，本届各院校于毕业生，令由自己联系工作。功校中文系博士研究生刘石，系四川大学硕士生，受到导师项楚教授培养，并承杨明照老先生关怀印可。于古典文学知识有较扎实之根柢，并有一些论文在刊物上发表。有志深造，尤盼获列门墙，得窥宫室之美。侧闻尊局进（近）有增延后备力量之议，渠极愿得参末席,俾在陶冶中更多实习机会。倘荷收录,不佞亦预有殊荣!琐屑上渎,无任惶悚!专肃,敬颂 撰安。弟启功谨上。九月廿五日。

时在 1990 年。十五年过去了,我的印象如此鲜明,启先生站在他书桌的座前念,我站在书桌旁听。当念到"本届各院校毕业生"时停顿了一下,然后从桌上拿起笔,俯身在"校"字旁小心地添上一"于"字。抬起头再念一遍,说,哈,这就顺了。当我接过信,看着两页信笺上谨饬秀拔的字迹时,问:"我复印一份给书局好不好?"启先生不假思索、干净利落地说出两个字:"不好。"于是我就只好将原件送出去了。进书局后,启先生在一封信中还说:"工作想甚忙,在傅、许二公座右,工作即是学习,进益日速,是可贺也!"

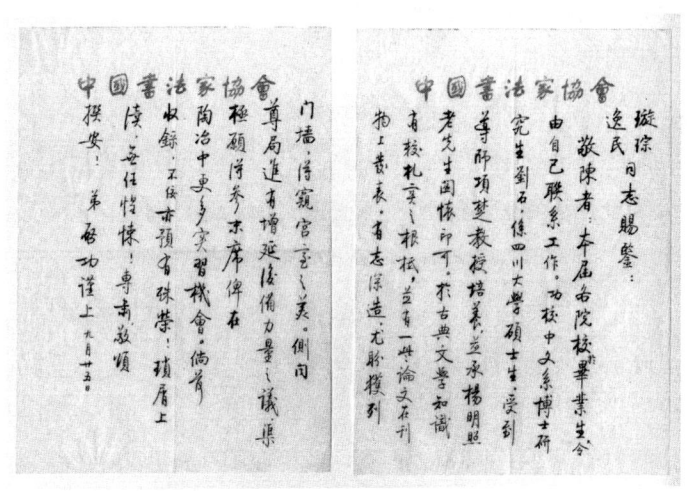

启功先生推荐信

启先生平时一字不易求,因为他实在有太多的事要做,有太多的笔债不得不应付。能够推掉的，只能是身边较为亲近和熟稔的人了。但真正遇到与他人学业、工作等有关前途和生计的事情，他从来就不惮烦难，鼎力相助。他去日本访问，虽日程甚紧，事务繁忙，却不止一次抽出专门时间为学生寻找、购买做论文所需的材料。外版书价格不菲，他知道学生余钱无多，连书款也坚决不让学生掏。在过去身体、精力好的时候，有相识和不相识的人写信来诉说生活的窘境，他也会寄上几幅字。他对造他假字的人听之任之，一方面是假不胜打，一方面也确有不砸别人饭碗的意思。有人批评启先生缺乏维权意识，对于这样的观点，真不知说什么才好。

这份推荐信，如此认真，一丝不苟，体现出的是先生关怀后进的仁爱的天性，同时我知道，又何尝没有他对中华书局的一种感情存于其间。我来到中华书局很长一段时间中，只要去家中看他，他就必要问起中华的故人。刚开始我连很多人的名字还来不及熟悉，或虽知其名而对不上人，他都一一问起，如何英芳、王秀梅、姚景安、冀勤、马蓉、刘尚荣、赵诚、刘宗汉、刘尚慈等。有一次他问，张忱石最近怎样。张忱石先生因为和傅璇琮、许逸民先生同编《唐五代人物传记资料综合索引》，搞唐代研究的人案头必备，所以他的大名我是早知道的，但是不是见到过真人，我一时还不敢确定。我说，前几天我在历史室聊天，有一位先生，个子中等，江浙口音，如何如何，启先生一听，说，像。我又说，他跟我说，每次书局分来新人，他都要跟他们说，应该如何读书，如何做编辑，等等，启先生说，这就又不像了，张忱石可不管这些。但后来证明，说这话的就是张先生。好长一段时间，我老想着下次见面我可要跟启先生说，那位真的就是张忧石，人不是一成不变的，您可不能用老眼光看人啊！

与原同事赵又新在中华书局成立100周年庆祝大会上

书局的同人们同样对启先生充满眷念和关怀。他们中的很多人本身就是著名的学者，近十多年来，师大和系里召开的多次启先生学术研讨会，每次都有不少人参加，我所记得的，就有程毅中、熊国祯、赵诚、刘宗汉、柴剑虹、李岩、徐俊等好些位。记得启先生还说过，我最怕赵诚，一见面他就要跟我抬杠。书局中更多的人怕打搅启先生的饮食起居，多少年也不去看望，但时不时会通个电话，带个口信，遇有升职、乔迁之类的喜事，总不忘向启先生汇报一声，让启先生分享喜悦。一次启先生跟我说："昨天刘尚慈打来电话，说某某某评上编审了，我说早就应该，并跟她说，看来历史毕竟是公正的。你猜她接着又说什么？说这次她自己没评上，我一听坏了。"说完哈哈直乐。

我开玩笑说:"那也没关系,您可以说,看来历史有时是公正的,有时又不那么公正。"启先生又眯眼直笑。第二年,刘尚慈先生评上了正高,我还特意记着告诉他这个消息,他这回是真的很高兴了。正想跟他说历史的确是公正的,敲门声起,又有客至,话题就此转变。

在社会上,人们最看重的是启先生的书法,但他本人最看重的是学问。北师大百年校庆时出版一批已故老辈学者的论文集,聂石樵先生将整理的《刘盼遂文集》送到家中,启先生手捧沉甸甸的书,说了一句含义深长的话:"这玩意儿比骨灰盒管用。"对于研究启先生思想的学者而言,我以为这是一句应该予以特别重视的话。

启先生是学术天地里的云游僧,他的学问之宽广精深,让人不得其门而入。凡是在坚净居里听他聊过天的,都会同意黄苗子先生所说,启先生的肚子里有一个百宝箱,高兴时拿点东西出来给人看,可谁也没有见过这个箱子里有多少宝藏。他留在这个世上的著述,也不过是他高兴时拿给人看的一鳞半爪。这些专著中,除第一本《古代字体论稿》上世纪六十年代由文物出版社出版外,《诗文声律论稿》《启功丛稿》《汉语现象论丛》等,均由书局出版。他的论文集《启功丛稿》初版于1981年,至1999年后,又由书局陆续出版增订本,篇幅增加了数倍,册数也分成四册,成为他一生学术的代表作。启先生因此也十分感谢书局。他在新版《启功丛稿》前言中提到:"八十年代初,中华书局老友傅璇琮先生嘱自衰零篇旧稿成册","傅先生督为从速印刷,出版部门术语曰'拔号'者,不日印成"。启先生是一位具有浓郁的传统文人气质的高人雅士，不是也不屑于做皓首穷经式的书斋学究，但在新版《启功丛稿》的编辑过程中，他从一开始就对文章的去取、分类、排序、内容的添加、行文的再斟酌、误漏字的改正、标点格式的调整，不厌其烦地提出建议和要求。他对文章写作、修改和出版的谨严认真，不亚于任何一位学者！这其中展现出的与常见的启先生迥然不同的另一面，与他对聂石樵先生说的那句话所传达的含义是潜脉暗合的。

1992年，与书局同龄的启先生欣开八秩。在书局八十周年局庆的时候，他书赠《如梦令》一首。词云：

八十周年将到，事业绵长不老。出版尽香花，没有一根毒草。真好，真好！伟大中华之宝。

真挚之情以诙谐之语出之，见者无不叹赏。2002年，年届九旬的启先生应邀参加书局在人民大会堂举行的九十周年庆祝大会。会后送他回家，一路上他的情绪非常之高，车到太平庄，说我们去吃饭，司机马师傅便轻车熟路地拉我们去了一家烧鹅仔。饭间启先生谈笑风生，还喝了几乎一大杯扎啤。我跟他说，等到中华书局百年大庆的时候，我再来接您去参加庆典！看他当时的身体，我真的坚信不疑。

而如今，这已经成为不可能了。

2005年7月2日上午，北师大英东学术会堂演讲大厅内哀乐低回，中华书局一行数十人来到启先生的灵堂，在为镜头所凝固的启先生微笑的目光注视下，鞠躬、默哀。启先生的内侄章景怀先生与他们握手致意，并对我说，你的老同事们都来了。刹那间，我想起了启先生的那封信，我对景怀说，是启先生介绍我入书局的，言未毕而泣下沾衣，景怀也为之改容。

启功先生以九三高龄辞世，已属民间所谓喜丧。何况如王安石祭欧阳修所云："如公器质之深厚，智识之高远，而辅学术之精微，故充于文章，见于议论，豪健俊伟，怪巧瑰琦。其积于中者，浩如江河之停蓄；其发于外者，烂如日星之光辉"，"惟公生有闻于当时，死有传于后世，苟能如此足矣，而亦又何悲"。

那么，就让我们的思念永存心间吧。

（《书品》2005 年第 6 辑）

永远的启功先生

启先生生前我写过关于他的一些文字，但这回不同。

以前看别人怀念他们的老师，这回竟轮到自己了。真是未提笔，泪先零。

启先生离开我们近一个月了。

这一个月来，脑海里时常不受自己控制地浮现他的音容笑貌。尤其当暂离尘世纷嚣的夜晚，取出书架上启先生的遗著，漫无目的地翻阅。七月长假中的清华园寂静无声，内心却波澜起伏。

"永远的启功"，这是中央电视台在启先生逝世后不久播出的纪念专集的片题。我相信，这五个字准确地表达了无数热爱启先生的人的心声，也准确地定位了启先生在中国文化史上的地位。

这一个月来，我也时常浏览报刊、网络上的怀念文章。每个人都有自己心中的启功先生，每个人心中的启先生都有相同，更有不同。作为受亲炙垂二十年的学生，要问我心中永远的启功先生是什么，想说的话真是太多。我只能节制。

启先生是一个不平常的人。

这是旁人的感觉，他自己的感觉不是这样，他觉得自己很平常。他的这种感觉正是让我更加感觉到他不平常的重要一点。他去世前一年接受中央电视台《大家》节目的采访，采访者说别人称他"大家"如何如何，他说你能飞吗？不能就说明还是不行。这是他来自本心的一种真实感受。

1999 年在启府

我刚进校时，有一次问他是怎样写字的。他说他上街时，常看到路旁商店的店牌有写得好的，或其中的某个字写得好看，就停下脚步，看看那个字是怎样写的，为什么好看，哦，原来这一笔是这样写的，这几笔是这样安排的，就记下了，以后再写就会了。我问他，您这说的是什么时候？他说现在也是啊。我在一篇文章中写下当时听到这个回答时的感受：

> 他说时语调那样平常，表情那样自然，我却简直愣住了。在我面前的，是一个什么样的人啊？大名鼎鼎的启功先生，海内外知名的书法大家！多少人提到他的名字肃然起敬，多少人为获得他的一张法书梦寐以求。就是这样的一个人，竟然会在大街上停住脚步，为的是看别人的字是

怎么写的？而且他不仅这么做了，还能将它说出来，并且说得那样坦然，不觉什么"丢份"，也不是故作谦逊，一点矫情的成分都没有！

陆宗达先生的哲孙陆昕在一本书中说，跟启先生接触，使自己有一种强烈的感受，就是别太把自己当回事。我真是太有同感！我和朋友聊天时说，和启先生这样的人结识有好处也有不好处，好处不用说了，不好处是容易让我们瞧不起人。当然，这里的"人"，是那些拿了几个项目、写了几本专著、在核心刊物上发了几篇文章、在什么学会当了个副会长，就立刻自命不凡，把自己当成个"人物"的人。现而今，这种人物真是太多了。

自我谦逊的另一面是尊重别人。启先生的自我谦逊不是故作的，同样，他对别人的尊重也不是居高临下首长式的。他打心里就觉得自己不比坐在对面的人高出一截，不管这个人是朋友、是学生，还是不请自来的不知何方来客。在他家里听他聊天，那是世界上最好的精神聚餐。说聚餐是很准确的，因为不仅聊天的内容滋味无穷，聊天的气氛也真如同朋友聚餐那样平等，轻松愉快。他时常将刚写好的文章复印后送我们"指教"，有时还忍不住一句句念给我们听。每当这时，我们就知道那准是启先生最得意的手笔。

他给我念《论书绝句》中论曹真碑一段：

桀犬吠尧，尧之犬亦吠桀也。犬之性，非独吠人，且亦吠犬。唯生而为桀之吠，则犬之不幸耳。人能无愧其为人，又何惭于犬之一吠哉！明乎此，知訾者近于迂而宝者近于愚矣。

我当时以其篇幅精练而意多转折,就说:"这很有些《读孟尝君传》的味道呢!"启先生听了一眯眼一摆手,满脸是笑,不置可否,可我知道他心里是高兴的。"当受到别人真诚的称赞时,他总是感到非常的愉快,这是艺术家的一种品格。"柯南道尔在《恐怖谷》中描写福尔摩斯的这段话,也适用于启功先生。

听他用标准的京腔读自己的文章,时而轻敲桌面,时而晃动手指,时而破颜而乐,我当时就想起苏东坡的那段自评:"某平生无快意事,唯作文章,意之所到,则笔力曲折,无不尽意,自谓世间乐事,无逾此者。"秦永龙先生说启功先生是继元代赵孟頫之后的又一高峰,那是说的书法。要论道德文章、人格魅力、天分才艺,说启功先生是当代的苏东坡,吾未见其不可也!

启先生的学生对启先生敬而不畏。跟启先生聊天,有长幼无尊卑,可以随时插话,师生间甚至还能互相开个玩笑。

2001年3月的一天去家中看他,正遇他的老学生,时任广东高等法院院长的吕伯陶先生在。他取出新得的清人江声篆书王鸣盛《窥园记》给我们欣赏。江书后有章炳麟、陈垣、黄节、余嘉锡、高步瀛等先生的跋语,内容是针对王鸣盛的文章加以讨论的,后跋往往驳难前跋。启先生说:"多有意思,现代几位'学术大师'为一件小事打仗。"

我这里将"学术大师"打上引号,是因为启先生用的是一种玩笑的口吻。"学术大师"这类新锐的词儿,在启先生这辈人是不屑听的,也不会用它来评价他人。他说这话时,正好我与吕院长展画至末端,见尚有一段空,便脱口而出:"不,还缺一位大师。"启先生马上反应过来我说的是他,随即用手点着我,笑盈盈地说:"对,那就是刘石大师。"吕院长和我都呵呵一乐。他收敛了笑容说,打死我都不敢在这些人后面题跋。

又有一次说起李白的《上阳台帖》,他说:"谁知那是真的假的,我文章前不是有一段吗,说对于我们喜爱的人的墨迹,即使'明知是伪托的,也会引起向往的心情',那就是话中有话。"我说:"是有,可您后面不是又说'这不但不是摹本,还是亲笔真迹'吗?"他脸上涌出那种熟悉的顽皮的笑容,小孩耍赖般说,"那我就不管了"。

还有一次,他将十多万买下的老师吴镜汀先生的六丈长卷《江山揽胜图》给我看,我指着上面远看是飞禽,近看是墨点的大雁说,看着简单,画起来就不是那么回事了。他听我这么一说,脸上一动表情,那表情分明是"是啊"的意思。跟启先生聊天,他老有这样的表情,让你很容易忘了他的身份,也忘了自己的身份,越发大胆地在他面前想说什么就说什么。

启先生是天资绝高的人。

叶恭绰先生早先说过一句话,贵胄天潢的后代,总出一些聪明绝顶的人物。启先生的聪明绝顶体现在笔力曲折无不尽意的诗文书画中,体现在海阔天空的粲花之论中,也体现在日常生活的招呼应酬中。在别人是简单、普通的套话俗语,在启先生这儿也能显得那么不简单不普通。

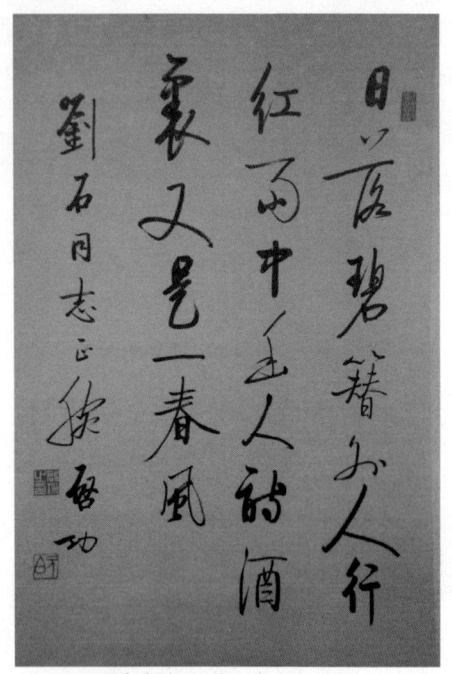

启功先生所赠法书杨万里诗

有客来访,启先生让茶,来客不想给主人添麻烦,推说出门从不喝水。启先生说:"您这不是进门了吗?"

送著作、题签给朋友,下落"启功敬赠""启功敬书"。接受者担当不起,再三表示不安,他说:"我改名了,叫功敬。"

别人来看他,多半会说:"启先生,您的精神看起来很好啊!"换了别人,说还行、还行,说托福、托福,说谢谢、谢谢。还有一种更正统的回答,是"人是要有一点精神的,没精神怎么行呢"。启先生却乐呵呵地说:"精神是好,可物质不行了哇。"既幽默,又符合实情。

此外像"好的就是假的""我哪儿乖啊"之类，已经不胫而走，就不用多说了。

当年况蕙风说王半塘老人："内性惇笃，接物和易，能为晋人清谈，间涉东方滑稽，往往一言隽永，令人三日思不能置。"启先生的字已进入电脑成为启体，我觉得启先生的语言也是一种独具特色的"启语"。

"启语"还有一种重要的类型，就是更能体现其渊渟岳立般文人深致的典雅之语。

《东方之子》节目采访他，上来就列举了他的许多头衔，他用一句话轻轻拨开了那所有的桂冠："这叫此地无朱砂，红土为贵。"

2002年6月，启先生参加在人民大会堂召开的中华书局成立九十周年大会，与书局同龄又与书局有着特殊感情的他那次兴致特别高。会完后送他回家，车到太平庄，他说我们去吃饭，司机马师傅便轻车熟路地开到了一家烧鹅仔的门前。

中华书局九十周年纪念会后。左二人：熊国桢、沈锡麟

饭间我跟他说，每次从您家出来，都有一种沮丧的感觉。然后故意停住不说。反应再敏捷的启先生听见这话，还是愣了一下，嘴里呷着啤酒，没问为什么，但脸上的表情是在等我说下面的话。我才接着道，您记忆力那么好，知识那么渊博，每次听您聊天后就觉得这学问没法做了，不是不努力，努力也白搭。又说，书画界、文博界、文史界，别人稍精一样，即可称大家，您的面如此之广，多少个大家叠于一身。

听了这番话，启先生只用一句话，就又轻轻拨开了我说的所有的话："吾少也贱，故多能鄙事。"

倒不是说这句话本身有多生僻，但彼时彼地由启先生的口说出来，表达了谦虚，透露着得意，又合乎事实（想想启先生"幼年孤露"的生活吧），其原句之上太宰的问话"夫子圣者与？何其多能也"，与我上面的一番议论也正相吻合。我当时真感到有一种朴素的绚烂在我眼前铺开，那种感受非语言所能传达。

启先生是一个特重情谊的人，是一个常怀感恩的人。

我入学不久就感受到这一点。那天只有启先生、同门友谢谦和我在，不知怎么聊起往事，启先生说，抚养我成人的母亲和姑妈不在了，提携我的陈垣校长不在了，与我共患难而没能同享福的妻子不在了。我现在都不敢吃好吃的东西，不敢看好看的风景。有人邀请我去哪儿玩，我都没法去，我觉得自己应该过一种更苦的生活，才对得起他们。

说这话是在1988年深秋的一个下午，窗外阴霾甚重，屋里光线幽暗，看着年近八十的老人端坐在沙发上模糊的身影，心里满是感动、崇敬，眼角悄悄地湿润了。

多年以后，启先生将这段感情用诗的形式表现了出来："先母晚多病，高楼难再登。先妻值贫困，佳景未一经。今友邀我游，婉谢力不胜。风物每入眼，凄恻偷吞声。"

21 世纪初在启府

后来我还读到他很多表达类似心曲的文章。

齐白石老人长他五十岁，有一回问别人："那个小孩怎么好久不来了？"年逾七十的启先生写道："我现在的年龄已经超过了齐先生初次接见我时的年龄，回顾我在艺术上无论应得多少分，从齐先生学了没有，即由于先生这一句殷勤的垂问，也使我永远不能不称他老先生是我的一位老师！"

还有一段文字写叶恭绰先生，更将人世间的人性之美表现得淋漓尽致：

> 昔当先母病剧时，功出市附身之具，途遇高轩，先生执功之手曰："我亦孤儿也。"言次泪下沾襟。其后黑云幻于穹苍，青虫扫于草木，绵亘岁年，而先生亦长往矣。阇维灵骨，渡江而南，竟不获攀辒一痛。今裂生纸，草短跋，涕渍行间，屡属屡辍。虽然，纵果倾河注海，又讵能仰报先生当年沾襟之一掬耶！

读这样的文字而不为所动者，敢必其为缺少血性之人也！

这里要提及我亲身经历的一件往事。

西南师范大学已故教授徐无闻先生是启功先生的老朋友，二人的交谊始于上世纪六十年代初，启先生周巡全国鉴定书画至重庆时，徐先生的书法篆刻和学识修养与启先生深相契合，故常得启先生的推重。徐先生小启先生近二十岁，视启先生为前辈，对他亦极尊崇，尤其对启先生的逢人说项常怀感荷。我之动报考启先生博士生的念头，也是出于他的建议和引荐。1991年他最后一次来京开会，还特命我随他去启先生家中看望。

1993年5月，启先生要我转请徐先生代刻名印一方，我将此意函告徐先生。谁知徐先生其时已在病中，但家人瞒住病情，他自己以为尚有康复的一天，在复函中还有"启先生的印待病稍好便刻"的字句。6月，徐先生病逝。得到噩耗，启先生打来电话询问详情，问为什么这么突然，是不是庸医误诊。后来我将徐先生的复信给他看，他默然摇头，叹息良久。

再往后，徐先生的家属和及门弟子整理先生遗著，并为徐先生选择墓地。我请启先生为题书签及墓碑。他说："我还要写一篇文章。"这篇文章后来在《光明日报》发表，我为他编集子时，又特意叮嘱我将它收入，这就是《启功丛稿·题跋卷》中的《徐无闻先生著作集序》。

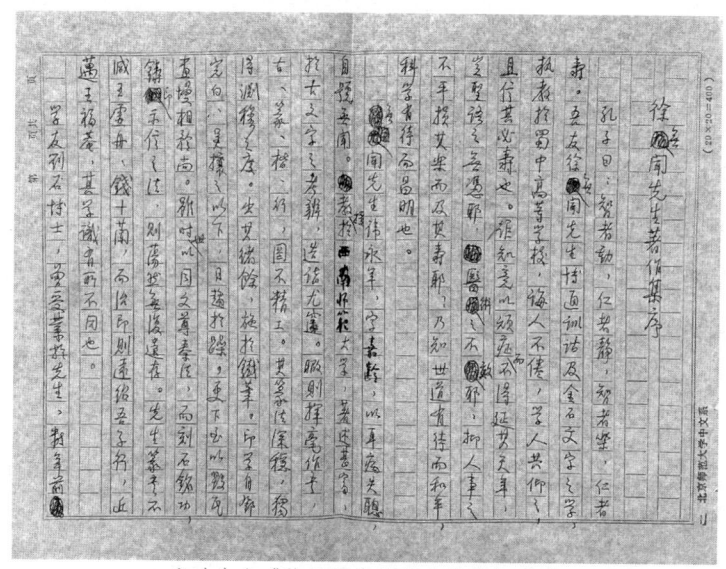

启功先生《徐无闻先生著作集序》手稿

过了一段时间，启先生将书签和碑题交我。当我展开叠着的纸条，看到拳头大小端正凝重的"徐无闻先生之墓"时，一时克制不住心酸。当我抬起头时，竟发现启先生也是泪眼蒙眬！我何尝敢上比启先生，但启先生那潸然的泪眼，确令我顿生"纵果倾河注海，又讵能仰报先生当年沾襟之一掬耶"之感！彼情彼景，将永存我心！

黄苗子先生说，启先生有个百宝箱，他是高兴时露一角给人看，谁也没见过这个箱子里到底藏有多少宝物。现在启先生带着他的百宝箱走了，我们永远无法得窥这个百宝箱的全貌。这个比喻贴切至极。但我敢为黄先生的话下一转语。启先生拿不拿他的百宝箱给人看，不仅凭自己的高兴和不高兴，同时也是因材施教，没这个材，就不教了。我们不必遗憾，我们可以将之理解为不教之教，如孟子所说的："教亦多术矣，予不屑之教诲也者，是亦教诲之而已矣。"

我还觉得，母校现在提出开展向启先生学习的活动，这固然好。但启先生身上所具有的诸种品行，如本文言及的平等意识、天资聪颖、特重感情等，又何尝是能够刻意学到的。那是一种天性，一种涵养，一种在相当程度上与生俱来的素质。启先生走了，也就将它们带走了。留给我们的，只是无穷的忆念。

好在如龚自珍所说："士大夫多瞻仰前辈一日，则胸中长一分丘壑；长一分丘壑，则去一分鄙陋。"我们总算是瞻仰过前辈风采的人，如果我们在今后的立身处世中，多想想先生的道德言行，尽可能地让自己多一分丘壑，少一分鄙陋，就不枉做了一回先生的学生。

（《文汇报》2005年8月7日）

用研究来缅怀：写在启功先生逝世十周年之际

启功先生辞世十年来，有关的书籍与文章时或可见，为后人研究这位不世出的大儒名宿提供了极为珍贵的资料。但我相信，这仅仅是开始。

2012年启功先生百年诞辰时，我在《中华读书报》撰文缅怀，题目叫"研究身边的大家"。文中推介过启先生高足赵仁珪教授的一句话，有人问这位古典文学教授为什么愿意将那么多时间花在研究老师上，他有一个精辟的回答："与其研究几百上千年前犄角旮旯里二流、三流乃至不入流的中家、小家，不如研究身边一流的大家！"文章中还提到，我辈生不算早，但总还赶上了亲承大家音旨的幸运。那么研究身边必将载入中国文化史册的大家，就不只是一种情感、责任和义务，也是学术方向上有价值的选择。

启功先生有极深厚的旧学修养，言谈举止无不透露出传统典雅文化的醇正气息。有些看似冲口而出的诗文语汇，细加追究，亦多能发现其来有自的渊源。如论诗史"唐以前诗次第长，三脱气壮脱口嚷。宋人句句出深思，宋以后人全凭仿"，即与胡应麟《诗薮》外编卷六"唐人诗如初发芙蓉，自然可爱。宋人诗如披沙拣金，力多功少。元人诗如镂金错采，雕缋满前"的表达有相近处，内容却更精粹、全面。脍炙人口的《自撰墓志铭》中有云："六十六，非不寿。"按其首二句为"中学生，副教授"，据《启功口述历史》《启功年谱》，启

启功先生论诗札记

先生1957年四十五岁时即评为教授，后因戴上"右派"帽子降为副教授，1979年六十七岁时始恢复为教授，则六十六岁时确为副教授，则此铭或确作于六十六岁，"六十六，非不寿"二句或确非凑韵之语。然而当我看到宋人王明清《挥麈录》前录卷二："本朝名公多厄于六十六，韩忠献、欧阳文忠、王荆公、苏翰林，而秦师垣复获预其数，吕正惠、吕文穆亦然。"则纪实之句而复为用典之语，亦正未可知。十年前当启先生仙逝时，我在《文汇报》上撰文悼念，提及中央电视台《东方之子》采访他，上来就列举一连串头衔，他却用一句话轻轻拨开了那所有的桂冠："这叫此地无朱砂，红土为贵。"感觉雅致极了。后蒙中华书局刘彦捷女史见告,《闲情偶寄·词曲部·音律第三》中有"地乏朱砂,赤土为佳"之语,并说:"此或启先生语之所本欤?"又如赋李叔同先生一首:"吾敬李息翁,独行行最苦。秃笔作真书,淡静前无古。并世论英雄,谁堪踵其武。稍微著形迹,披缁为僧侣。"通篇都令人欢喜赞叹,而又以末二句为最。后来读到宋人李流谦诗:"在家固出家,象服何必异。君看童其颠,已落第二义。"则不禁会心一笑。我深深地感到,或语词,或意象,或思理,或情感,古今文人的诗心真是灵犀相通的!

　　启先生的逸事很多,就所闻见者而言确多有所据。唯有一则,就是他为避访客,到底在门上贴过什么样的条。《启功年谱》1993 年 2 月 9 日条记的是"启功死了,不能见面。如果敲门,告到法院。特此告白,字字规范";1995 年 5 月 20 日条又记:"光阴可贵,不能白费。您只看看,我太受罪。启功生病,无力酬应。君子自重,君子自重。"《年谱》作者一为侯刚先生,上世纪八十年代初起受北京师范大学委派协助启先生处理杂务;一为启先生内侄章景怀先生,照料先生起居有年,则其所记自当可信。但我还看到侯刚先生的另一部著作《中国文博名家画传——启功》,说其门上贴有"熊猫冬眠,谢绝参观。敲门推户,罚一元钱",中华书局柴剑虹编审《高山仰止》一书所记殆同,唯文字略有出入,作"熊猫病了,谢绝参观。如敲门窗,罚款一元",则不免令人有所狐疑。何则?如同当年启先生听齐白石告诉他石涛的树画得最直所以最好之后,看见不直的树就怀疑是假的一样,我遇见加于先生之身却与其一以贯之的谦牧降损风格不相符合的言行,就愿意怀疑其为捕风捉影、子虚乌有。试想,大熊猫是国宝,旁人如黄苗子《保护稀有活人歌》可以此称之,他何以会以此自称呢?更有甚者,又传说他出国时边检人员询其所携有无违禁物品,他伸出双手回答"它们就是",意指自己的书画禁止出国。这个段子的质量不差,颇可以入《世说》的"简傲"或"排调"篇,可惜假得既不合情又不合理了,要知道国家文物局还从来没过艺术家生前作品禁止出境的。

启先生书名满天下,随之而来的就是伪作遍天下。去前年中,柴剑虹先生、同门师兄四川大学谢谦教授、匡时拍卖公司的沈玮女史先后来电,说在文玩市场、网上和私人送来的拍品中看见启先生给我的信或有关我的信。他们或以罔顾师恩相责,或以一探真伪为询。我自己在潘家园也见到过两件,它们无一例外都是根据《启功书信选》里的内容仿造的。曾见书上写启功先生说要给别人一碗饭吃,又说潘家园的摊主都说这老头儿好,不跟他们捣乱,也见报上有人批评他不打假,缺乏法治精神。我亲耳听到启先生自己的说法是,我倒是想打,我打得了吗!生前都打不了,身后就更只能由造假者为财任性了。

何况鉴定真伪这件事还真不易为。《启功年谱》1998年10月7日条记载,朋友拿来署名启功的三幅字请其鉴定。先生告其为伪之外,还道出几个辨别真伪的小诀窍,如乾隆皇帝弘历之历繁体为"曆",古人避讳,不写禾而写木,自己也从小养成了习惯,故凡作禾者必伪。又如上款中常用到的"正"字必作笔画映带之行书,作楷书者为伪。启功先生在书画鉴定上的权威是毋庸置疑的,他在《书画鉴定三议》中说,他在看书画时不敢先开口,害怕别人说他"真假一言定"——他一开口,别人往往就不开口了。为什么?没什么可说的了。鉴定宋元犹如相呼比邻,鉴定自己的书画还有什么可说的吗?事理却也有不尽然者在。

有一次聊天时他说,前几天看一幅字,初看没问题,再看印章似乎小了点,拿出印石一比果然如此,再细辨字迹,方知是假的。我问能那么像吗?他说,是描的。我说描的更不可能那么像了。他说《万岁通天帖》就是描的,很好。还不止于此,故宫博物院书画鉴定权威王连起研究员长期受教于启先生,听他在《启功全集》编委会议上说过一段更有趣的故事。文物出版社、北京师范大学出版社在启先生晚年出版《启功书画集》一巨册,这两家出版社与启先生那是什么关系,可以想知其编纂会多么用心,印装会多么精良。可是书拿到手,他发现当作封面的一件四十年代的画作竟然是赝品,便兴冲冲地去向启先生禀告,孰料启先生并不认同,反问其所据,他于是如此这般地说出了一、二、三、四……条理由。受其"启发",再做辨认,启先生居然也就真的首肯了他的伪作说!这真应了"医不自医"这句老话,也可算是艺林中的一桩逸事了!

关于启功先生立身行事的风格,说两桩亲身经历的事吧。启先生洞察世事,爱憎非常分明。一次请他给我所兼职的学校文科学报惠赐大作,他笑吟吟地翻阅我带去的刊物,突然脸色一沉,指着上面一位科学家的文章说,这人太糊涂,他支持那么一项大工程,知不知道这工程一上马,某些家族不尽财源滚滚来啊。你们刊物上有他的文章,那我就不掺和了!

但给人感触最深的还不是这一桩。一次和同学谢谦在家中侍坐,恰遇某高官太太造访。启先生先是与之互道问候,落座后神聊海侃，气氛那是相当的融洽。临别时我们随启先生起身相送，才至客厅门口，他像比赛场上的排球运动员似的，手背在后面一摆，我们知道那是示意我们留步，他则一人送至大门口，循例也。我刹那间明白了什么叫不卑不亢，什么叫有礼有节，什么叫内心坚净而又和光同尘，这件事留给我的印象鲜明极了。

说启功先生是高层最愿交往的艺术家之一，恐怕并不为过。有一次举办他的书画活动，七个常委中来了三个。对于真正尊重友情和艺术的达官显宦，并无妨其以知己同怀视之。有时，他也未必不是将此视作"组织"对他的一种价值肯定。在严寒中待得太久的人，一点儿温暖会放大好多倍。邓魁英先生回忆，1956年启先生母亲去世，组织让她拿五十元去看先生，他接到后痛哭流涕，说要用一生来报答这份情义。1979年，启先生"右派"得以改正，系领导来家中通知他，待遇由五级恢复为四级。他给傅璇琮先生信中说："地厚天高，雷霆雨露，转觉绵薄无可报称耳。凭空忽添三十元，书店、画店、碑帖店俱无物可售。如所补过多，则只有捐献以供现代化之需矣。"他曾经对我们说，以前用过"草屋"一印，取陶渊明诗句"草屋八九间"后三个字，寓指自己身兼地、富、反、坏、右、叛徒、特务、走资派和臭老九这黑九类中的八、九两类也。但八十年代以后不用了，"组织上都为你平反了，再揪住不放就没有意思了"——顺便一说，这也许可以成为今后鉴定以及伪造启先生书法之一助了。

闲聊时，启先生对于时下人人竞说的陈寅翁发表过看法，说国民党对他不薄，共产党对他也不薄，可就是怎么也不得劲。他并不太认同那些不讲时宜、不明世事的迂腐书生，《启功口述历史》中提到过这么一个读书人，说乾隆因皇后将他的爱妃魏佳氏（嘉庆生母）害死了，怒而废之，从此不立正宫，这个书呆子却上了一通后宫不可无主的迂腐道理来邀赏，气得乾隆差点把他杀了。

《启功口述历史》中还说："但凡了解一点我的人都知道，我是不会在所谓给党提意见的会上提什么意见的，不用说给党提意见了，就是给朋友，我也不会提什么意见。"1990年，启先生请求卸任中国书协主席获批，觊觎这一肥缺的人轮流上门请他荐举。他说要不这样，你们抓阄吧！一时传为笑谈，说启先生真是太会解构神圣了。实际的情形是什么呢？是组织上早已内定了目标。他说，我怎么能跟组织对抗呢，再者说了，对抗有用吗？后来有人不满意继任者，实际上是不满意启先生不推荐自己，责问启先生，他会写字吗？启先生反问道："航空航天工业部部长会开飞机吗？"启先生在向我们转述时，仿佛也被自己的睿智和调皮所感染，眯着眼睛直乐。正因如此，虽然启先生生前我犹豫了好几回还是没敢当面一询，我仍要坚定地认为，坊间传说当年周一良先生收到"无耻之尤"的四字信出于启先生手笔，那是完全不了解启先生为人风格的无端妄测。启先生写《〈兰亭〉的迷信应该破除》颇遭某些不明就里的人非议，其实也是这一风格的体现。他不愿意也不能够做正面的抵抗，最多只能使用文人的狡狯和游戏笔墨，或皮里春秋，或言此意彼，就像他在《太白仙诗辨伪》里称赞苏东坡的一样。问题是，他未免过高地估计读者大众的水平了，光凭"看了郭老的文章，我的理解活泼多了"之类的句子，有多少人有这样的智力，能看出他这种狡狯的游戏呢？

　　启先生这种立身行事的风格，根本源于天性，又不乏文化修养和遭际历练的影响。人或称为通脱，或谓之笃厚，或许以智慧，亦难免有视为软弱乃至世故而求全责备者，"开门撒手逐风飞，由人顶礼由人骂"（《踏莎行》），对于启先生，这些都不重要了。而在我，则要用他老人家对他拳拳服膺的郑板桥的评价转而评价他："盖其人秉刚正之性，而出以柔逊之行，胸中无不可言之事，笔下无不易解之辞，此其所以独绝今古者。"（《我心目中的郑板桥》）又昔年郭林宗谓黄叔度："汪汪如万顷之陂，澄之不清，扰之不浊，其器深广，难测量也。"再早则有颜渊于夫子喟然之叹："仰之弥高，钻之弥坚。瞻之在前，忽焉在后。"在敬爱的启功先生离开我们十周年之际，我更要借古人这两段话，献给他不朽的灵魂！

（《文汇报》2015 年 7 月 10 日）

从一篇文看一个人：傅璇琮先生

启功先生在十年前的《学林漫录》第十三集（中华书局1991年）上发表《自讼二则》一文，谈到自己在同刊第十一期上的《坚净居随笔》（1985）中，误将清人汪容甫墨迹小立轴上所抄录的柳宗元的两段文字当成书者自己的了。他在这篇文章中向发现这个问题的黄永年先生深致谢意，又向读者深致歉意，并且十分诚恳地分析了自己所以致误的原因。

将书者所书当成书者所作，这其实是极容易发生的事情，古代后人所编前人诗文集中常混入他人之作，往往也就是这个原因。但是，这毕竟又是一个错误，这个错误一般人难以发现，能发现的人又未必会注意。黄永年先生也是私下告知的，启功先生完全可以不写这篇文字来自曝其误。但他不仅原原本本地写了，最后还不无幽默但又是绝对真诚地说，他的这段文字，"是自一九五七年、一九六六年以来，真有错、最诚心的一次自讼"。

当年读到这段文字时就很感叹老辈学者的高尚风操，尤其是近年来看到报上屡屡披露的学术界种种不良的风气，互相吹捧，商业炒作，抄袭他人铁证如山却百般抵赖，粗制滥造、错误累累却对批评者大光其火乃至威逼利诱等等，更深感学风随世风之与日俱下，老先生道德文章的不可企及。

日前又见刚刚出版的《中国文化研究》2001年夏之卷，读到中华书局原总编辑傅璇琮编审的一篇文章，是《〈李德裕年谱〉新版题记》，双目不禁为之一亮。

《李德裕年谱》是傅先生出版于 15 年前的一部力作（齐鲁书社 1984 年）。我们知道，中晚唐时期的社会背景极为复杂，对于研究中晚唐文学来说，首要的是理清长达半个世纪的牛李党争。牛李党争中，核心人物就是李德裕。研究李德裕，首先需要对他的生平事迹加以完整翔实的梳理。基于这种理解，傅先生在《唐代诗人丛考》（中华书局 1980 年）这部堪称新时期古典文学研究的标志性著作出版之后，即开始着手《李德裕年谱》的撰写，并用两年时间完成了这部长达 40 余万字的著述。

由于傅先生既有坚实的学术功底，又有宏通的文化眼光，他的这部著作虽然撰述形式上是旧的，却有着崭新的实质，得到了学术界的高度评价。其中最恰当的一段评论，出自南开大学中文系罗宗强先生的《〈唐诗论学丛稿〉序》：

> 在这部年谱里，谱主的事迹完全织入到围绕牛李党争而展开的历史画面里。因此有研究者提到可以把它作为一部牛李党争专史读。它涉及的其实是当时的整个政局与牵涉在这个政局里的各种人物的活动。在对纷纭繁杂的史料的深见功力的清理中，始终贯穿着对历史的整体审视，而且是一种论辨是非的充满感情的审视。这其实已经超出一般谱录的编写范围，而是一种历史的整体研究了。

虽然如此，本书是一部年谱，其所考辨的范围那样宽，所涉及的史料那么多，它的部头又是那么大，其中存在着一些错漏、不确之处，自然难以完全避免。并且，有些问题在撰写本书的 20 年前并不具备解决的条件，随着学术研究的深入，这些问题才有了解决的可能。这本是学术研究中常见的现象，傅璇琮先生对此曾发表过客观平实的看法。他在《闻一多与唐诗研究》（《清华大学学报》1986年第2期）和《一种文化史的批评——兼谈陈寅恪的古典文学研究》（《中国文化》创刊号，1989年）两篇文章中都提到，科学研究是不断深化、不断发展的认识运动。科学史的实例表明，没有一个大师的观点是不可突破的。他着重强调的是，时过几十年，再来具体讨论某一人物、某一作品评价的得失，并不能对我们的思考有多大的意义，对我们有意义的，是他们切入问题的角度，是他们独到的学术眼光。

话虽如此，令人感佩的是，傅先生在自己这部获得过好评的著作有机会再次重版（河北教育出版社2001年）时，在篇幅本来不长的新版题记中，却用相当的篇幅不厌其烦地一一觍缕了原书中存在的失误。这些失误有些是自己发现的，有些是参考近年来别人的相关著述后发现的，有些则是他人陆续指出的。对于后两种情况，他还在文中具列其姓名，以示不掠美之意。

利用重版的机会修改原作是常见的做法，本无特别之处。这里的不同在于，傅先生本来可以在书中径改，在后记中加一句"本次重版有所修订"即可。退一步讲，即使在重版题记中将这些失误分门别类地加以列举，也没有必要将此文脱离原书单独发表，使这些失误昭示天下读与不读这本书的人。我读了这篇题记，所以眼睛一亮，原因就在于这种"自讼"式的文章现在真是百不一遇。在放眼一望满是自吹、他吹以及吹他的文章的时候读到它，无异于一片刺耳的噪音中忽然传来一股细弱而悦耳的乐音，一片浊恶的空气中忽然吹进一丝微薄而沁人心脾的清风。唯其细弱，唯其微薄，才显得尤其可贵。自然环境的污染，今天关注的人越来越多；学术环境的污染，我们却久处鲍鱼之肆而不闻其臭。不知它对于改善今天学术界的不良风气,是否能多少起到一点清新剂的作用?

傅璇琮先生是新中国成立后成长起来的第一批学者。这一辈知识分子数十年来经受了复杂的社会变迁,生活道路与学术道路都坎壈不平,傅先生在为一位中年学者的书所作的序中曾感慨道,"人生总是有压力的,就我个人来说,二十几岁时就承受过难以想象的政治重压,现在也还不时有一些莫名其妙或所谓世态炎凉之压"(吴承学《中国古代文体形态研究》)。在这篇"新版题记"后面所附的补记中也说,中晚唐不少文人都曾卷入当时的政治纷争,他们很关心国事,关心社会,也极重视自己的事业,但他们终究受到各种打击,这之中有大的朝政问题,也有一些人的品德问题。并举出韩愈《柳子厚墓志铭》中那段有名的话,有些人在交往中,先是"握手出肺肝相示,指天日涕泣,誓生死不相背负",而一旦友人失势,就"挤之又下石",而且"自视以为得计"。傅先生在这里引这段话,到底是在谈古还是道今,我不能确知,明眼人当有能辨之者。

这其实并不足怪。大凡正直本色的知识分子,往往难逃这样的命运。早在韩愈的《与崔群书》中就有"贤者恒不遇,不贤者比肩青紫;贤者无以自存,不贤者志满气得"之语。若究其原因,还是陈寅恪先生的一段话鞭辟入里:

> 纵览史乘,凡士大夫阶级之转移升降,往往与道德标准及社会风习之变迁有关。当其新旧蜕嬗之间际,常呈一纷纭错综之情意,即新道德标准与旧道德标准、新社会风习与旧社会风习并存杂用,各是其是而互非其非……值此

> 道德标准、社会风习纷乱变易之时，此转移升降之士大夫阶级之人，有贤不肖、巧拙之分别，而其贤者拙者，常感受痛苦，终于消灭而后已。其不肖者、巧者，则多享受欢乐，往往富贵荣显，身泰名遂。（《艳诗及悼亡诗》）

当今之时代，人们常以"转型"二字称之，所谓"转型"，与陈寅恪所说的"新旧嬗变"意思大概不无相近。那么身处这一"转型"时代的知识分子，来读陈寅恪关于"士大夫阶级之转移升降"一段见解，由此试想贤与拙、不肖与巧的关系，荣与辱、穷与通的关系，社会风尚与个人际遇的关系，当自别有一番感慨，一番会心。

不过，到底什么是荣通，什么是穷辱，什么是幸，什么是不幸，事理又正有难以尽言者在。陈寅恪生前虽然倍感痛苦（此所谓"倍"，是其除了"精神"的痛苦，还有双目失明的"肉体"的痛苦），以至于郁郁之中"消灭"而后已，却终凭借其深邃博大的学术成就和刚毅坚忍的人格力量，矗立于中国文化史上而臻于不朽之域。而那些窥时趋势、乘隙蝇营、溜须拍马、钻营投机，甚至不惜出卖人格以换取或保住禄位的人，自己也许"自视以为得计"，生前也许走红一时，而其声名则不待盖棺即已狼藉者，又何可胜道哉！

可以说，真正的知识分子当然是有追求的，但他们从不追求那种浪得的虚名，也不追求那种一时的浮名，他们追求的是中国知识分子的良知和责任。傅璇琮先生在这篇"新版题记"的"补记"中说："一切都会过去，对有成就、有贡献的人来说，最主要还是看他本人的事业和作品。"正因为傅先生有这样的认识，他才能在不管来自何方、不论多大的压力下以不屈的精神和顽强的毅力坚持学术研究，从来不曾懈怠，取得了卓著的成绩，赢得学术界的广泛尊敬。

相对于启功先生来说，傅璇琮先生是晚辈，但在治学方法、学术品德乃至为人的道德准则上，傅先生都承接了上辈学者的许多优良传统和作风。近日读到傅先生的《〈李德裕年谱〉新版题记》，联想到多年前读到的启功先生的《自讼二则》，正仿佛看到了这两代学者间呼吸相通的学术品德与人格操守。与他们比起来，我们的生活道路比他们顺得多，研究环境比他们强得多，但我们是不是还有很多比他们差得多的东西呢？

(《中华读书报》2001年8月8日)

编辑与学者：傅璇琮先生

万般皆下品，唯有读书高，那是古人的说法。更贴近于现代文人的，是唯有著书高。著书还不算完，出版才是目的。所以再准确点说，是只有出书高。西方有一句仿莎士比亚的谚语，叫 publish or perish，硬译为"出版还是完蛋"，也不妨翻成"不出版，毋宁死"，特别符合当今大学、研究机构中教师、学者的生存景观。

要出书就得靠编辑。按照通行的说法，商务印书馆的成立是中国现代出版业的开端，现代意义上编辑职业的出现也已逾百年。那么至少百年以来，出书靠编辑的情形大率如此。20世纪90年代，中华书局出版了一册《中华书局收藏现代名人书信选》，所收都是现代文化史、文学史上鼎鼎大名的人物致中华书局编辑的信札，其中不少透出写信者在手握生杀大权编辑面前赔着小心和笑脸，看了特别让人感觉有意思。

但说到编辑这个职业，最让人想起的还是唐人秦韬玉《贫女》中那两句著名的诗句，虽然用它来指称编辑，谁也搞不清有多长的历史。秦韬玉的这两句诗，在他人用来也许有赞许编辑这个职业奉献精神的意味，可是从编辑自己来讲，同为文人，而一号为文人，却只给他人出书，自己不出书，便无足观矣。"苦恨年年压金线，为他人作嫁衣裳！"可不是这样，真是太贴切、生动不过了。

如今的形势又更自不同，已进入市场经济的时代，一切都需要用效益说话。日渐富裕起来的教授、学者，便日渐成为编辑们真正意义上的衣食父母。在衣食父母面前，编辑的身份与地位，也就更见复杂难言了。今日再使用这两句秦诗，恐怕就包含了更多的味外之旨、弦外之音吧。

但事情也正有难言者在。谁说编辑是一个只能奉献不能收获的职业？百十年来的现代文化史中，有多少名人从事过编辑这个职业，一时还真难于统计。我们知道商务印书馆有张元济、茅盾、叶圣陶、杜亚泉、郑振铎、胡愈之、傅东华，开明书店有夏丏尊、赵景深、丰子恺、钱君匋、王伯祥、周予同等，还有三联、中华……举不胜举。从文史研究领域看，远的不说，1949年以来出版界涌现出的一流学者亦正复不鲜。王利器、周汝昌、周绍良、舒芜、杨伯峻、刘叶秋、陈乃乾、周振甫、徐调孚、傅璇琮、程毅中等，他们中的大多数退休于出版编辑的岗位。经他们手编成的学术巨著不知凡几，而他们自己所做出的学术成就，视一流的教授、学者，亦岂有丝毫愧色！

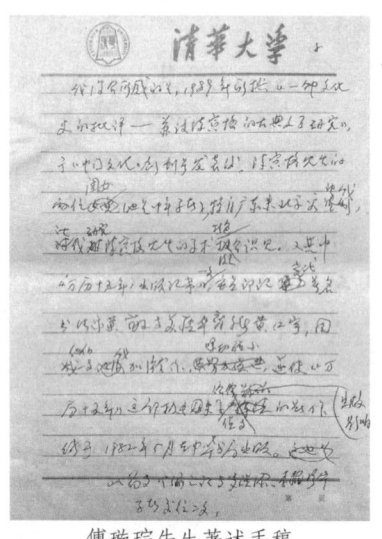

傅璇琮先生著述手稿

由于工作和专业的关系，我同傅璇琮先生接触较多，了解稍深。近来读到他的新著《唐宋文史论丛及其他》（大象出版社2004年）中的一些文章，便勾起了我对编辑与学者关系的这些感想。

傅先生五十年代从北京大学毕业后本已留校任教，只因后来以莫须有的罪名被划为"右派"，失去了教书育人的资格。八十年代以来虽有数次重返高校的机会，他却再也离不开出版工作。在并不宽松的环境下，在兢兢业业的本职工作及头绪繁多的兼职工作之余，他寒暑无懈，笔耕不辍，自古典文学界尚处于萧瑟荒凉的1980年出版第一部专著《唐代诗人丛考》以来，陆续撰构出许多部厚重的学术著作，如《黄庭坚和江西诗派资料汇编》《唐代科举与文学》《唐人选唐诗新编》《李德裕年谱》《唐诗论学丛稿》等。直到今天，年逾七十的他仍然在从事具体而扎实的研究工作。收入新著中的一组论文，就是以唐代高层文人翰林学士为研究对象，并进而讨论唐代文学与政治的互动关系。近年来先在期刊发表，已经引起学界同行的关注。

傅先生数十年来取得足可骄人的成绩，用他自己的话说，却是在"为编辑争气，树立信心：出版社是有出人才的，编辑是能成为专家学者的"（见《我和古籍整理出版工作》文）。这或许是许多人想象不到的，也是值得我们去研究的一个现象。文章提出一种看法，就是回顾中国20世纪的出版史，凡是能在历史上占有地位的出版社，必有两大特点，一是出好书，一是出好的学术研究人才。他认为中国的出版社不同于国外纯粹的商业机构，带有一定的文化学术机构性质，并且还有大学和研究机构不易具备的求实、广学、高效三者兼备的优势。中国的出版社，已与大学、研究所一起，成为有较强发展前途的学术研究基地。

上举诸氏，包括傅先生本人的业绩无疑是这一观点有说服力的注脚。傅先生的学术成果除独撰者外，我们看他还领衔主编过多种大型典籍，其中的《续修四库全书》《全宋诗》等已经载入文化史册，必将传之久远。他邀约国内十数位学者纂成的《唐才子传校笺》和《唐五代文学编年史》，亦早成为唐诗学界的基本工具书，为研究者案头之常备。而我想，如果他不是在出版社工作，如果他不是一位有深厚造诣的学者，这两部分量很重的书就恐怕未必能如此高质量地完成。

傅璇琮先生做中华书局总编辑和国家古籍整理出版规划小组秘书长有年，十多年来又一直担任中国唐代文学学会会长，长期致力于引导、组织古典文学研究和古籍整理工作。新著中的部分文章体现了这方面的工作，如制订《中国古籍整理出版十年规划和"八五"计划》的情况说明，唐代文学年会工作报告和多届年会的开幕词等，得以让我们了解他在精研学术之外，如何花费大量时间和精力服务于学术界。他在这一过程中与许多学者结下深厚友谊，倾其所能地奖拔后进，至有学者引唐人流行语"生不用封万户侯，但愿一识韩荆州"称颂他。《唐宋文史论丛及其他》收入他二十多年来为他人所写的书序近四十篇，从中体现出真切的服善之心和强烈的殷望之情。他说过："我最大的心愿是为学术界办一些实事，而最大的快慰是得到学界友人的信知。"而他所以能做到这一切，固然是基于他的学术地位，很大程度上也不能不说是拜出版社之赐。

但是，近年随着中国加入世贸组织，国家企事业制度改革的进一步深化，出版业也在渐趋激烈的竞争环境中面临前所未有的体制转轨。编辑的职责、功能，对编辑的要求和编辑的生存环境也必然会随之发生相应的变化。这种变化会给出版社带来什么，其利弊何在，傅璇琮先生总结的好出版社出好书和出研究人才的见解，在这种新形势下还应否成立，还能否成立，关注当代文化发展和建设的人们，当会深长思之。

(《文汇报》2005年2月20日)

怀念傅璇琮先生

1988年9月，我自蜀中负笈京华。行前，家父同窗挚友、四川大学中文系张清源先生嘱咐我，她与傅璇琮先生的夫人徐敏霞先生是北大研究生时的同学，让到京后代致问候，我明白这实际是长辈有意为晚学创造求教学界前辈的机会。于是当年秋冬之际，我第一次去中华书局见到了傅先生，不大的办公室杂乱无章地堆满书籍，当时的傅先生不过五十来岁，瘦弱但精神，几乎没有多余的话，便问我打算做些什么研究，我也不知道当时胡乱说了些什么，只记得不管说什么，他的回答总是好的好的、是的是的。低调、随和、谦逊，一如我当时对中华书局这个大名鼎鼎的出版社的印象：地处喧腾的王府井大街，一进入它的大门，似乎便隔断了红尘，简朴的陈设与幽邃的气氛让人怦然心动。

转眼到了1991年夏天博士论文答辩的环节，启功先生几次与我斟酌答辩委员人选，最后圈定了校外的三位，傅先生、冯其庸先生和袁行霈先生，校内两位，邓魁英先生和张俊先生，并请傅先生担任答辩主席。后来知道答辩的这一天也是傅先生值得纪念的一天，因为在答辩会的间歇，他说他头一天接到了中华书局总编辑的任命。

博士毕业之际联系就业单位，我所以选择中华书局因素颇多，但必定与第一次去拜见傅先生时中华书局留在脑海里的印象有极大关系。文学室主任许逸民先生通知我，最好请导师写一封推荐信，更利于我的求职。启先生的信竖行，抬头是"璇琮、逸民同志赐鉴",二位先生的名字是并排书写的。后来启先生在给我的信中也提到,"在傅许二公身边,工作即是学习"。我一直没问过进中华书局的细节,但我想身为中华书局总编辑的傅先生,一定起了决定性的作用。

供职中华书局近九年的时光,最早一次与傅先生工作接触,是大约1992年春夏之际,随傅、许二先生和文学编辑室副主任徐俊兄一同去南开大学,与罗宗强先生谈他的文学思想史系列的编纂与出版。傅、罗二先生年龄相若,既为同行,更是挚友。当时教授的生活条件与今天别如天壤,罗先生说他正等着校内留学生离校,好买一辆二手自行车。因此,当他要请我们一行吃饭时,傅先生执意不肯,我们有意转请,他更不好意思,结果只能是我们独赴狗不理。当从校门口喊了两辆三轮车离开,车已经骑出十几米,罗先生让他的学生张毅追上来,往两辆车的车夫手里各塞进一张票子。

1997年与傅璇琮先生在天台山

第二年我从文学编辑室转到国务院（后改"国家"）古籍整理出版规划小组办公室，傅先生本有中华书局总编辑的重任在身，但作为新一届古籍小组秘书长，受小组组长匡亚明匡老之托，直接领导小组办公室的各项工作，我受到傅先生的耳提面命就更仆难数了。要我现在来总结当年对傅先生的印象，那就是工作内容上一以学术为旨归，工作风格上可谓霭如春风，从来没有一丝领导的架子。

傅先生平时言语不多，交谈内容几乎不牵涉工作之外。但有一天他来到我的办公室，也不说话，只笑吟吟地递给我一个用报纸包裹的东西，打开一看，是一个大镂花玻璃盘，原来，这是傅先生知道我快要结婚了，送给我的贺礼！我竟一时语噎。外表上看起来粹然儒者的傅先生，内心也是充满人情味的！

1996年末，匡老以91岁高龄去世。次年中，匡老一手创刊，张岱年先生主编，问世不过四年却已颇具影响的《传统文化与现代化》杂志，等不到年底即被新闻出版署叫停，连交了一整年刊费的订户的利益都无暇顾及，却没有一个人向我们解释过原因。我手头没有了具体工作，一时反倒觉得轻松。就这样过了一年多，1999年初夏的一天，突然接到电话，电话那头是清华大学中文系的蓝棣之教授，说系里正在考虑我的调入问题，希望暑假后先去上课。我与蓝教授素昧平生，与清华中文系也从无交往，一时间以为他找错了人，询问之下，才知道是傅先生推荐的我，蓝教授也诧异于傅先生竟然没有把这件事告诉当事人！后来傅先生才告诉我，因为一年多来古籍办的工作没法正常开展，他早就在考虑办公室年轻人的出路问题了！傅先生对后学的提携是天下共知的,他被称为当今的韩荆州,岂虚言哉!

我于1999年底正式调入清华大学中文系,见到傅先生的机会自然骤减了,但傅先生和很多老辈学者一样,有一副特别强健的笔头,他将平时口头未曾表达的所思与所作诉诸笔墨,用不着雕琢,随手写来便是至文。有时,信夹在印有他新发表的文章的杂志或复印件里寄来,我于是能知道他新近又发表了什么文章,又给什么新著写了序言,知道他最近在思考什么学术问题,有时从字里行间也不免感知到他的一些思想情绪。他退休了,一度有些失落,这种失落与世俗的权力贪恋毫不相干,而是缘于对人情冷暖、世态炎凉的一种怅触。

2007年间,我承乏作中文系主任,当时的清华中文系和学校其他一些文科专业相似,规模小,缺大师,系务会同仁普遍感到,除了积极引进优秀学者外,名家的引导对学科发展十分重要。几经商量,人选都议而难决。当我提出傅先生,大家才猛然间觉得找到了理想的人选。傅先生不仅名头大,与清华的关系和对清华中文系的支持也由来甚久。他和夫人徐敏霞女士1951年考入清华中文系,两年后因院系调整转到北大中文系,上个世纪八十年代中期清华复建中文系,有意聘请他担任系主任,但他甫任中华书局副总编辑,事遂不行,只应命兼职教授。现在傅先生业已退休,或许有机可乘。我们将此想法报告给分管文科工作的谢维和副校长,得到他的积极支持和大力推动,很快学校就决定全职引进傅先生,并成立古典文献研究中心,聘请他为主任。2008年5月,研究中心举行成立仪式,冯其庸、徐苹芳、田余庆、李学勤等学界名宿与会,校长顾秉林、副校长谢维和与会，顾校长在会上对傅先生的加盟寄予厚望，并做了重视基础文科的讲话，对正在加速发展的清华文科必定是有积极意义的。

2012年与傅璇琮先生在清华园

在清华的八年，也是傅先生生命的最后八年。傅先生家住六里桥中华书局宿舍，与学校之间很有一段距离。从开始我们就跟傅先生反复强调，他来校的次数和时间视其方便，学校全无要求，但傅先生在最初的三四年间，每周三、五上午必到校，如遇天气不好，则顺延一天。后来有所减少，也不少于每周一次。他总是大清早即到校，偏偏我是夜猫子，常常在早晨7点来钟被他从办公室打来的电话叫醒。最后两年，傅先生逐渐不良于行，但也一直坚持到需要院收发室或系办工作人员搀扶着上楼为止。

2013年傅璇琮先生参加清华大学博士生答辩

傅先生在清华期间招收了两名博士生和一名博士后，为研究生开设过专题课，外系以及外校的学生都来旁听。研究方面则做了几件大事。一是古典文献研究中心与宁波市鄞州区委宣传部合作成立王应麟研究基地，傅先生主编《王应麟著作集》的编纂工作，由中华书局陆续出版。鄞州王应麟是南宋大儒，治学面广，著述丰富，学术史地位相当重要，却直到七百多年后才有精审的全集整理本问世。二是仿元人辛文房《唐才子传》及他在上世纪九十年代主编《唐才子传校笺》例，主编并出版《宋才子传校笺》厚厚四册。此书不仅是宋代作家生平研究的重要成果，在撰著体例上也既有继承又有创新，从一定角度上讲，是一部自我作古的学术著作。

尤其值得提及的，是重启并完成自上世纪九十年代他与顾廷龙顾老共同主编1800巨册《续修四库全书》时即动议而久

2009年傅璇琮先生在清华大学主持《续修四库全书提要》编纂学术研讨会。左起：黄仕忠、孙钦善、傅璇琮、赵昌平、刘石、刘德重

未能付诸实施的《续修四库全书总目提要》。从2009年10月在清华大学召开"《续修四库全书提要》编纂学术研讨会"始，到辞世之日止，傅先生在最后的六七年中，念兹在兹的就是这一桩事。举凡制订凡例、规划作者、审订稿件、督促出版，傅先生无不亲力亲为。在当今的学术环境下从事这种集体撰著而且是提要类撰著，真是吃力不讨好，何况《续修》收书5600余种，广涉四部，学科繁多，邀约作者的难度是不言而喻的。傅先生是国内外学术界享有盛名的学者，又居中华书局掌门职位多年，对学术界情况了如指掌，不少学者尤其是知名学者都与他熟稔，得他帮助与提携的不在少数，是傅先生的亲点乃至亲邀使他们无法推托。完全可以说，没有傅先生，这项工作至少不能在这个时间段开展，也不能在不算太长的六七年中

完成。这六七年间，我目睹了傅先生用什么样的态度和怎样的方式工作。就我个人而言，不仅以有机会在他身边协助完成这一有意义的学术工作感到荣幸，过程中获得的治学态度和人生观的感悟，亦将坚定我在自己认定的人生道路上前行。

傅先生生前只看见了他晚年精力所系的《续修四库全书提要》史部和集部的出版，这令人既感欣慰，又深为怅惋。他刚开始仍然像史、集二部一样，亲审经、子二部的样稿和初稿，后来因身体原因无法逐条审读，直到缠绵于病榻，还反复向我表达他的不安。

2012年在新斋傅璇琮先生办公室

傅先生之于清华，还有有趣味的一件事。现而今"清华简"举世著名，其丰富的史料价值通过李学勤先生及其团队的研究正在不断呈现出来。而其得以入藏清华大学的机缘，正源于与傅先生有关的一场餐聚。那是在 2008 年 6 月初,时任校党委书记陈希宴请刚到校不久的傅先生夫妇,并请另两对夫妇,杨振宁先生夫妇和李学勤先生夫妇作陪。李先生与傅先生是清华时期的同学,席间,李先生向陈书记首次提及这批后来称作清华简的简册,陈书记问价值如何,李先生的回答极简而极有效,说这是一批连司马迁都没有见过的东西,就是这句话打动了陈书记,由此拉开了引进这批竹简的序幕,后来又因这批清华简,顺理成章地有了后来千家高校趋之若鹜的"2011 协同创新中心"的花落清华。

傅璇琮先生手札

人们都爱说世间上的事是偶然中有必然，但我总以为必然是在某个时空的必然，假设没有某种偶然因缘的凑泊，错过了属于某种必然的特定时空，可能的必然未必就能落实为已然。所以，我个人宁愿将这一次餐叙引致的清华简的必然，当成是傅先生给予清华大学的一个大回报。

傅先生是一个极为纯粹的学者，有着传统文人的修养和品格。除了学术，他似乎没有别的爱好。记得中华书局组织大家去房山春游，人人都在跋山涉水，只有他在一块唐碑前驻足，后来对身边的人说，这块碑应该告诉陈尚君，他不是正在编《全唐文补编》吗？这是我第一次知道陈尚君兄在干这件事。

2012年11月，正逢傅先生欣开九秩，多年来晨夕奔波，热忱参与和支持各种学术活动的他，坚辞四方学人和包括清华大学在内的各类机构举行庆寿活动的要求，只由中华书局组织了一场不过十来人参加的座谈会。在他执教的清华大学，则是由中文系古代文学专业的几位学生代表来到古典文献研究中心，送上一束鲜花和一册影集，影集里撷拾的是他四年多来续缘清华的部分场景，从学术会议的讲话，到研究基地的揭牌；从与同系师生的聚会，到逸夫馆边林荫道上的漫步。影集前缀有两行题词："学而不厌，诲人不倦。仰之弥高，钻之弥坚。清华大学中文系古代文学专业师生敬贺。"

傅先生善著书而不善言辞，一如古代的司马长卿和现代的王静安。有次在杭州开会，浙江图书馆古籍部的谷辉之女史正随吴熊和先生读博士，会议闲暇，她对傅先生说，您跟我们说说怎么做学问吧。不承想这成了让满肚子学问的傅先生颇费踌躇的一个问题。他认真地想了好一会儿，才说是这样的，我用中华书局五百字的大稿纸一撕两半，遇到有用的材料就抄下来。看着周围伸长脖子等着取经的人疑惑的眼神，傅先生补充道，就这些了。这让我刹那间想起了王国维，每当有人请教他问题，得到最多的回答就是"弗晓得""弗的确"。什么叫"君子盛德，容貌若不足"，这就是啊！我开玩笑说，傅先生，照您这么一说，我们都没办法做学问了，为什么？弄不到中华书局的大稿纸啊！一句话把大家说得笑起来了。

傅先生平生俭朴，熟悉他的人不会忘记，他外出时拎的都是哪次会议发的文件包，轻便而不禁使，好在他参加的会议多，磨到破烂发毛的程度总有的可换，颜色不同，样式各异，简易则一也。在清华八年的头五六年间，他都是乘公共汽车来上班，中间需要在人民大学中转一次。我提出各种方案，如找一辆专车接送他，找学生陪护他，他都坚决谢绝。谢副校长很严肃地对我说，一定不能让老先生赶车来上班，没有经费我来解决，出了问题你要负责，我也只能心里叫屈。后来自觉腿脚不便了，遂改打的，却只打到人大东门，理由是从家里去公交车站需要行走，但从人大东门乘公共汽车到清华西门，再搭校园小公共到新斋门口，就无有不便了。

有人会说，傅先生这辈吃惯苦的人，节俭成习的大有人在。但能做出下面的事的，就不一定大有人在了。那就是每次挤公共汽车上下班的傅先生，却时常让他的博士生和博士后们，用他的科研经费去购买学业所需的书籍！亲历此事的学生非止一人，非止一次，故我所言班班可考，确凿无可怀疑。傅先生小女儿文青后来告诉我，在病床上，父亲还叮嘱家人，拟送哪些位学生多少钱，因为他们还是学生，或者刚刚入职，正

2017 年清华大学"傅璇琮文库"揭幕仪式，左起：汪中忱、徐俊、谢维和、李岩、杜泽逊（摄影者）、刘石

是需要花费的时候！

　　傅先生去世了，那是一个四十年不遇的滴水成冰的祁寒之日，2016 年 1 月 23 日下午 3 时许。其时学校已入寒假，我头一天刚抵兰州岳丈家探亲。傅先生爱吃甜食，本来我已买好了一包甜点，准备离京前一天去医院看望，恰巧照料傅先生病中事务的中华出版部主任张宇兄当天清晨来电，说他马上就要去医院处理事情，得知我也准备去探视，便说人多了不方便，改天吧。我告他明天有出京之行，他说那就春节以后吧，没事，傅先生现在挺好的。次日上午我在机场给徐俊先生电话报告行踪，徐先生说傅先生现在是挺好的，你放心去过寒假吧。又说也正准备给你打电话呢，清华校办刚来电话，说校领导这两天想来看望傅先生，这让我们怎么过意得去啊。

清华大学新斋"傅璇琮文库",十一世班禅大师题匾

当时谁能想到,从此就再无见傅先生之日了!

23日上午10点左右,傅先生的学生卢燕新从遥远的美国告知傅先生病危。我与中华书局总经理徐俊、傅先生大女儿旭清通电话,他们都在赶往医院的路上。要命的是,几乎就在电话刚挂的同时,铃声又响,家姐报告87岁的老母亲平地跌跤,正由120急救车送往医院。那一刻,我真觉得天似乎都要塌了。

我不得不赶回家中看护老母,不得不错过向傅先生做最后告别的机会。一个月后,母亲的伤情幸有好转,我回到北京,打开傅先生薄尘轻蒙的办公室,久久伫立,心绪黯然。我又再次来到傅先生家中,所见只有逼仄的客厅墙上傅先生的遗像,微笑着看向世间。白布铺就的案子上摆放着鲜花和奠馔,我也看见了那包由我妻子呈献的甜点。我向傅先生鞠了三个躬,为了怕傅师母难过,强忍住泪水,没让它流下来。直到此时,我仿佛才真确地知道，寒斋清晨的床头再也不能响起傅先生电话的铃声了，从1988年初次拜见算起，结缘二十八载的傅先生，真的离我远去了。

傅先生辞世当晚，我草草拟就一副挽联发在微信上，平仄之不讲、措辞之不工是明显的，但好在因情造文，确属心声，也就由它这样吧：

是老师是领导是同事廿八年提命恩情难忘，
为出版为学术为人文数十种著述声誉永播。

（《文汇报》2016年11月6日）

《"多宝道人"王利器先生》附记

廿四日，周末，下班返寓所，忽接藏用先生哲孙王猛电话，告以藏用先生清晨发病，中午即仙逝。闻之不敢信。藏用先生哲嗣贞一复告以详情，谓先生晨起，三四时尚进食，以平时有此习惯也。后即感不适，冷汗下。医生来视，送急救中心，血压不稳，中午十二时左右遽离人世。医谓心肌梗塞，又以其体质极弱之故。一代大师不复在矣。犹记十余日前往王府探视，蒙赠以华东师大新出《晓传书斋集》，不日贞一电告《往日心痕》已出。本欲近日择时往取，未果而凶信至矣。今日于书店购得此书，泫然记之。一九九八年七月廿六日。

秋日初至，天朗气清，利用开学后上课前的几天整理寒斋插架。《往日心痕——王利器自述》出现在我的面前。打开扉页，上录一段几已忘却的题记赫然映入眼帘。我怃然若失。我从书架上抽出一本又一本老先生的著作，《文镜秘府论校注》《王利器论学杂著》《耐雪堂集》……秋日的清华园寂静无声，内心却起伏如潮。

翌日电话铃响，人民文学出版社郭娟女史来电，竟是告知我在老人生前所写的拙文《"多宝道人"王利器先生》（发表于《人物》1997年第5期），将收入为社庆六十周年而编的文集中，并让我写一段附记，谈谈感想和老人身后的一些情况。我当时就想，莫非真所谓冥冥之中自有安排者，事情竟然如此之

為學如登山，即已身臨絕頂，把山踩在腳下，然焉知山外之尚有天也

曉傳老人學語，辛巳

劉石同學即祈兩正

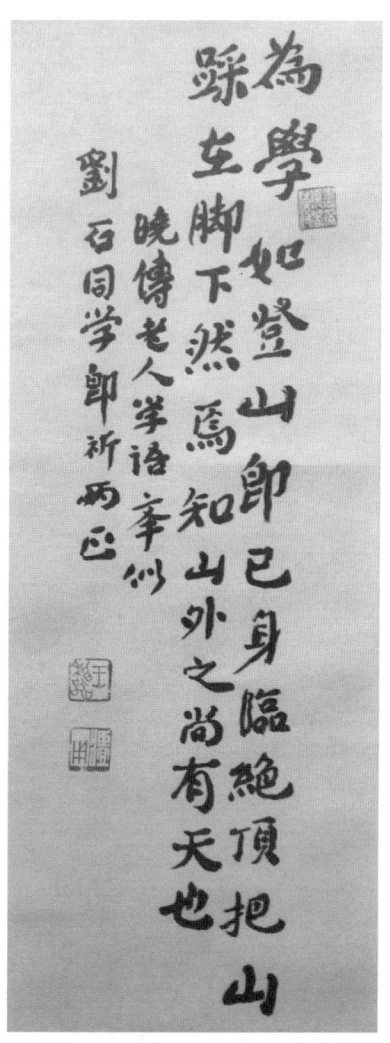

王利器先生所贈學語墨迹

巧合！

检出旧文，重新翻读，模糊的记忆之屏重新清晰起来。我想起了老人位于西便门那逼仄简朴的寓所；想起了老人那平和

的微笑和亲切的乡音；想起了每次听完老人闲聊后，带着平静如水的心情离开晓传书斋，重新回到红尘滚滚的长安街上，一瞬间竟然是那样的头目晕眩，不能适应；当然，也想起了老人要推一次豆花给我吃的再不能兑现的诺言。

令人欣慰的是，在老人身后，拙文中提到的一些未出版的书如《吕氏春秋校注》《葛洪论》等早已出版，一些未提到的如《绎史》等也早已出版。但还有一些如《水浒传校注》《宋会要辑稿补》等，迄今似还未见出版。我们期待着。

老人的一生是坎坷的，也是充实和精彩的。他用他丰富的学识和数十年如一日的勤勉不懈，为世人留下了几十种学术著作，用他自己的话说："每一种都有价值。"他喜爱古人所谓"书为晓者传"这一句话，他坚信他的著作将获得知音。我们也坚信，这些著作也必将为他传声扬名，千秋百世，至于无竟。

(《怀念集》，人民文学出版社 2011 年）

回念北山翁

岁近己亥，朋友圈中发了一组赏心悦目的贺岁图，一眼看到其中一张"仁者寿"旁的落款"北山"二字，脑海中不由得浮现出昔日登北山楼拜见北山翁的往事。

大约是 1992 年间，报纸上登出一篇有关施蛰存先生近况的报道，上面提到他有一部汇辑词集序跋的书稿不得问世。其时我入职中华书局不久，说出于职业的敏感也不错，更多的是缘自对老先生的景仰，提笔给他写信打探稿子近况，询问可否考虑拿给中华书局出。

很快收到复信，说稿子是一位在中国社会科学出版社工作的老学生所约，但一压好几年，很乐意转交中华书局，并表示马上写信给这位老兄，要他与我联系云云。我正等着那位同行的电话呢，不期施老的第二封信来了，说坏了，本来以经济效益不佳为由一拖再拖，没想到一听说中华书局有意接受，对方马上答应付印，因此只能爽约了。1994 年，《词籍序跋萃编》由该社出版。

对施老的景仰由何而生呢？话要从更早说起。我 1980 年入读四川大学中文系，在现代文学的课堂上听老师推崇施老新感觉派小说，于是去图书馆遍寻不得，直到假期回家，在父亲书架上一册内部发行的现代文学作品选里，发现了《石秀》和《将军的头》。读完后的感觉是与此前读过的任何革命文学都不一样，于是开始关注这位文学史上的人物，知道了他同鲁迅因《庄子》《文选》之争而获讥"洋场恶少"，知道了他因写

《才与德》而归类"右派",知道了他由创作、翻译转而古典诗词和金石碑帖,触处逢春,成绩骄人。

虽然鲁迅从改造国民性出发对传统文化的批判直到今天也让我佩服到听不得人说迅翁半个字,却从来没觉得后来被称为中国现代派小说鼻祖的施蛰存,封建遗少的标签能够贴在他的头上!!我对这位与鲁迅一样有着硬骨头精神的世纪老人的敬意与日俱增,只是没想过有机会一瞻真容。

机会不期然而然地来了。1992年上半年,南京大学原校长匡亚明先生接任国务院古籍整理出版规划小组组长。匡老高瞻远瞩,既致力于全国古籍整理与出版的统筹规划,又认为要站在促进中国文化现代化的高度,从思想、理论和学术上研究传统文化。他规划创刊了一份名为《传统文化与现代化》的杂志,钱锺书先生亲自译定英文刊名 *Chinese Culture: Tradition and Modernization*,完美地体现了匡老创办此刊的宗旨。古籍小组以中华书局为办事机构,我由文学编辑室抽调至古籍小组办公室,与从《书品》杂志调来的张世林兄一道专司编职。

我们外出组稿的第一站就到了上海,王元化、黄裳和施蛰存是必访人物。当年的王元化先生风神潇洒、咳吐如珠,但谈的什么已经淡忘了,倒是黄裳先生几近一言不发的威仪给我留下了难忘的印象,尤其是有着转角楼梯和软木地板的来燕榭,使我第一次领略了旧日十里洋场的繁华气息。

印象最深的自然是施老。甫一登上愚园路1018号北山楼逼仄的楼梯,昏暗的光线使人的眼睛一时难以适应。拐了弯抹了角进到屋里,房间虽不算小,光线依然暗淡,屋里几无长物,当中一张小桌子,墙角一张床,靠窗一张书桌,再就是一位出现在面前的文学史上的人物。恍惚间时空都有些倒错似的,我脱口而出一句:"施先生,看见您很高兴啊!"施老的回答记忆犹新:"看见我有什么高兴的?一个快死的老头子。"落座以后我又说:"施老,我父亲向您问好。""你父亲是谁?""刘元树。"他应声答道:"刘元树,他不是到安徽去了吗?"

这不禁让我兀自一惊。我父亲刘元树1954年四川大学中文系毕业,虽然离轰轰烈烈地编造冷月英神话宣扬水牢还有些年头,可能是已经察觉到了什么风向吧,他一毕业就希望离开四川,越远越好。离四川最远的地方是哪儿呢,上海,于是就来到了华东师范大学中文系,并被安排给徐中玉先生做助教。没过几年,席卷全国的反右运动开始了,有着几十年党龄的老前辈许杰教授竟然被划为"右派",父亲和许多人一样想不通,对反右运动也产生了怀疑,遂提出辞去担任的教研室团支部书记,免得违心地上传下达反右的任务。加之他在鸣放会上说过民主党派无非是充充门面,并举自己的叔父为例,说刘文辉当林业部长,他哪儿懂什么林业呀,结果被记了个留团察看的处分,转年就以支援内地的名义,同一批教师一起被赶出上海。

距父亲离开华东师大三十多年过去了,相信这么多年间父亲与施老没有交往,也不会有人在施老面前提起父亲,甚至由于年龄悬殊、专业不同,他们当年的联系就不会密切,可年近九旬的老人想都不用想,不仅记得我父亲的名字,还能脱口说出他的去向,这是什么样的脑子啊,不要说四窗洞开,就是八面出锋,也不会让人奇怪!

父亲对几十年前施老的印象也很有意思，他对我回忆，施老应该是晚睡晚起，因为他的课总是排在上午十点。他的收入应该不低，因为教室后面有一个小卖部，上课前他总要在店里买好面包吃。我在徐俊兄编的《中华书局收藏现代名人书信选》中第一次看到施老的书法，那神采焕明的小行书今天任哪一个书法家也比不上。父亲却说早知道他的字好，当年系办秘书发通知到各教研室，施老是古典文学教研室主任，他总在回执上签一个"知"字，那一个字就让人过目不忘。

施老不无得意地对我们说，说来也怪，这段时间不断有人登门拜访，弄得自己好像出土文物一样，甚至美国大学的博士生还有拿我做博士论文题目的，真是莫名其妙。话如此说，心里的高兴掩饰不住。又说到自己的住房，说前段时间老朋友胡乔木来看他，他说看不看不重要，把占我的房子还我才是正事。又说刚得了上海文学艺术奖，非要求出席颁奖仪式不可，发言时对着台下一应领导说，我需要这些东西的时候你们不给我，现在不需要了非要给我，弄得大家都很尴尬。我才知道他《纪念傅雷》里的话，"傅雷的性格，最突出的是他的刚直"，"只愿他的刚劲，永远弥漫于知识分子中间"，原来是他的夫子自道。

说起傅雷，声音变得激越，说与傅雷两家相隔不远，有一天散步到傅雷楼下想去看看他，转念一想，他今天刚挨过批，心情想必不好，改天再来吧，谁知当晚傅雷夫妇自缢。"我一直后悔啊，老在想如果那天我上楼去了，是不是可以避免两条人命呢！"

这算得一句天问了！

我曾感叹沈从文先生有足够强大的内心对付恶劣的环境，不让写小说就去搞研究，一流的小说家涅槃了，浴火重生出一位一流学者。但后来看到别人的回忆，沈从文白天登午门给来往的游人讲解文物，晚上回到家中，搂着偷偷来访的年轻人的肩膀痛哭，心不禁为之痛。于是又想到乡先贤王利器先生，垂手低头站在批斗会的舞台上，呼我为马马应之，呼我为牛牛应之，脑袋里悬想的却是久而未决的学术问题。施老呢，有人说他的长寿之道是蛰伏之道，也就是逆来顺受之道，我的理解则异于是，1957年打成"右派"，他却从此开始了一发不可收的金石碑帖的搜寻与鉴赏，窗外寒风凛冽，北山楼里春和景明，与王老批判台上的学术悬想一样，得要更强大的内心才能做到，这又是对那一代革命政治多大的讽刺！

顺便说一句，施老去世后所藏碑帖流出，拍卖行的朋友告诉我，凡钤有"北山楼""施舍金石"印的，价高同类数倍。

说实话，我自问算不得追星族，但对施老道德、文章和才性的景仰发自于心，于是从寒斋插架上找出薄薄的一册《金石丛话》随身带上，寻思着视便否请其签名。自来我认为好书当备的条件之一是篇幅小，不仅因为容易读完，便于产生成就感，而且我总觉得一个问题哪有那么多的话说呢！蒙施老欣然俯允，坐回临窗书桌前拉开抽屉找钢笔，我一眼瞅见抽屉里摊着一本《娶个外国女人做太太》。以为我也喜爱金石，施老找到同好似的高兴，说今后相关的著作要陆续出版，就委托你作北京的代理啦！可惜不久施老身体转弱，此事未得进展，至今引以为憾。同事王中忱教授见告，他曾去中国现代文学馆读施老捐赠的日记，其中有某月某日刘石来信谈某事云云，一种黄四娘托体于老杜诗而传名的荣耀感油然而生。

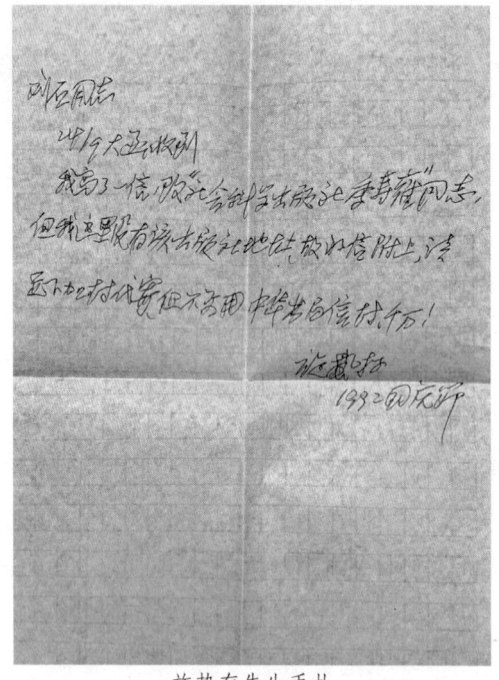

施蛰存先生手札

施老是一个为兴趣而读书的人，他的著述所涉既广，要皆出自心得，可称无新意不文章。篇幅已经够长了，我这里忍不住仍要举《唐诗百话》里的一个例子谈谈自己的感想。"海内存知己，天涯若比邻"，我们都知道王勃的这首名诗《送杜少府之任蜀州》，所见各本注释无不将首句"城阙辅三秦"中的"城阙"释作长安，独有施老认为，说京城辅佐京畿是讲不通的，如常人那样将"辅"字释为意动，所谓长安以三秦之地为辅佐，通是通了，但与诗题既无关涉，又破坏了全诗四联皆绾合彼我双方、既显亲切又起安慰作用的整体构思。只有跳出

"城阙"必指京城的思路,将之释为代指蜀州,"三秦"才是以京畿代指京城长安,这个漏洞才能得到完全的弥缝。剩下城阙何以能指蜀州、蜀州为何能称京城辅佐的问题,施老又做了虽简明却有力的阐释。这一解读使这首名篇被遮蔽的艺术结构重现天日,体现了施老文史兼通的学术素养和对文学作品的艺术敏悟。可惜如同我在文学史课堂上对学生常感叹的那样,这么多年过去了,新增的唐诗选本和文学史教材更仆难数,却无不一仍旧说,似乎浑然不知有施老这篇文章在前,学术进步的障碍实在太多了。

近三十年前的往事模模糊糊的就是这些了。还记得的就是施老家紧挨着繁华的大街,辞别老人,走出那道逼仄的楼梯回到尘世,扑面而来的是闪烁着霓虹灯的酒楼和穿梭而过的行人,就像刚进楼里眼睛不能适应一样,心里开始感到不适应了。

世无北山楼久矣,唯有北山翁,长存心中。

(《文汇报》2019 年 3 月 15 日)

理解欧阳中石先生的三个角度

欧阳中石先生以书法艺术和书法教育的成就为世人共知，但他是在很多方面都有贡献的当代名家，所以要想更加深入地理解欧阳先生的成就，不能只限于书法一隅，应当从以下几个方面加以关注。

一是欧阳先生的成长道路与其书法成就的关系。欧阳先生从艺为学旁涉多门，他京剧从奚啸伯、逻辑从金岳霖、书法从吴玉如先生，旧学功底博而且深，这些对他的书学思想和创作道路有着很大的影响。他特别强调书法与文化的关系，带学生合作过一本厚重的著作，书名就叫《书法与中国文化》。因此，我们应该更加深入地思索，如果书法家是可以培养的话，应当按什么样的路径才能培养出真正的书法大家。

2012 年在欧府

二是欧阳先生长期从事语文教育和书法教育，尤其在1993年创立第一个书法教育博士点，1998年创立第一个书法博士后流动站，在中国现代书法教育史上一定占有突出的地位。书法是传统艺术，但书法教育和书学研究只能纳入现代教育体制，否则不利于这一学科的发展。那么，欧阳先生为何能率先创立书法博士点和书法博士后流动站，除了拜时代条件所赐，他本人对于现代教育体系与传统书法艺术培养之间的关系的认识是什么，这种认识对于书法进入现代学科起了怎样的作用？另外，二十多年间，欧阳先生培养了一批活跃在书坛和学界的欧门弟子，可以和古典文学界的程千帆先生相媲美。因此，我们应该更深入研究他的书法教育思想。

三是欧阳先生的书法创作、书学理论与先生为人的关系。欧阳先生书法各体皆擅，尤以行草为工，其风格可用杜甫赞美李白的诗句"清新庾开府，俊逸鲍参军"来形容，就是清新俊逸。他的书论我尚不能做系统的研究，偶尔拜读，觉得行文简浅而内容深邃。如已成为首都师范大学书法研究院院训的"作字行文，文以载道，以书焕彩，切时如需"四句箴言，其中关于字、文、书、用诸种关系的思考耐人寻味；又如他说不主张练字而主张学字。练是简单的重复，学是取精用弘、为我所用，也值得我们去深细揣摩。欧阳先生的诗作亦同一风格，如《邓小平颂》一诗："双肩担日月，一指正乾坤。画出康庄路，开通富国门。"这样的诗本是应景诗，应景诗历来不受提倡，因为不易写好，反过来说，应景诗写得出彩就更显功力。这一首诗不仅移用他人不得，而且全诗由两组精工的对句组成，却一点不嫌孱弱，撑得起，立得住。

欧阳中石先生所赠法书

欧阳先生的这些书学理论、书法作品和诗文创作，都与我所感知的他的为人十分切合。欧阳先生为人平实谦和，幽默风趣，有他那一辈学者特有的长者之度、仁者之风。我曾在一个场合见他称启功先生为老师，启先生则坚辞不受。后来我知道，那是因为他在辅仁大学读过一年书。他是徐无闻先生的生前友好，二人合作主编过《书法教程》等教材。徐先生63岁去世后不久，书重出时有一些重印稿酬，欧阳先生说本来不多，都给徐先生的家属吧。我又亲眼见80多岁高龄的欧阳先生为学生申请项目去站台。早在1997年，欧阳先生的及门高弟叶培贵兄专求先生法书一帧，送我作为新婚之贺，正文"金石缘"三个擘窠大字，加以上款愚夫妇姓名中的贱名及欧阳先生的落款，一幅之中共有三个石字，故我以"三石斋"名寒

欧阳中石先生书匾

斋。后得石门颂、石门铭拓本各一，遂将寒斋更名为"五石斋"。2012年筹划成立中国书法与文化研修中心，请欧阳先生的女弟子解小青教授代求题额，顺便又为我正在进行的《法书要录》整理工作题签，老先生均欣然俯允，后又亲赴清华参加研修中心的揭幕仪式。在庆贺欧阳先生九十华诞的时候，这些往事不觉一一浮现眼前。清代学者刘熙载说，"书者如也，如其学，如其才，如其志"，后面还有一句总结的话，"总之曰如其人而已"，正可在欧阳先生的身上得到印证。因之，我们更应该绾合欧阳先生的从艺与为人，从这一角度去理解欧阳先生。

（《中华读书报》2018年11月21日）

向华老致敬

中国美术家协会和中国美术馆正在美术馆内联合举办"华君武漫画展",集中展示华君武先生六十年漫画创作的成就,观者如云,盛况空前,充分反映了社会对华君武先生漫画创作的充分肯定。

不禁想起数月前华老惠赠新作一册,上书"刘石同志一笑",看了这句话就想笑。因为在别的人送书,用"一笑"是谦辞,对漫画家而言却仿佛自信:"相信你看了我的作品,一定会笑。"

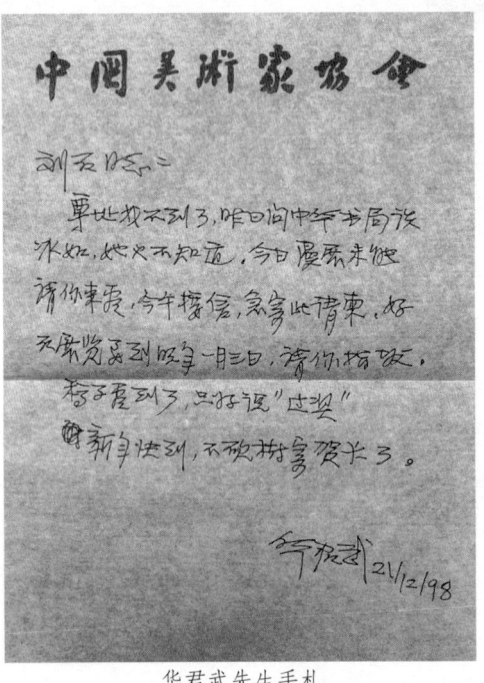

华君武先生手札

成功的漫画没有不让人发笑的。

发笑，是因为它幽默。

没有幽默的漫画，好比失血过多的人，形还是个人形，可就是蔫头耷脑的，没有那股生气，那股精神。

漫画的精义在讽刺。

有人问漫画家方成，漫画和别的画有什么不同，他回答："别的画家看什么顺眼画什么，我看什么不顺眼画什么。"画"不顺眼"就意味着讽刺、批评。

而讽刺、批评的武器就是幽默。

没有幽默的讽刺，如同没有刺的鱼，味道常常不鲜美。

华老是个很重讽刺的人，他直接将漫画定义为"讽刺的艺术"；又是个很重幽默的人，将幽默称为"漫画之灵魂"，并这样看待"幽默"："幽默来源于对世事之洞达，含着笑去面对人生之矛盾，仿佛有点大智若愚的味道。"

华老的漫画，正处处充盈着这种幽默的讽刺和讽刺的幽默。

远的不说，河北教育出版社将其近年所作系列漫画《漫画猪八戒》结集出版，从集子的序言中我们知道，作者的动机是因为现而今改革开放，人的七情六欲也跟着放开，某些人的德行偏又差了些，爱占些小便宜，常搞点小动作，但终究还未离开人民内部范围，算不上敌我矛盾。正像八戒先生，既跟着猴哥费尽周折去到了西天，又一路上大错不犯，小错不断，既可爱又总少不了那些个毛病。所以，用这位大家熟悉的天蓬元帅当主角，来画当代社会上的芸芸众生，"借八戒喻众生相是最妙不过的了"。

我们看这些漫画，处处不离八戒的影子，又处处不离今日社会种种不道德、不文明表现的影子，说到底处处不离我们自己的影子。我们在笑声中嘲笑他人，也必得在笑声中反躬自省，在反躬自省之余感受作者对社会的关怀与忧虑，我们不得不佩服作者敏锐的观察力、犀利的笔锋和无所畏忌的勇气。

将这样的漫画家称为人类良心之树的啄木鸟，我想应该是贴切的。

当然我也清楚地知道，这不仅仅是个人良知与勇气的问题，更不仅仅是画家漫画艺术水平的问题。

当年鲁迅先生说过，揭露世相的讽刺性漫画，第一件紧要事是真实。"因为真实，所以也有力。但这种漫画，在中国是很难生存的。"半个世纪过去了，可感叹的是"现在社会上猪八戒式的人物还不少"（华老语），值得讽刺的人与事还不少，而可以欣慰的是，讽刺猪八戒式人物的漫画也逐渐多起来，在中国也好歹可以生存了。

从这里我们正能看到社会向前迈进的脚步。

而像华老这样的艺术家，既是社会进步的受益者，更是社会前进的推动者。

我们向一切推动社会前进的人致敬。

所以，我们向华老致敬。

（《光明日报》1998年12月31日）

史学家的品格：邓广铭先生

多年前读过邓广铭先生《学术研究中的实事求是》（载《宋史研究论文集》）一文，文中将毛泽东与恩格斯有关历史发展动力的言论两相对照，明确提出前者所谓"农民的起义和农民的战争，才是历史发展的真正动力""分明是说得不够全面，说得有些偏激了"，并强调这一观点对历史研究产生的长期影响。这是邓先生为1987年宋史学会年会论文集所作的前言，我当时颇感惊讶，怀疑自五七、六六年以后，尤其是邓先生这样的老辈学者中，有多少人像他那样敢于在公开场合如此直言无忌。

最近见到邓先生友朋门生撰写的《仰止集——纪念邓广铭先生》（河北教育出版社1999年），李新先生的一篇谈到五十年代末，中宣部召开中小学历史地理和地图编写会议，由吴晗起草的编写方针是根据新中国地理来解释中国历史地理，所谓新中国民族大团结了，历史上不同民族建立的国家之间的矛盾，只能看作民族矛盾而不能称为对抗国家的矛盾。由于这一方针已经周总理批准，有些人明知不妥也积极拥护，独有邓先生始终反对，认为应根据历史事实说话，金和蒙古明明建立了自己的独立国家，与宋朝实属国与国之间的战争，怎能根据现实去歪曲历史呢？我才知道邓先生之耿介不随，从来如此。我也因此宁愿将他七十年代中期添入儒法斗争的那版《王安石》视作孟子所谓"权也"，而无关乎品德。不禁感慨，多少人经过连绵不断的洗脑运动，下焉者奋然媚世，中焉者随波逐流，上焉者亦不过默尔而息而已,可这几十年的艰难时世,对于邓先生的人格似乎并没有产生多少影响!

充分体现邓先生史学家品格的,是其治学历程中一以贯之的求实精神。史学界都知道,早在五十年代中期,与当时流行的"理论挂帅""以论带史"和"论史结合"等主张格格不入,他提出了职官制度、历史地理、年代学和目录学这研治史学的四把钥匙。而这四把钥匙所要打开的,正是历史事实这把锁,其中体现的求实精神与他三十年后倡扬的"学术研究中的实事求是"无疑息息相通。世人好举陈寅恪《〈宋史职官志考正〉序》以证明邓先生的学术地位,但如果要了解他作为史学家的完整品格,我觉得除读其学术著述外,他的四把钥匙说、那次中宣部的会议发言和《学术研究中的实事求是》这篇文章,是不能不给予特别注意的。

若再问这种史学品格得以确立的基础,私意以为是缘于他视学术文化为"寄命之地"(借陈寅恪《王观堂先生挽词序》中语),或曰以学术自肩,文化自承。1993年,他据日本影印的司马光集解决了几处存疑的问题,致信送书给他的李裕民先生:"急将旧稿加以改正,引用书也改为《增广司马温公全集》,何快如之!"其时他已是87岁的老人。诚如受信者的感受:

> 一般八十多岁的老人不易为此激动,而急功近利的年轻学子更难理解为校正二三个字的兴奋心情,唯有将一生献给学术的大家才会这样。看着略带颤抖的字,写得分外大的"何快如之",志在千里的老骥形象顿时呈现在眼

前，令人敬畏，令人仰慕，令人叹服。

90岁时，河北教育出版社有出版邓先生全集之议，孰知他于此好意坚辞不允："出什么全集呀，我计划一年修订一部著作，几十年前的著作一字不改可不行！"真是不知老之将至。我们熟悉他的多部传世名著，却未必清楚这些成于早年的著述，直到暮年乃至缠绵于病榻间，仍在不断纠偏补漏。二写《辛稼轩年谱》，三写《岳飞传》《稼轩词编年笺注》，四写《王安石》，持续时间动有长达半个世纪以上者！《颜氏家训·勉学》有云："古之学者为己，以补不足也；今之学者为人，但能说之也。古之学者为人，行道以利世也；今之学者为己，修身以求进也。""以补不足""行道利世"，此八字正可移作邓先生的写照。

邓先生是山东人。《仰止集》仿佛几十位画家通力合作，描绘出了他身躯与精神同样伟岸的立体形象，部分程度上弥补了我们无缘亲承謦欬者的遗憾。可以看出，邓先生是学生眼中的严师，即使闲居谈天，他也会冷不防问出几个问题，和他谈话得常保持一种备考的心态。他到资料室看书，常因阅览者人数寥寥而频频太息，以至管理员不得不哄骗老人："昨天，有人来查书了；前天，也有人来查书了。"但集子中也有这样的回忆，他在课堂上提及宋太祖、宋太宗，必要加上"宋"字，反对直呼"太祖""太宗"，人问其故，答曰："他们又不是我的太祖、太宗，我不愿错认祖宗。"引来课堂上一片笑声。望之俨然，即之也温，邓先生一定也是这样的老师。可惜的是，我们不能亲身感受到了。

晚年修改《王安石》时，邓先生给他的挚友臧克家先生写有一信："其中有两节，自己甚觉得意，便改变为可以独立的专题论文，一篇已在《传统文化与现代化》上刊出，另一篇于十天前刚寄往该刊，大概得明春刊出了。"（臧克家《深交七十年》所引1996年12月信）这段话对于我有一种特别的亲切。《传统文化与现代化》是原国务院古籍整理出版规划小组匡亚明组长于上世纪九十年代初期创办的杂志，数月前辞世的张岱年先生受匡亚明先生之托出任主编。其时我正供职于该刊，邓先生的文章虽非经我手发稿，也算是身历其事。其间我还接过一次邓先生找人的电话，年近九旬的老人，嗓音有些含混。当他报出大名后，明知他看不见电话这端的我，我也立刻肃然起立。本想向他表达一些致敬的话的，但由于生性羞涩，什么也没说。

去年在韩国，于使馆组织的教师联谊会上见到邓小南教授，还交换过名片，早知她是邓先生的女公子，偷眼见其眉棱眼角，心想一定会有其尊翁的几分影子吧。本来也想向她说些什么的，出于同样的原因，还是什么都没有说。

小文草毕，感觉是没说的话终于说出了，不觉有一种轻松之感。

（《中华读书报》2004年11月17日）

学人书家姚奠中先生

姚奠中先生，当代著名学者、诗人、书家、画家、篆刻家，寿登期颐，名传无限。余于先生生平愧知甚少，幸赖其及门弟子之著述，略晓先生立身行事，窥知其长寿秘诀。殆其襟期洒落，品节坚卓，浩然之气放而充塞宇内，敛而激荡心田，故生命之树历劫弥青，固有以也。

尝读先生所著书，治学不尚空论，观点出自材料，文章成于思考，一以探求真理为旨归，故视曲学阿世为可鄙，学品与人品符契相合有若此者。犹忆昔年于书肆得《姚奠中论文选集》，取其《由词之音律论苏东坡之知不知音》一文亟读之，读毕不觉泚然汗下，以其作于1937年之旧文，力驳宋人所谓坡翁不晓律和坡词不协律之谬，而区区不才逾半世纪后（1991年）所谓博士论文，竟仍喋喋不休，观点则不能不全同，遂自知从此不免于庄周之讥，所谓"日月出矣，而爝火不息，其于光也，不亦难乎"。不意竟有友人以"尊见竟得与前辈偶合"相贺，真善为宽解者，而赧色始终不得稍褪。

先生平生吟咏，题材风格多样，总以境界高远、气魄恢宏为尚。《登高》诗云："纵目重峦似海潮，黄河一线夕阳娇。风雷万里撼山动，始觉危峰脚底高。"《书邓公故居》诗云："能开新世纪，手挽全民劫。让位不居功，千秋谁比业。"如河汾宛转，滔滔汩汩；又如铁笔老梅，高古遒苍。先生弱龄即好绘事，兼攻印学，数十年来所作似不甚多，然图山水则云烟满纸，画花鸟则兼工带写，篆刻不事雕琢，苍浑朴茂，饶金石

味，虽曰文人雅好，持视行家，岂遑多让。

姚奠中先生书赠寒斋名

先生书法天下闻名，欲知其取法之广与夫用力之深，则此二诗或可助一斑之窥："殷甲周金汉魏碑，钟王以下亦争奇。工夫端在临池黑，骨力风神各异姿"，"重帖轻碑骨力微，扬碑抑帖亦奚为。兼收博取形神俱，无事矜奇自出奇"（《论书绝句》）。其书真草篆隶兼擅并能，南帖北碑集于一身，用本心直入，以无法为法，含英咀华，真力弥满，浩荡浑茫，笔扫千军，书者既有吐纳百川之势，遂令观者平添置身霄汉之感！刘熙载《艺概》论书有云："书者，如也，如其才，如其学，如其志，总之曰如其人而已。"始知古人之言，岂我欺哉！

先生博学多才，瑰伟倜傥，名满寰区，而执教高等学府逾七十年，乐育天下英才，最自珍视者端在"教授"一职。太原师范学院书法系主任刘锁祥教授，姚门弟子中之出类拔萃者，以其师之诗书画艺博大深邃，虑其精髓难为世人所尽知，遂精心遴选代表作数十帧，每帧一文，苦口婆心，反复叮咛，复缀以自书诗帖若干件，尽吐仰慕恩师之忠悃，而成《学人书家姚奠中》一书。岂唯其师之功臣，有助于天下读者正复不少。

余与锁祥教授书信往还有年，2010 年太原师院建院 20 周年，借副院长张瑞君先生邀访之便始得一晤，相谈甚洽，并蒙朱拓所藏唐墓志一帧以赠。以忝在同好，书将付梓而命余为缀数语，遂略道管见如上。

(《中华读书报》2012年7月18日)

三见叶嘉莹先生

2004年12月2日,应邀参加北京师范大学举行的叶嘉莹先生八十寿辰暨学术思想研讨会。对于叶嘉莹先生的学术思想,我没有能力奉献新见,却想起了此前与叶嘉莹先生的两次见面,并愿意借此机会表达我对叶嘉莹先生的一些感受。

我初次见到叶嘉莹先生是二十多年前的事情。1982年夏天,四川大学历史系文史兼擅的缪钺先生邀请叶先生去为历史系学生开设唐宋词的讲座,那时我在川大中文系读本科,专业既未选定,又快放假了,本打算就去听一次,没想到一听就停不下来了,直到叶先生讲完所有的课程。不仅是我,当时所有听课的学生无不被唐宋词美妙的词境所折服,这种折服又是产生在被叶先生讲课艺术所折服的基础上的。一时间很多同学见面都必谈唐宋词之美,也必谈叶先生的口才、气质、风度、仪容之美,甚至模仿叶先生吟诵诗词时独具韵味的声腔。我随后两年选择了古典文学做我的硕士研究生专业,并以唐宋文学为研究方向,从此走上古典文学编辑、研究和教学的道路,与叶先生这次的西南之行是必有相关的。

叶先生关于古典诗词的精彩见解,散见于她的多种著作中,一篇短文无法细论,也不必细论。在词体方面,她继承王国维、缪钺等前辈学者又有所发展的一个观点,就是她在《灵谿词说》前言中所说的:"盖词之为体,自有其特质所形成之一种境界,以一般而言,词中所表现者,常是比诗更为深婉含蕴之一种情思和境界。"后来她又在另一篇文章《从艳词发展之历史看朱彝尊爱情词之美学特质》(载《清词丛论》)中将这种特质称为"弱德之美",我以为是她对词之为体的一个基本观点。这个观点对我影响甚深,我在自己关于苏词的博士论文中对词史上一系列现象的褒贬评骘,正是以叶先生的"诗词有别"和"尊体"说为理论指导的。

再见叶嘉莹先生,是六年前的 1998 年。在南开大学召开的古典文学与文献学讨论会上,我再次听到叶先生关于古典诗词的精微之论。她还介绍了她正在组织的儿童古典诗词吟诵训练活动,同时我还知道她在南开创办研究所以及用自己多年积蓄设立多种基金的事。我感到她真的是将毕生精力献给了中国古典诗词。我当时也想起了十多年前在川大的那次讲座,她讲到数十年来漂泊海外,每读杜甫的"夔府孤城落日斜,每依北斗望京华",便情动于中,不能自已。她还声情并茂地吟诵了 70 年代初次归国时所作的诗句,在场听众无不为之动容。我曾在会间向叶先生提及这段往事,她很高兴地随口吟诵出了诗中的两句:"天涯常感少陵诗,北斗京华有梦思。"

但我想我们不必尽用对故国的思念和热爱来诠释她数十年来所做的一切。古人曾言:"诵其诗,读其书,不知其人可乎?"其实我们诵叶先生的诗,读叶先生的书,叶先生其人也就在其中了。我们会发现,叶嘉莹先生实在是一个灵心悱恻、善怀多感的人,是一个沉婉真挚、蕴藉深微的人。她的性灵和心境与中国古代的诗性词心有着本质的相通,因而她对古典诗词之美才能有如此深细的观察与体悟,她才能在古典诗词中汲取到如许多的兴发感动的力量。这里面除了对祖国文化的深厚感情,当然还有后天的学养在起作用,但我觉得很大程度上更是依赖于一种先天的资质和禀性,那是旁人所无法学而致之的。

2010年与叶嘉莹先生在北京

前段时间我在电视上看到对叶先生的专题采访,真不曾料到她的一生充满了那样多的坎坷和不幸。但叶嘉莹先生的一生既是辉煌的,也无疑是幸福和充实的,因为有那么多的古典诗词供她优游徜徉,沉潜玩索,含英咀华,乐在其中。我想,她的心灵一定常常荡漾着美好情感的涟漪,充盈着无边的愉悦和快乐。

这次是第三次相见叶嘉莹先生。她在会议的主题演讲中对自己诗词创作里乡情的阐发亲切有味,真情感人。又看见她身心健朗,思维清晰敏捷,记忆力超凡,一如往昔,打心底里感到欣慰。叶嘉莹先生曾经感叹,"自古以来,因读其书而慕想其人的读者,常未必都有能与其所慕想之作者相逢一晤的机缘遇会"，并举出杜甫之于宋玉"怅望千秋一洒泪，萧条异代不同时"的悲慨，和辛弃疾之于陶渊明"老来曾识渊明，梦中一见参差是"的空叹（《唐宋词名家论稿·前言》）。从这一点来讲，我比杜甫、辛弃疾幸运，也比自古以来的许多读者幸运多了。

祝愿八十初度的叶嘉莹先生今后的岁月更加辉煌，更加幸福，也希望今后能有第四次、第五次以至无穷多次再见叶嘉莹先生的机会！

(《中华读书报》2005年3月16日)

王仲闻先生

近来人民文学出版社重印一批五六十年代以来沾溉几代读者的古典文学注本,其中有一种被学界誉为"古籍整理典范"的《李清照集校注》。

重读此书,使人对其作者产生了解的兴趣,倒不仅是因为知道他是王静安先生的公子,知道他也曾经是中华书局的一员,算起来,与老先生还是先后同事;而且是因为书中有那么一个细节吸引了我,那就是他在书的"后记"中声称,"《引用书目》里面,有几种没有见过原书,只见过照片和胶卷"。这个细节说来在老辈学者中也许并不足矜,但老辈学者治学的谨严、学风的诚实,的确是足够让今天的人们感慨好一阵子的。

中华书局原总编辑傅璇琮先生又告诉我一件旧事,他偶然得知夏承焘先生《唐宋词人年谱》后所附"承教录"中录有他所提供的贺铸资料若干条,便很纳闷,因为当时他与夏老尚无来往。后来才知道,这是当年他与王仲闻先生同事时闲谈中提到的,他并没有想到告诉夏先生,是王先生自作主张地转告给了夏先生,事后也没有跟他讲。这更引起我对王先生其人的景仰。

然而越古老的历史越容易研究,以资料齐备之故也。倒是近来的事人人耳濡目染,身受亲历,正所谓"当时只道是寻常",然一旦时过境迁,其人其事湮没不彰者往往有之。所幸中华书局七十五周年纪念文集《回忆中华书局》中载有已故沈玉成先生《自称"宋朝人"的王仲闻先生》一文，生动亲切地记录下老先生的一些往事，虽然这些往事只是他在中华书局短短数年间的一些经历，必定只是他作为封建余孽后代、特务嫌犯、牛鬼蛇神……近七十年丰富经历中极为有限的一鳞半爪，但在今天来看已是十分难得而弥足珍贵的了。我在下面的介绍便主要依据沈先生的这篇文字。

王仲闻（1901—1969）名高明，以字行。幼年顽皮，被其父认定没出息。中学毕业送入号称"铁饭碗"的邮局，因在"中统"控制的邮检部门工作，解放后沾上特务之嫌，又在出版《人间词话校注》后打算与同好创办同人刊物《艺文志》，终被割去工作，断了生计。爱才若渴的国务院古籍整理出版规划小组组长齐燕铭同志将他推荐给另一位爱才若渴的中华书局总编辑金灿然同志，于是他就成了中华书局的一名临时工。先是审核《全唐诗》的校点，后受唐圭璋先生委托，倾其四年的全部心力修订《全宋词》，使之较旧版上了一个新台阶。金灿然同志和文学室主任徐调孚先生本着实事求是的精神，提出采用"唐圭璋编，王仲闻订补"的署名方式。唐先生欣然同意，只因文化部规定几类人的名字不得见于社会主义出版物中，一位学者几十年的学术积累和足足四年的艰苦心血就这样被抹得干干净净了。但唐先生并没有忘记他的这位老朋友，"文革"以后还几次向中华书局询问王先生身后家里有无困难，愿意提供力所能及的帮助。

最可惜的是，王先生在订补《全宋词》的过程中写下有关词人生平、作品真伪、归属、版本源流、词牌考订的文字二十多万字，名之曰《读词识小》，徐调孚先生竭力鼓励他整理出版，并让编辑部冀勤同志去请钱锺书先生"估价"。为写这篇文章，我特地向冀勤先生证实。冀先生对三十多年前的这段往事记忆犹新，说："我当时正怀着孩子呢，去见钱先生，钱先生很快回了一封信，信中有'这是一部奇书，我自愧不如'的话。"但署名都不可以，出版谈何容易？一拖若干年，这部让钱锺书先生"自愧不如"的书稿在1966年随着王先生出了中华书局的大门，从此杳无踪影。傅璇琮先生听说我要写这篇文章，也再三叮嘱我，一定要把《读词识小》的事写一写。沈玉成先生文中有这么一段很动真情的话，相信能代表所有人的心愿。就借它结束这篇小文吧：

> 王先生有校注词话、词集行世，但《全宋词》的修订却是其毕生学力和心血之所萃，而这部《读词识小》又是把他所经手的考订过程奉献于学术界。就我读后的印象而言（当年徐调老指定沈玉成先生做此书的责任编辑——笔者按），我要凭良心说，其材料的丰富、见解的深刻、结论的精确，在在都无愧于第一流的著作，无怪乎钱先生这样渊博的学者也要誉为"奇书"。听说"文革"中不乏这样的事，一位学者死了，遗稿不知下落，过些时候又赫然问世，不过署名却是另一个人。我倒真希望这部《读词识小》当时为一个雅贼挟之而去，今后不管用什么名义和形式发表，我都决不置一辞，因为让它留在人间总比归于天上要好。

（《中华读书报》1998年9月16日）

读钱锺书先生这部大书

一

老清华园里的人文大师我们都耳熟能详了，但在座的各位身份既是学生，就一定同意一所大学的成功，教师的一流外，一定要培养出一流的学生。在这一点上，百年清华也确实当之无愧。如几天前刚在旧图书馆举行过百年诞辰纪念、1929年考入清华大学外文系的曹禺，一年多前刚去世、1930年考入西洋文学系的季羡林，1931年以数学零分考入历史学系的吴晗，1933年考入社会学系的费孝通，还有乔冠华、蒋南翔、英若诚，等等。

今天要向大家介绍的，是这些位清华优秀学子群体中闪现耀眼光芒的一位，与曹禺、颜毓蘅并称为外文系三杰，与夏鼐、吴晗并称文学院三杰的钱锺书。

钱锺书生于1910年，今年正好是他一百周年诞辰。我们缅怀历史人物，往往说要学习他们的什么精神、品质。但我要说学习钱锺书对自己其实是起不了什么作用的，为什么？因为他不具有标本意义，他是一个神话般的人物，他是西施，天生丽质，旁人无法学，一学便成东施。

那么为什么还要纪念和缅怀呢？不是学习他，而是欣赏他。就像中东石油家族、希腊船王、英国王室，他们的富有和一掷千金是天生的，我们拼死也挣不了那么多钱来挥霍，但可以看看人家是如何挥霍的，所谓过过眼瘾是也。孙悟空七十二般变化，一个筋斗云能翻十万八千里。这本领我们学得到吗？

虽不能至，心向往之，道理是一样的。

钱锺书有很多被人们津津乐道的故事，这些故事的主题是嗜书如命加绝顶聪明，孤傲清高加恃才傲物。我下面讲的也不能越出这个范围，但能保证不是杜撰的，也不是出自小道消息，都是与钱锺书有交往的人提到过的。当然，这些人说的是不是一定可信，那是另一回事了。

二

钱锺书周岁抓周时抓了书，所以起名锺书。抓周抓到书并不稀罕，但书之于钱锺书确实不一样，他一辈子都是情系于书。他1929年19岁考入清华大学外文系，数学只有15分，但国文很突出，英文更是满分，所以被外文系录取。他发誓横扫清华大学图书馆，什么书都看，有同学回忆他一个礼拜读中文书，一个礼拜读英文书。他的夫人杨绛说他那时"甚至粗俗的书也能看得哈哈大笑"。有一次钱锺书在咖啡室喝咖啡，曹禺对正苦于清华图书馆藏书太多，不知看什么好的吴组缃说，还不快让钱锺书举几本英文黄色书给你看。吴让举三种，结果钱锺书顺手拿过一张纸来正反写满，一口气举了四十几本。

不过钱锺书说这件事"全无其事"，原因是西文的禁书清华藏得没这么多。即便如此，他的博览和强记是不用怀疑的，因为类似的回忆不止一桩。黄永玉的一桩是："五十年代末，有一回在全聚德吃烤鸭。钱先生知道我是靠星期天郊区打猎来维持全家营养的。他说他不可能跟去尝试一次这样的壮游，倒是能给我开一张有关打猎的书目。于是顺手在一张长长的点菜单正反面写了四五十部书。"王水照的一桩是，在河南干校军

2015年与杨绛先生在杨府

宣队开会,他与钱锺书在下面开小会。他对严复《天演论》中用"京垓"代亿万,用"员舆"代地球的用法表示疑问,就向钱锺书请教,结果钱锺书一下写出好多例子,"振笔直遂,欲罢不能,若不是纸的反面是军宣队要我办事的介绍信,可能还会演示下去。他写完最后一句'如君所举皆此类也',不无得意地把纸片塞给我,而我却顿觉自己的贫乏和无知"。

　　光博闻不行,还得有强记,绝顶聪明的人没有记忆力不超人的,反之亦然。同学回忆他上课从不记笔记,只带一本与课程无关的闲书看,考试却总得第一。这里又有一个黄永玉提到的例子,说有一次受国家之托画一幅凤凰涅槃图给外国政要,王震要他写一个说明,遍查不得故事的出处。不得已打电话问钱锺书,钱锺书就在电话里说了以下的这些话:"这是郭沫若1921年自己编出来的一首诗的题目。三教九流之外的发明,你哪里找去?凤凰跳进火里再生的故事那是有的,古罗马钱币上有过浮雕纹样；也不是罗马的发明，可能是从希腊传过去的故事，说不定和埃及、中国都有点关系……这样吧！你去翻一翻《大英百科》……啊！不！你去翻翻中文本的《简明不列颠百科全书》，在第三本里可以找得到。"然后黄永玉说："我马上找到了，解决了所有的问题。"

所以有人说，钱锺书的头脑不是头脑，是电脑，是集成电路，也是摄影机，是录音机，过目成像。

钱锺书是个语言天才，不仅会英语，还有法语、德语、意大利语，好像只有俄语、日语没来得及学。1979年社科院组成改革开放后最早的访美代表团，钱锺书是成员。虽然钱锺书进清华英文考了满分，后来又在牛津读了两年书，毕竟过了几十年闭关锁国的日子，但他在美国的讲演却是绝对正宗的牛津音，而且流行的俗语、俚语不绝于口。哥伦比亚大学教授夏志清记录他们当时的会面："钱同我谈话，有时中文，有时英语，不时夹一些法文成语诗句，法文咬音之准、味道之足，实在令我惊异。"据说他一直坚持读各种新出的英美辞典，但就算俚语俗语没问题，正宗的牛津音如何保持，总不至于偷听BBC吧，再说BBC是不是就是正宗的牛津音，对我来说这是至今也没想明白的一个问题。

1969至1972年，钱锺书下放河南五七干校收发信件，有一次杨绛指着菜园的窝棚问在这儿住一辈子行不行，钱锺书认真地想了一下说："不行，没有书。"

所以说，钱锺书这名真是叫得名副其实。他一辈子写得最多的一个字是书，读得最多的也是书。他最主要也是最大部头的著作《管锥编》专门围绕《周易》《左传》《史记》十部书进行研究，说十部，其实不知多少部。比如一部是《太平广记》500 卷，宋以前小说的总汇，又如一部是《全上古三代秦汉三国六朝文》746 卷，唐前文章的总汇。有好事之徒统计过，《管锥编》四大册加一小薄册增订，引述了 4000 人、上万种著作中的数万条书证。一个世纪甚至几个世纪以来，有不少只被引用过一次的书，就是钱锺书引用的。

我在清华线装室中读到过朱自清和其他一些名学者借书卡片上的签名，但就是没读到过钱锺书。钱锺书其实主要是靠借书来读的，有人写他家里没别的，全是书柜。我的师友中不少去过他家的描述可不一样，说只有客厅里一两架西洋书。黄永玉的回忆文章也印证了这一点："家里四壁比较空，只挂着一幅很普通的清朝人的画。书架和书也不多，起码没有我多，问钱先生，你的书放在哪里？他说，图书馆有，可以去借！"这正应了清人袁枚"书非借不能读"那句老话。社科院有两人专为他借书。一位是研究莎士比亚的，专管借西洋书，一位研究中国文史的，专管借中国书。

在座的同学一定有受益的，2001 年杨绛先生将他们夫妇俩的稿费捐给清华设立"好读书"奖，第一笔 70 多万，现在听说有 800 多万了。从名称就知道这个奖是颁给那些爱读书的人的。那么百年清华园里读书的情形如何？这当然是个不容易回答的大问题。好在有两篇现成的文章可以读一读。1994 年的《读书》杂志上，曾任清华建筑系教师的曾昭奋写了一篇《清华园里可读书》，说"四十多年来清华大学出了很多大官，但是不出大学问家、大艺术家，现在又以下海为追求"，对清华园里日渐淡薄的读书风气表示了担忧，这当然说的是 20 世纪

90年代初的情形。再早的清华园是另一番景象。第二年的《读书》上资中筠写了《清华园里曾读书》来呼应曾文，资中筠1951年毕业于清华外文系，曾任社科院美国所所长。她说当年非发愤考入清华不可，很大的原因在于清华图书馆，除了丰富的藏书，"那建筑本身与大礼堂同为清华园的象征，单是阅览室的地板是用贵重的软木铺就以免走路出声这一点，就可见设计之考究……每晚坐到闭馆，然后恋恋不舍地回宿舍。宿舍十点钟熄灯，决不通融，许多同学都备有油灯，一灯如豆继续读书，到夏夜灯罩上布满扑灯自焚的小虫，看书看累了数数虫子也是一趣。那种'开夜车'纯属自觉，决非为应付作业或考试"。这种情景是很令人神往的。

今天的清华园里依然有很多读书的学子，包括一大堆教授，但知之者不如好之者，好之者不如乐之者，是"好"读书，"乐读书"，像钱锺书、资中筠们那样，还是为发表论文而读，为完成项目而读，为完成学业而读，功利地读，被动地读，无奈地读，甚至痛苦地读？在座的同学能不能再续写一篇《清华园里正读书》？读什么书，怎么读书？做个这样的调查，一定是很有意思的。

三

绝顶聪明的人难免孤高自傲。古有"狂狷"一词，钱锺书那真叫狂狷得可以。小钱锺书几岁的杨宪益20世纪30年代与钱锺书同在牛津念书，回忆说"锺书同在牛津的中国朋友很少来往，大家都觉得他比较孤僻，见面也没有多少话说。记得向觉明兄曾对我说过锺书兄对他们都不感兴趣"。要命的是，孤高自傲不仅体现在不跟人说话上,更体现在跟人说话上。他给外国一位请求接见的钱学研究者回信说:"假如你吃了个鸡蛋觉得不错,何必认识那下蛋的母鸡呢?"不见就不见吧,还这样出语噎人。

其实也不是不跟人说话,而是一般人无法同他对话。吴组缃回忆当年的钱锺书:"会说,喜欢与人聊天,不过一般人他看不上,不理你。一般人同他聊不起来,同我就聊不起来,因为钱先生太博雅。解放后,他几次问我,马克思第三个外孙女嫁给谁了?我说不知道。"(钱锺书又曾纠正说这不是发生在他身上的事。)

西南联大时的学生何兆武现为我们学校的著名教授,他评价钱锺书是"眼高手高,只说人家坏话,不说好话",我看这是基本符合事实的。像与他并称龙虎的曹禺,他在《围城》里就讽刺过。范小姐追求赵辛楣,与他套近乎,问他最伟大的戏剧家是谁,他随口说曹禺,范小姐以为找到了知音,再问喜欢什么,赵答不出来,半天说《这不过是春天》,其实这是李健吾(1925年考入清华)的剧,弄得范小姐很失望,怎么美国的高才生连这个都不知道。范小姐是毫无品味的,所以钱锺书让她喜欢曹禺。

同辈如此,长辈也一样。他对他父亲的学问不以为然,对他的指示也公然违抗。我给大家念一封信就知道了。章士钊与钱锺书住得不远,给钱基博写信问起钱锺书,钱基博写信要钱去看望,他不去。后来他读到章的《柳文指要》,给他父亲的学生吴忠匡写信说:"章文差能尽俗,未入流品,胡适妄言唱于前,先君妄语和于后,推重失实,流布丹青,章亦居之勿疑。"假如"当年遵先君命，今日必后悔"。吴宓、叶公超、陈福田都是他的老师，吴宓给钱锺书上过"中西诗的比较研究"，每次下课都要问 Mr. Qian 的意见怎样，还常说"老辈陈寅恪，小辈钱锺书"，够器重的了，但他却说吴宓笨、叶公超懒、陈福田俗（不过杨绛撰文说没说过）。

陈寅恪大钱锺书 20 岁，在钱锺书进清华前已是大名鼎鼎的国学院导师，钱锺书却将陈寅恪看作"烦琐无谓的考据、盲目的材料崇拜"的代表，这见于 20 世纪 50 年代的《宋诗选注序》和 1978 年赴意大利参加欧洲汉学会写的《古典文学研究在现代中国》。《文汇报》编辑陆灏说钱锺书跟他聊天，"说陈寅恪懂那么多种外语，却不看一本文艺书，就像拥有那么多宫女，可惜是个太监，不能享受"。这真是够损的，但也不能不说够一针见血的！陈是看重已然的史学本位的学人，直击社会与时政；钱是看重情理之当然和所以然的文学本位的才子，洞穿人生与人心。治学不对路子很正常，但一个有身份的人不顾身份，对另一个有身份的人如此不忌讳，这是不多见的。

20 世纪 70 年代，钱锺书参加毛泽东诗词英译五人小组，有关部门以国宴招待，他坚辞不去。江青派人来招他游园，他不仅不去，还要让人知道他不愿去。来人说："这是江青同志点名要你去的，我可不可以说你身体不好，起不来？""不！不！你看，我身体很好！哈！"我想起了上世纪后半叶知识分子的尴尬遭遇。多少大学者被认为曲学阿世，四十多位清华、北大的教授进了"梁效"的写作班子，主要成员之一范达人在凤凰卫视回忆，当时那真叫"受宠若惊，感恩戴德"。"四人帮"垮台后受审查，各有各的委曲。魏建功去世，人称"毕竟老友是书生",有一位史学家以之名书,有人说不合适,别人可以原谅你,自己怎么能为自己开脱呢?我们不必苛求这些学者,放在我们身上可能比他们跑得还要快,但相比之下,钱锺书(还有陈寅恪)这样有先见之明的聪明睿智、特立独行,确实更令人景慕。

不过钱锺书并是绝对不涉时事与俗务的。前些天还收到《中国社会科学报》(2010年10月21日第4版),上面有当年社科院文学所工作人员马靖云的回忆文章说:"这位世界著名的大学者不但承担过国家交给他的繁重的任务,而且还在文学所做过许多不为人知的工作。"又说:"新中国成立十周年的庆典活动,筹备委员会请他参加各种报告发言的文译和口译审定。他早出晚归、身体力行,辛勤工作达半月之久。"可惜人家做得名节不亏,分寸把握得好,这不仅是一种生存智慧,也是一种政治敏感吧。

有人分析,钱锺书在这个世界上有一种孤独感,一般人到老了,相熟的人一个个地走了才有孤独感,钱锺书可能很年轻时就有了。孤独感可以造成孤僻,但如果这种孤僻耿介过了头而近于不近人情,就难免导致一些人的非议。再加上其他一些行为,如不接见用八十朵玫瑰贺寿的三联书店总编辑范用,却情愿给胡乔木改诗之类,有人就拿来说事了,说他知道什么时候对什么人应该拒绝,什么时候对什么人不能拒绝。又说越隐越显,大隐而大显,这其实是古人惯用的手法,钱锺书也不过是用得特别成功的人中的一个。这算是一种诛心之论吗?

四

就像现代奥林匹克追求的不是健身之类的功利目的（想想专业运动员有几个没有伤病的吧），只是致力于挑战人类体能的极限一样，钱锺书的读书和做学问也完全没有功利目的，只是为了挑战人类脑力的极限。古人说书犹药也，可以医愚；外国古人说读书对于智慧，就像体操对于健康。这两条格言警句对钱锺书都不适用。钱锺书不是因为愚而是因为智慧、不是因为不健康而是因为太强壮才来读书，也才来著书。

钱锺书留下的东西有创作和学术两类，总量却不算多，远远算不上著作等身。

创作。《围城》是大气磅礴的巨著。人或称之为吴敬梓之后最有力的讽刺小说家，社会、政治、时事、人生、心理、道德，无所不讽。但光看到这一点是不够的。夏志清说它是"一部探讨人的孤立和彼此无法沟通的小说"，杨绛说它是"体现了对人心、人性悲剧特性的深刻揭示和无限同情"——而且体现得如此不落俗套，别开生面。这样的领会就更深了一层。正因为他观照的不是一时一地，而是整个人类的普遍性，许多人认为，《围城》和《阿Q正传》一样，都是可以拿诺贝尔奖的作品。

《猫》和《纪念》是如玉而不可人的小品。为什么不可人？读了《猫》，你不愿与钱锺书打交道，因为他讽刺得锋芒太露，要刺伤每一个靠近他的人的灵魂和自尊；读了《纪念》，你不敢与钱锺书打交道，因为他的眼睛太毒，就像黑暗中的探照灯，又像机场安检的X光检测仪，能看穿每一个人的五脏六腑和最隐秘的思想波动。

钱锺书骨子里也许是最博爱的人道主义,他同情和怜悯整个人类以及众生,可是他似乎不太同情、怜悯身边那些具体而微的芸芸众生。比如,他只图过一时的嘴瘾,有没有考虑被他嘲戏为想见母鸡的那位女士的感受?中央电视台联合多家拍摄三十六位文化名人,他就是不让拍。当对方说这是有钱的,他又说了,我都姓一辈子的钱了,还缺这个?这真叫"不差钱"!但他有没有想过对方也是在干他的一份工作,而且是保存、传播中国文化的工作?他小说中的人物塑造也体现出他的刻薄寡恩。你看《围城》里几十号人物,除唐晓芙外没一个好的,连小孩子也不放过,方鸿渐的侄子阿凶、阿丑,不仅名字凶丑,人也不可爱。说穿了这就是绝顶聪明决定的,你们想想,绝顶聪明的人面对群生能不俯视吗?就像姚明,能要求他昂着头去看人吗?

学术。《管锥编》较难,内容难,表达难,从书名开始就难。相传有人去书店买《管锥编》,营业员说,去五金柜台那边看看吧。你别说,这套书倒确实像五金工具类的百宝箱,如果将它啃下来,终身都会受用。对古代文学感兴趣的可以先读容易一些的《谈艺录》,想简捷地了解钱锺书学术特色的,可以先读《诗可以怨》,它是一篇由讲演稿改成的文章,只有万把字,但很能反映钱氏著述的博学、睿智、细腻、打通的特点。我们说中西比较,专家重其异,通人则其异之外还重其同。"南学北学,道术未裂,东海西海,心理攸同",《谈艺录序》中的这几句已成名言,这篇《诗可以怨》就是这一不刊之论最翔实最有说服力的注脚。

钱锺书1935年评价他的老师温源宁《不够知己》的文风

是轻快、干脆、尖刻、漂亮中带些顽皮,这不妨看成是夫子自道。但他又说温源宁是"生龙活虎之笔",这不能用来形容他自己,用这个词就太狠了太粗了,不符合钱笔的温润如玉、清脆如珠、轻盈似二月杨柳、活泼如十二三岁的顽皮少年。内容和表达内容的方式密不可分,钱氏著作博大精深的要义是用这种文风表达出来的,钱氏著作文笔的漂亮足可使它被当成文学作品来欣赏,我们在领会其内容的同时一定要关注钱氏文体与文风,要欣赏钱锺书文言文的典雅优美、白话文的通脱轻松,意之所到曲折无不尽意的笔力,幽默智慧、新鲜生动的比喻,机敏而辩证的思维,这是钱锺书追求精神极限的强有力的手段,也是带给我们无穷乐趣的一个方面。

坦白地讲,我是一个"见钱眼开"的人,我自己的感受是,博闻强记,富于联想,善于打通,超凡的文本分析能力和艺术感受能力,灵心慧眼,敏锐幽默,明辨深思,启人心智,既是钱学独具的素质和独特的面貌,也促成了他对于古今文艺学史上太多的发明。我读钱锺书,带着欣赏读,带着仰慕读,也带着叹息读。为什么叹息?因为觉得这学问没法做了。不是不够勤奋,而是不够天分。所以我读到那些"不爱钱"的文章就很高兴。为什么?我才知道还有比自己更不够天分的人呢,他们连钱锺书都欣赏不来!

有没有"不爱钱"的人?这个真的可以有。有人说:"在钱锺书身上体现着中国现当代学人的根本欠缺:缺乏体系性建构的能力。"殊不知钱锺书本不屑于什么建构理论体系和框架,更不奢谈什么方法和创新。他早说过倒塌的大厦毫无用处,倒是大厦倒塌后散落下来的砖瓦竹石依然能派上用场。这是一个很好的比喻,清楚地传达他对于理论、体系、框架的看法。还有人说,钱锺书不仅没有体系,甚至没有思想的发现和内容的创新,如"通感",如"诗可以怨",都是老命题。这太不对了,且不说他抉发出了老命题中的新意,或为老命题灌注了新意,单是他不同寻常、不同凡响的一手漂亮的文章,就赋予了老命题的讨论以新意。古今中外爱情诗的主题都可以归纳成"我爱你"三个字,我们能因其母题的一致就否定古往今来爱情诗的千姿百态吗?

当然,我对钱锺书也不是毫无保留地欣赏的,就讲亲历的一件事吧,这件事过去了将近三十年,但记得还十分清晰。那时我还在读研究生,一位同窗给他指出《谈艺录》封面题字中"艺"的写法有问题——我们知道,钱氏夫妇著作的封面字是夫妇互题的——钱锺书回信,一面承认是有问题,一面辩解说属书法字,所以不算错。弄得我那位同窗接到钱锺书的信,一面欣喜若狂,一面不以为然。此外他的书法取法不高,吴忠匡说他1939年起在湖南蓝田(今涟源)国立师范学院(就是三间大学的原型了)待了两年,"阅碑帖,鉴定草书,楷法师法近人张裕钊等,算不得'高古'",这话说得太对了。岂止不高古,简直太低俗,包括他的花押签名,这样一位冰雪聪明且又下苙习书的人写出这么一手俗字,只能用"曾子固短于韵语,黄鲁直短于散语"所谓人之性情各有定分来解释了。

总之吧,对于钱锺书,人人都有话说;就如同汉代的那位采桑女罗敷,人人都爱看。苏东坡歌咏西湖的诗句说:"西湖天下景,游者无愚贤。深浅随所得,谁能识其全。"西湖的风景确实是常看常新的,古代的诗人白居易就自我坦白说"未能抛得杭州去，一半勾留是此湖"；黄山也是这样，当代的画家刘海粟十上黄山，百看不厌。钱锺书在山则为黄山，在水则为西湖，那也是难得欣赏够的，"四时之景不同，而乐亦无穷也"。

博学鸿儒、文化昆仑、东方睿智学人、二十世纪人类最智慧的头颅、世界上唯一的钱锺书，这些评价都对，但都不足以道其精微深奥之美。这就是《老子》说的："古之善为士者，微妙玄通，深不可识。"我的这个所谓讲座，恐怕不足以道出钱锺书的万一，有兴趣的读者，还是去直接读钱锺书这部大书吧。

(《人民政协报》2012 年 9 月 17 日)

海宁王静安先生纪念碑

具有二百多年历史的清华园风光旖旎，文物星布。其中矗立在工字厅东南端的"海宁王静安先生纪念碑"有着特殊的历史意义和文化价值。其碑主为王国维，清华学校研究院（国学门）四大导师之一。碑文撰写者为陈寅恪，同为清华学校研究院导师。设计碑式者为梁思成，著名建筑学家，清华学校研究院另一位导师梁启超的公子。此三氏天下共知，毋庸赘言。此处当着重提及的，是与此碑相关的另外两位先生。

清华园内王国维纪念碑

一位是书丹（碑文书写）者林志钧（1879—1960），字宰平，福建福州人，清华学校研究院时的专任讲师。著有《北云集》《帖考》等，后者至今仍是碑帖学方面的重要参考书。

上世纪三十年代中期梁启超去世后商务印书馆出版的《饮冰室合集》亦是由其负责纂辑,前些年虽有新版《梁启超全集》编成,并没有取代《合集》的地位。曾任教于清华大学的北京大学教授、以九十七岁高龄去世的林庚先生是他的哲嗣。

另一位是篆写碑额者马衡(1881—1955),字叔平,浙江鄞县人,也是清华学校研究院的专任讲师。著有《凡将斋金石丛稿》。著名金石考古学家,郭沫若称其为中国近代考古学的前驱(见《凡将斋金石丛稿序》)。新中国成立前任故宫博物院院长十余年,抗战时期西迁文物,历尽艰难,厥功至巨。其兄弟五人,均为北京大学名教授,人称鄞县五马。

古时常有三绝碑之称,现存于广西柳州柳侯祠内的《柳州罗池庙碑铭》,就因为集柳(宗元)事、韩(愈)文、苏(轼)书于一碑被誉为"三绝"。那么,屹立于清华园内的这座碑,自当迈越往古而称为五绝碑了。

此碑的历史文化价值又不止于此,更重要的还在碑文。碑文虽短不足三百字,却是陈寅恪毕生所撰三百余万字中极为重要的一篇,也是陈寅恪自己极为重视的一篇。对其重要性的全面分析,非区区不才能够胜任,亦非一篇短文能够毕陈,而且,当今学者的著述也实在够多的了。这里需要做的,只是迻录全文:

> 海宁王静安先生自沉后二年,清华研究院同人咸怀思不能自已。其弟子受先生之陶冶煦育者有年,尤思有以永其念。佥曰,宜铭之贞珉,以昭示于无竟。因以刻石之词命寅恪,数辞不获已,谨举先生之志事,以普告天

下后世。其词曰：士之读书治学，盖将以脱心志于俗谛之桎梏，真理因得以发扬。思想而不自由，毋宁死耳。斯古今仁圣所同殉之精义，夫岂庸鄙之敢望。先生以一死见其独立自由之意志，非所论于一人之恩怨，一姓之兴亡。呜呼！树兹石于讲舍，系哀思而不忘。表哲人之奇节，诉真宰之茫茫。来世不可知者也。先生之著述，或有时而不彰。先生之学说，或有时而可商。惟此独立之精神，自由之思想，历千万祀，与天壤而同久，共三光而永光。

碑文的重心，端在"独立之精神，自由之思想"二句。这当然是陈寅恪对王国维思想文化精神品格的抉发，更无疑是陈寅恪本人的夫子自道。要说明这一点是不难的，只需再录其另一篇文章的一点文字。1953年中国科学院欲任其为中古史研究所所长，他坚决而明确地予以回绝，在《对科学院的答复》中说道：

我的思想、我的主张完全见于我所写的王国维纪念碑中……对于独立精神，自由思想，我认为是最重要的……碑文中所持之宗旨，至今并未改易。

冯友兰的女婿、已故中央音乐学院蔡仲德教授曾撰有《陈寅恪论》长文，文中对碑文有这样的评价："这是一首热烈褒扬独立精神的颂歌，是知识分子人格自觉的宣言书，其中的每一个字均能掷地作金石声！"诚哉斯言！

陈寅恪以其八十载的身体力行，证明了他对自己所标榜的这一主张的恪守。十数年前由三联书店出版的多卷本《陈寅恪集》汇集了他所有的著述,几乎空无所有的封面上淡淡地点缀着取自此碑的两行拓片:"独立之精神,自由之思想。"寅恪地下有知,当会以知己视之!

今天,已成为北京市定点旅游单位的清华园游人如织。天下游客最爱光顾之处,是气象非凡、绝对世界一流的行政办公场所工字厅,高悬有清末卖国大臣那桐所题"清华园"三字的二校门,建于将近一百年前具有典型美式风格的大礼堂,以及礼堂前植有据闻清华园内价格最为昂贵的人造草皮的大草坪。在这无边风光中并不偏远的角落里静静矗立着的那块石碑,每当晴日的阳光将四周扶疏的树木投影在泐痕散布的碑面,让八十多年的石碑具有了更为浓重的斑驳陆离的沧桑感。

每当新的一拨学生踏入课堂,我都会问你们去看王国维纪念碑了吗?二年级的老同学了,大约总有一半的人摇头或默不作声。还有一次,我看见一位年轻人在碑前喃喃自语:"海宁王,够厉害的啊,干什么的?"

八十年,在历史的长河中曾不能以一瞬,而这块碑,碑上的一切,离我们似乎很遥远了。

(《中华读书报》2013年8月14日)

遗笺一读想风标：浦江清先生

一

结识浦江清先生，最早缘于读他去世次年出版的《浦江清文录》（人民文学出版社1958年，1989年增补）。从他挚友吕叔湘先生的序中得知，他在大学任教三十年，曾有志于撰写中国文学史，可惜赍志以殁。后来又知道，浦先生留在世上的著述，还有《杜甫诗选》（与冯至、吴五天合作，人民文学出版社1956年，即将再版）、《清华园日记·西行日记》（三联书店1987年，1999年增补）、《浦江清文史杂文集》（清华大学出版社1993年）。再往后，他的女公子浦汉明夫妇发愿整理他的文学史讲义，数年前出版了《中国文学史稿》（四册，北京出版社2018年）。当年吕叔湘先生感叹的浦先生的遗憾，在其哲嗣的努力下基本得以弥补了。

《文录》收文仅11篇，却涉及雅俗文学如神话、诗歌、词曲、小说及《庄子》、屈原研究等，包含了史实考证、文体辨析、作家评论、作品分析、文学史研究多个方面，可谓少而博，博而精。其中《八仙考》，不仅如吕叔湘先生序中所评"是很见功力的一篇文章"，也体现了民国学术重视民俗学和民间文学的风尚。《屈原生年月日的推算问题》，是浦先生用力最勤的晚年之作，体现了文史学科与天文历法、年代学等多学科互通相攻的博学与勤勉，加之图表式、统计法、现代天文学的高等数学演算，不仅结构宏阔，论证密栗，还俨然带有了新兴的数字人文的色彩，从而迈越了乾嘉诸老的考据之学。

当年细读并留下极深印象的，是《花蕊夫人宫词考证》。五代时期的花蕊夫人，宋以来人或谓费姓，或谓徐姓，但谓为后蜀孟昶之妃则一。独浦先生细读近百首《宫词》文本，广稽相关史料，推断其为前蜀王建之妃。文章抽丝剥笋，层层叠进，解决的不是一个问题，而是大问题中套着的中问题、小问题，足证作者文本细读的方法、文史互证的功力，另外还有强大的逻辑推论能力。比如花蕊夫人有姐一人，为王建之大小二妃，后主王衍究为谁生，自来说法不一。浦先生不仅从史料中判断，如《益州名画录》载王衍命画师"写先主太妃太后真于青城山金华宫"，次序是太妃居上，故判断太妃是姐，则太后即衍母是妹；更从文本中推理，谓《宫词》九十余首有称太妃而从无一语称及太后，岂非为太后所作之一证。每读至此，能不令人抚髀称快乎！

文章属考证之作，却每见感情贯注之性情笔墨。如这一段："原《宫词》之制作，所以夸饰承平，附庸风雅，唯以唐末天下之乱，王氏僭窃苟安，妄自尊大，不久而王衍母子以盘游失国，祸不旋踵，此风月之词，备记其荒淫之实，徒为后人怜笑之资，将以戾国之史料读之也，岂不哀哉！"能不让我们感受到欧阳文忠公《五代史伶官传序》的风神！

《文录》之外，浦先生的许多著述、学术观点乃至个人生平也都进入了研究者的视野。刊物上每见关于其词学研究、文学史撰述、《红楼梦》研究以及仕履交游等的探讨。本世纪初，袁行霈先生主编四卷本《中国文学作品选注》（中华书局2007年），与他上世纪末主编的面向21世纪大学教材《中国文学史》配套，笔者受命主编"宋辽金卷"，在注释李清照名篇

《金石录后序》文末那句难解得要命的题署年月的句子时,便引用了浦先生的分析。文末例附两条评语,其中一条用的也是浦先生的。

学术之外,浦先生擅词章,1944年在昆明,闻一多先生因家口多,生活困难,以治印补贴家用。联大同仁十数人为其订金石润例,咸推浦先生撰文,卒以骈文写成,为闻先生所称赏。他又擅诗词、散曲,能作弹词,每有所感,即形诸歌咏,部分收录于1989年版《浦江清文录》。他写得一手漂亮的学者气息浓郁的行书,又喜吹笛子、唱昆曲,经常在课堂上即兴吟唱。假设天尽其年,其成就又将何如,是不难想象的。

民国学人和学术皆处于中国由传统向现代的转型期,呈现出中西会通的独特风貌。浦先生出身西洋文学,精通英语,掌握梵文、满文、拉丁文及日语、法语等,曾任陈寅恪先生助教,受其影响,多读西方的"东方学"文献,转入中国文学系后致力于中国古典文学,连渊博的吕叔湘先生也说他"在同辈中以渊博称"(初版《清华园日记·西行日记》书首小传),这使得他在那同时闪烁着五色光芒的学术星空中,成为耀眼的一颗。

在十年前的清华百年校庆(2011年)前夕,中文系没有采用惯常的做法,借机为自己编一套论文集,而是从查阅档案开始,经确定名录、搜集文章,到最后斟酌选定篇目,给我们的前辈编了一套论文集,名之曰《却顾所来径:1925—1952年清华大学中文系教师学术文选》。我们认为,那是对百年校庆和清华中文最好的致敬。在我和傅璇琮先生博士生刘珺珺合作的"后记"中写道:

那一时代的学术能够取得巨大的成就，取决于这些前辈学者浸淫国学、融汇中西、兼通今古，使得他们在新式学术的草创期占尽触手成春的良机；那一时代的学术所以能成为后世学者长久景仰的典范，则更多由于学术环境的自由和学术个性化中体现出的对学术精神的理解与把握。

窃以为，这一段话，是完全适用于浦江清先生的。

二

有意思的是，近于肆间接连得见浦先生信札两通。一通末署"四月八日"，乃致其总角之交施蛰存先生者。信札结束处提及"有几篇文章想写，搜集材料，不胜奔波"，其上端另添数行，赫然写着："近在写《花蕊夫人宫词考证》一文，略有头绪矣。"欢喜之心顿生，惜以索价过昂，未能入手。《考证》文章后来发表时文末自注"1941年7月初稿写于上海"，故知此信札作于1941年。

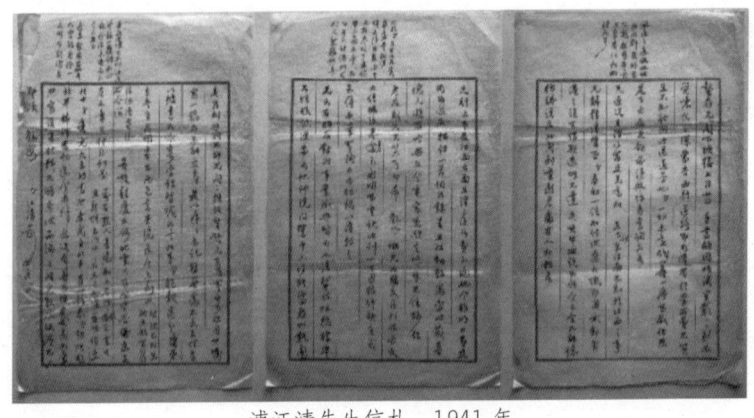

浦江清先生信札，1941年

浦汉明先生在《中国古典诗歌讲稿》（北京出版社2016年）后记中提到："父亲终身执教，为培养学生呕心沥血，鞠躬尽瘁。他热爱青年，因为青年是民族的未来。在抗战的艰难岁月中，他的关注更由课堂扩展到社会，倡议创办了《国文月刊》，并为之撰写了《词的讲解》等一系列普及性的文章，既弥课堂教学之不足，又使许多因战乱不能入学的青年在自修中得到指导。"这封信札重点之一谈的正是刊物的事。刊物1940年在昆明创刊，浦先生首任主编，继任者余冠英，朱自清、闻一多、夏丏尊、叶圣陶、王力、沈从文等均曾出任编委或编辑。孰料创刊次年稿源即告紧张，其时浦先生返沪休年假，施先生在福建永安福建中等师资养成所任教，浦先生信中说，"慨允为《国文月刊》作长文，大佳"，"兄如有朋友对此事业感兴味者，亦请帮忙拉稿，标准不妨放低"，甚至问施先生当时所教的学生，"高足有文章可付月刊否？"可知作为主编，他是如何的尽责。

另一通终得入藏寒斋的信札更令人感觉珍贵。所以说更者，不仅同样写给我素所景仰的施蛰存先生，同样内容相当丰富，更关涉浦先生短暂一生中学术、教育之外的另一件功业——主政清华大学中国文学系。这对于正谋食于清华中文系的后辈而言，不能不平添一份大大的亲近感了。为节省篇幅，只将相关内容迻录于下：

> 此间代主任事，乃佩公休假时所定，遂多杂务，好在同人之间，感情皆洽，尚不太难。最难者在应付毕业生找出路问题。上年度数人，佩公已为设法，尚有一二人至

今失业，托写介绍证明文件等出外接洽，令人头痛。王了一处，虽校方在洽其返校，看来尚无把握。北方局势，乃眷属安家最使人观望考虑也。现在音韵功课，由南开张清常来兼，文法方面由燕大高名凯来兼。此间中文系尚分语言文字组及文学组，唯语文组无学生。因此音韵、文法、语言一类，亦不需多设课程，尚可敷衍耳。了一返校，则语文方面无空额，否则有一空额，须在此年中决定人选。以前佩弦亦曾想到叔湘，叔湘不肯北来也。将来不知聘定谁氏，颇费斟酌。佩公殁后，文学组亦有一空额。系中同人各有所建议，其中论到与佩公任课相近之中国文学批评一门，提出朱东润、郭绍虞等。亦有清华校友毕业同学想回校服务者，感情接近，皆在考虑中。亦有提出老辈者，因清华以前有杨遇夫、刘叔雅诸先生，今老辈中仅有陈寅恪先生一人矣，似乎中文系中国学老辈太少，亦为缺然。许骏斋提及孙蜀丞，彼有家在北平，南游恐为暂局。名额仅一，而所提甚多，顾此失彼。本年内盼早能定局。清华对聘教授，极为谨慎郑重，希望终身任职，不轻解离者。先须征求系中各位教授同意，然后由系主任建议，征院长同意，然后经过聘任委员会之审核手续。蜀公在北方，弟惜无一面之缘，缺乏考虑材料。足下近为同事，请供给若干考虑之材料，至为感盼。如为人态度，治学方法，及能否热心指导学生，皆须详悉。弟所知者，藏书颇富，治校勘之学，又讲词及《楚辞》擅长，颇为学生欢迎耳。至为人，则不狠知道。今密为一问，乞不吝见告。弟系代职，不负重大责任，但得稍参意见耳。至弟个人意见，倾向于请回俞平伯,(小字:恐极难做到)或聘朱东润(双行小字:因其中西兼通,在著作上看,方面颇广。中国文学批评一门,此间佩公殁后即缺人才。唯对朱氏为人,亦无所知,且无交往,恐未必能来耳)。总之,现在清华国文系甚弱,需要比我们高明的人来一振之。了一如返,弟即可脱卸职务,否则似有不负责任的感觉。

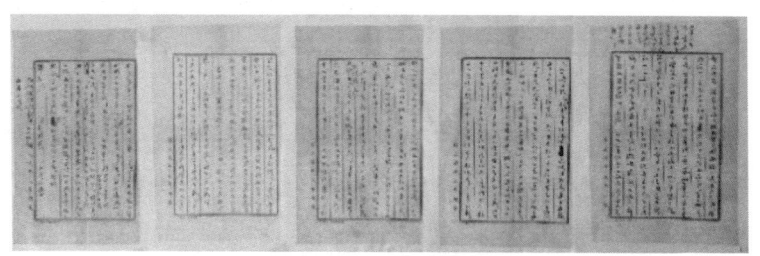

浦江清先生信札,1948年

信末亦仅署月日(十月十二日),但其年份同样不难确定。信中提及佩公(朱自清先生)因休假委其代系主任,又提及佩公之殁,今阅保留和出版并不完整的《浦江清日记》,恰有与此相应的一段。1948年11月:

佩弦已于今年暑假前,因服务满七年,提出休假,仍居园内,从事研究编辑工作。托我代理清华中文系主任事务一年。不幸病殁,清华大学中国文学系现由我代理主任。教授有陈寅恪(兼任历史系教授)、许骏斋(维遹)、陈梦家、余绍生(冠英)、李广田,连我共五位半,名额不足,人才寥落,大非昔比矣。讲师有王昭深(瑶)一位。兼任讲师有张清常(南开)、高名凯(燕大)、吴晓铃(中法汉学研究所)三位。本来已与冯芝生院长商量如何发展中文系,添聘教授,因北地风云骤紧而搁置。所拟有孙蜀丞(人和)、朱东润、吕叔湘、钱默存(锺书)、董同龢等,钱、吕虽高明,可来之成分甚少也。

惜此后日记仅至次年2月初止。按佩公以胃溃疡开刀,1948年8月12日殁于北大医院。又查《清华大学文史哲谱系》(清华大学出版社2012年)中文系部分,第三章第三节"系主任的变更"中明确记载:"1949年5月18日,校务委员会通过浦江清辞去中国文学系代主任职务,李广田继任中国文学系主任。"此书乃为清华大学百年校庆而编,其时笔者专请校图书馆齐家莹老师承担《谱系》中文系部分的编纂工作,齐老师认真查阅了包括档案在内的大量资料而后成稿,故此日期必当确然可信。浦先生1949年5月既已辞去系主任,此信的作年就必在1948年无疑了。

从信中"了一如返,弟即可脱卸"诸语可知,浦先生是并无宦情的,任职不足一年即辞所任的事实也证明了这一点。但即此一信并相关日记又不难看出,佩公病故,他除了积极推进《朱自清全集》的编辑工作,也切实地负担起了系主任的责任。

对于清华大学中文系、清华大学甚至中国现代学术史来说,上引一段文字堪称珍贵资料。从中可以一窥七十多年前中文系的学科设置、师资规模、毕业生就业状况,一窥当年清华聘任教授的标准与流程,尤其有意思的是,为了一名职位空额,牵出文史语言学界那么多位大学者的动向。

信中反复提到王了一。按王了一即王力,力字反切为了一,故取以为字。他1931年从巴黎大学毕业,次年受聘清华大学中文系专任讲师,1935年升为教授,抗战全面爆发,随校南迁长沙、昆明,1946年后转任中山大学、岭南大学教授兼文学院院长,1954年任北京大学中文系教授,直至去世。就是说,信中"校方在洽其返校,看来尚无把握"的判断是准确的。至于王了一未赴任留下的空额,则似乎未能如浦先生所愿当年决定人选,查上引齐著第三章第一节"教师聘任情况"所据《国立清华大学教职录》,最终还是"不肯北来"的吕叔湘先生终于从南京金陵大学北来填补,但时间已迟至1950年2月。

佩公殁后留下的文学组空额,"所提甚多,顾此失彼",抉择就更费劲了。这里要特别介绍浦先生重点关注的孙蜀丞。孙蜀丞,名人和,江苏盐城建湖县楼夏镇人,北京大学法律系肄业后,在中国大学、北京大学、辅仁大学、北平师范大学、上海暨南大学等多校任职,1959年经齐燕铭推荐到中华书局工作,卒于1966年。先治词学,后转攻经史,于子部书籍用力尤勤。其名流传至今似不广,在当时却是非常知名的词学家、校勘考据学家、藏书家,著述既丰,从其问学而成名者亦甚多,除推荐他的许维遹外,另有刘叶秋、史树青、叶嘉莹先生等。浦先生虽未与直接相交,于其"藏书颇富,治校勘之学,又讲词及《楚辞》擅长,颇为学生欢迎"却是已有耳闻的。

关于其藏书之富,伦明《辛亥以来藏书纪事诗》(上海古籍出版社1999年)第131首专诗咏之:"不辞夕纂与晨抄,七

孙蜀丞先生墨迹

略遗文尽校雠。读罢一瓻常借得，笑君全是为人谋。"并纪其事："盐城孙蜀丞人和，喜校雠，经子要书，皆有精校之本。所收书，亦以涉于考据者为准。每得一未见书，必夸示人，踵门借者不少吝。"日本汉学家仓石武四郎1920年代末留学北京两年多，后期即借住孙蜀丞家，穿梭于中大、师大两校，同时听其授课，又同校书籍、逛书肆、谈天说地（见《仓石武四郎中国留学记》，中华书局2002年）。至于讲课之"颇为学生欢迎"，半个多世纪后，叶嘉莹先生有《我的老师孙蜀丞先生》（《读书》2017年第5期）可发其覆："孙先生是一上讲台就端坐在讲桌后面的一把椅子上，面前摊开他编写的讲义，直面着台下的学生，双目炯炯有神，当他讲起词人的作品时，他的面部也随着词的内容有丰富的表情。"可惜的是，最终孙蜀丞，包括浦先生颇为欣赏的朱东润，均未能进入清华。更可惜的是，就是这么一位学者，不过几十年的光景，于其生年都竟然歧生了1894、1895、1896几种说法，遑论其更详赡的行实了。感慨之余，不免多介绍几句。

为什么当时事不能成呢？浦先生12月12日的日记提供了答案：

> 晨九时，访问寅恪先生。上回我为了系中同人提出添聘孙蜀丞事，特地去看他，征询他的意见。陈先生说，此刻时局很危，不宜在此时提出……关于提出添聘孙蜀丞事，是骏斋和绍生所极力想推进的。冯芝生同意即提，只要系中提出。我和梦家都赞成慎重，不宜在此刻提，使学校觉得突兀，而多添麻烦，对于中文系有讥评。现在陈先生的意见是我们应该尊重的，我们把此事告知骏斋和芝老，决定明春提出，系中也可有通盘计划，如何添聘两位或三位，以补教授空额。今天去访陈先生，告以如此决定。

这就很清楚，较之浦先生写信的10月间，时局发展得很快。三天后的12月15日，毛泽东起草、急电平津战役前线部队"保护清华、燕京等学校及名胜古迹等"，人民解放军进驻海淀，清华园解放（《清华大学志·总述》，清华大学出版社2018年），先于北平城的解放四十来天。时局大变前夜，人心自然难安。陈寅恪一家即在浦先生来访次日（13日）离校进城，两天后，亦即清华园解放那天与胡适一家匆飞南京（《陈寅恪先生年谱长编》，中华书局2010年），从此永别清华园。进入这样的细故，就自然"不宜在此时提出"了。

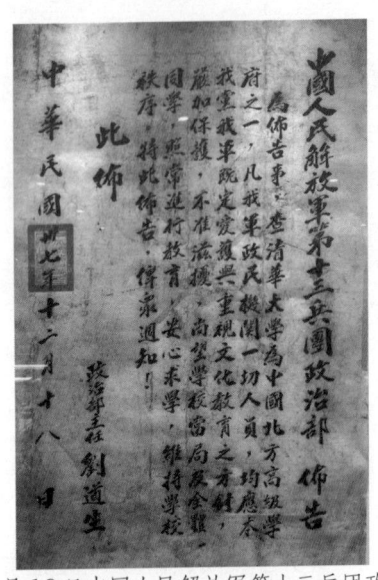

1948年12月18日中国人民解放军第十三兵团政治部布告，清华大学档案馆藏

最后应聘者是谁？所幸前引11月日记记明了"五位半"教授的名字，再对照前述齐著《谱系》所引清华大学1950年4月公布之《国立清华大学教职录》，决知此公是吴组缃先生，他于1949年9月到校，受任清华大学中国文学系教授。

让人颇感有趣的，是今日的清华与当年颇有相似之处：中文系同样感觉规模过小，需要招引更多德才兼备的高水平人才；同样职位有限，加之学校对人才引进要求甚高，所以瞻前顾后，犹豫不决；进人程序同样经由系、院、校三级，系里先须经各位教授同意，系里有意的人选院里充分尊重，但校方居高瞻远，掌握最终的决定权。

三

浦先生与朱自清先生在上世纪三四十年代的清华园以"双清"并称。我曾见过一张图片,是浦先生的一段识语,足征两位先生的情谊:

卅七年八月十二日十时四十分,佩弦先生病殁于北平背阴胡同北京大学医院。翌日午时在阜成门外广济寺塔院举行火葬祭礼。送葬返,在东安市场收购佩公遗著,得此书。浦江清识。

我不知道,除此条识语外,还有无记载朱先生离世时间准确到分的。可惜书是什么书,书今在何方,已经不得而知了。

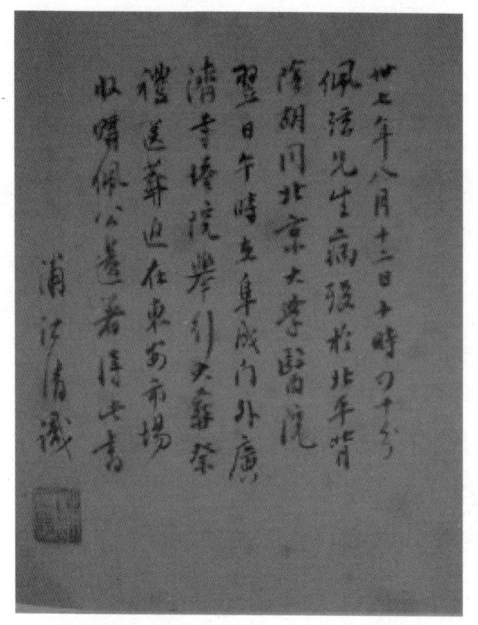

浦江清先生识语,拍摄出处失记

浦先生与施蛰存先生是同乡兼同学，施先生在《浦江清文史杂文集》序言中写道："从小学到中学这十年间，我们每天同坐在一个教室里听老师讲课。每星期日，除非雨雪，不是我到他家，就是他来我家，一起抵掌高谈，上下古今。中学毕业后，他就读于南京东南大学，我在杭州之江大学。从此我们就少了见面的机会，但是我们每星期都有书信往来。"其实他们的书信往来一直持续到浦先生的晚年。施老 2003 年 11 月去世，所藏碑帖及书信等流出，市上所见浦先生给施老的信中有用毛泽东题清华大学、北京大学抬头信笺所书者，可知。

浦先生同他那一辈许多学人一样，擅写信，爱写长信，公私杂事，日常起居，所遇所思，俱于信中娓娓道来。读其遗札，如亲承謦欬。缅想风标，不胜慨然！

浦先生教过的许多学生，如许渊冲、傅璇琮、白化文、刘坚等先生，日后皆成长为大学者。他们怀念老师，都写过声情并茂的文章。岁月侵人，诸位先生亦先后作古，每想辄作数日恶。唯当年的课代表、年逾九旬的程毅中先生体健神朗，一如往昔，得睹余所呈先师手札，亲为作跋，肯定浦先生《花蕊夫人宫词考证》"时当抗日国难时期，西南联大弦歌不辍，能潜心学术，于教学之余，持续两年之久，依据分藏几处有限的图书资料，作如此深入的研究，实令人震惊而敬佩了"。同时又说："近日我在阅读李剑国先生编选的《唐五代传奇集》中重读《豪异秘纂》本《蜀石》一文时，对作者王仁裕的事迹略加考查，更体会到徐氏姊妹两人的确甚有文才，俱擅诗词，更觉得浦师的考证是精确无疑了。"程先生一代学人，作跋语如作论文，但对先师的深情难掩。作为女儿的浦汉明先生，她的跋则是如此的动情而感人：

信写于 1948 年 10 月，谈及购书与清华招聘教授事宜。此前，朱自清先生依例休假，委托先父代理清华中文系主任一年。不料八月朱先生胃溃疡术后不治辞世。父亲在悲痛中又承担了主持编辑《朱自清全集》的工作。系务繁杂，他不顾自身胃病日益加重，为亡友，为清华，擘画经营，殚精竭虑，所言"需要比我们高明的人来一振之"，更见其无私求贤之心。

父亲与施伯伯从小同学，年少相知，往返书信甚多，这是友情与时代风云的见证，弥足珍贵。无奈今已流散，亟盼有心人合力搜集整理，嘉惠学人，则文脉得以传承，亦可告慰先辈矣。

浦江清先生生于 1904 年，字君练，江苏松江（今上海松江区）人，1922 年入南京东南大学西洋文学系，主修西洋文学，辅修国文和哲学，与徐震堮、陆维钊、吕叔湘、赵万里、王季思等结为好友。1926 年毕业，吴宓先生推荐其至清华学校研究院国学门做陈寅恪先生助教。1929 年国学门撤销，转至中国文学系，1938 年升任教授。1952 年全国院系调整，转任北京大学中文系教授。1957 年暑假，北大安排他赴北戴河疗养，8 月 31 日，胃部宿疾突发，送医院急救，因氧气不能及时运到，在手术台上即告不治，年仅 54 岁。

（《文汇报》2021 年 11 月 29 日）

影响如好雨

　　词汇是人们赖以沟通思想、进行交流的基本语言单位，有一类历史文化信息密缩而成的词汇特别有意思，比如"推敲"，从在特定场合发生的差别其实不太大的 push 和 knock 这两个具体动作，演变为使用相当高频、语意全然不同、二字不能拆分的 weigh 或 deliberate 这一意义，这一演变过程不知何时开始，又是如何发生的，只是觉得精妙极了。

　　另一让人击节称赏的词是"影响"。这个词的年龄比"推敲"还要老得多，在先秦故籍如《尚书》中，它是影之于形、响之于声即快速回应的意思。作为它后来基本意义的 influence 如何形成，一时亦不能确指。"推敲"起来，会发现在这个基本语义上，用"影响"两个字来指称是多么的恰切。

　　影响是什么？它不是由施而受冷冰冰的指示，更不是自上而下硬邦邦的命令，它是由受向施自然而然的接受。受是自然而然，施则常常是不知不觉，不要说勉强和被迫，甚至连有意、自愿都谈不上，在彼此皆不经意间，"影响"就产生了，这与影的无声无响、响的影影绰绰，多么的神似！

　　我们每个人或短或长的一生，免不了都要接受很多指示乃至命令，这种指令有时轻而易举地决定人的一生。比如在当年那场反右运动中，大学者王利器先生曾亲口告诉我，他的"右派"就是由单位指派去临时凑个数的。最近又听说四川省委原书记李井泉当年督导四川大学的右派评定，正为还差的一个名额举棋不定时，校长谢文炳说话了："川大知识分子这么多都是'右派',是否还需要甄别一下?"李书记应声说:"我知道还有一个'右派'是谁了。"王、谢本人以及家人一辈子的命运从此发生了不可逆转的变化。不过,关乎人一生胸次之涵养、行事之风规的,却往往不是看起来暴风骤雨般的指令,而是春风化雨般的"影响"。

写下这段文字,不消说是有感而发的。年过半百,回首前尘,一件事、一句话,当时只道是寻常,却在以后的流光岁月中证明着它所产生的当时并不能完全估量的影响,我为此深为感慨,更满怀感激。

在四川大学中文系念书时,有一次午饭间,端着饭盆随同学去历史系的青年教师何崝老师家串门,说是家,也就是离学生宿舍不远,跟学生宿舍一样,中间过道挂满衣物,俗称"筒子楼"的单身宿舍。今天想来够简陋了,但对八人一间的我来说已经足可羡慕,但更可羡慕的,是进门看到迎面窗子两边狭

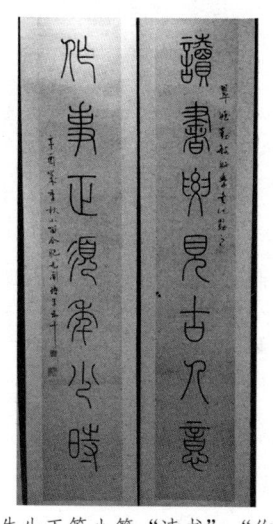

徐无闻先生玉箸小篆"读书""作事"联

窄的墙壁上挂着一副对联，出自父执徐无闻先生之手，是徐先生最拿手的"徐氏玉箸"，原本因年久失修且光线不佳而显得灰暗的斗室，一下子在我面前变得春和景明。

从那时起，当老师，并且像何老师一样拥有一个单人房间、悬挂一副徐先生的对联，便成了久悬心中的一个"小目标"。毕业经年，有的同学当上了大官，有的同学住上了豪宅，我全然不觉羡慕，只因心中有何老师的那个单间在。虽然后来也曾为朋友向徐先生求过对联，并且是令世人惊艳的中山王器字，但却一直未敢为自己开口，不意徐先生以62岁盛年辞世，原以为这一目标从此只能化作梦想，潜藏于心间，未料多年后，竟蒙徐先生夫人李淑清教授及公子和女公子徐立、徐定兄妹厚爱，获赠一副令人魂牵梦绕的中山王器集字联，字体

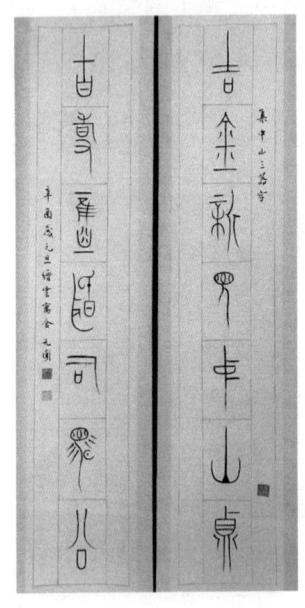

徐无闻先生战国中山王器集字"吉金""古史"联

飘逸精劲，书风沉博绝丽，内容则雅致到无以复加："吉金新见中山鼎，古史旧闻司马公。"从此寒舍如开过光似的神采倍添。有时一天在外，俗务奔波，常常自问胡为乎泥中，逮返至家，伫足联前，立地尘嚣顿减，世虑尽消，一种复杂而神奇的感受荡漾于胸中，言语实难以尽道也。

混迹于学界久矣，谁都知道学界最常见的活动是开各种学术会议，或开各种假学术之名而行之的会议，但我却很少参加这类或真或假的会议。现而今的学术交流固然不必以舟车劳顿的形式实现，即使在前信息化时代我也不太爱干这个事。为什么？2015年10月间北京师大举行的庆贺聂石樵先生九十寿辰会议上，我说了一段大意如下的话：

刚才各位都非常专业地评价了聂先生的学术贡献，也深情回顾了聂先生对自己的教诲与提携。在下这么多年来寸进不加，所以不敢说从聂先生那儿得到了什么启迪。好在古人说过"不贤识小"，我就说一点小的吧。当年聂先生对我们说过一段话，他说："我尽量不去开会，因为开会之前得准备两天，开会要花去两天，回来收心还需要两天，一个星期就没了，多浪费时间啊。"人们常说听话的学生才是好学生，我自忖算得上聂先生的好学生了，因为从此这段话在我心中扎下了根。

会后聂先生问我，我对你们说过这话吗？

1995年与聂石樵、邓魁英先生

我于是想，如果有机会再见到何崝先生，他一定也会这样说，你到我家来过吗？

随风潜入夜的好雨，不仅不居功自傲，甚至压根儿就没有一丝的自我存在感，天壤间的万物却于是乎得以生长。

"影响"如好雨，谁说不是呢？

（《文汇报》2017年4月27日）

后　记

　　感谢商务印书馆让我厕身于这套"涵芬学人随笔"，使我有机会将多年来写就的数十篇随札汇为一集，也算是回顾一下走过的路和路上的风景。学者之路的风景可以说很素淡，也可以说很绚烂。说素淡，是因为书生生涯对绝大多数人、绝大多数时间来说，没有轰轰烈烈，而是冷冷清清，有时冷清到不仅没人关注，自己也怀疑自己，在做什么，有什么意义？说绚烂，是因为这条路上有书籍可读，有问题可想，有人可以遇见。读到了喜欢的书，想通了想想通的问题，遇见了难以忘却的人，其时的心花，有时竟然会像春花一般怒放。怒放的果实，就是一篇篇见诸报刊的文章。虽然这些文章也未必有人关注，自己也怀疑自己，费了气力，花了心神，写出它们来，有什么意义？

　　"素以为绚"的含义古多歧解。在这里，我将它理解成"以素为绚"。用"素以为绚的风景"作书名，符合自己的理解，也贴合自己的心境。怒放的心花在别人看来可能就是米粒大小的苔花，甚至连苔花也算不上，最多就落了个眼花，但那又有什么关系呢？"苔花如米小，也学牡丹开。"如是而已！

2021 年季秋